"十三五"国家重点图书出版规划项目

法学精义
Essentials of Legal Theory

行政法上合法预期之保护
（第二版）

Protection of Legitimate Expectations in Administrative Law

余凌云 著

清华大学出版社
北京

版权所有，侵权必究。举报：010-62782989，beiqinquan@tup.tsinghua.edu.cn。

图书在版编目(CIP)数据

行政法上合法预期之保护 / 余凌云著. -- 2版.
北京：清华大学出版社，2024.9. -- (法学精义).
ISBN 978-7-302-67208-1

Ⅰ. D922.104

中国国家版本馆CIP数据核字第2024ZT4885号

责任编辑：朱玉霞
封面设计：傅瑞学
责任校对：王荣静
责任印制：杨　艳

出版发行：清华大学出版社
网　　址：https://www.tup.com.cn，https://www.wqxuetang.com
地　　址：北京清华大学学研大厦A座　　　　邮　　编：100084
社 总 机：010-83470000　　　　　　　　　邮　　购：010-62786544
投稿与读者服务：010-62776969，c-service@tup.tsinghua.edu.cn
质量反馈：010-62772015，zhiliang@tup.tsinghua.edu.cn

印 装 者：三河市东方印刷有限公司
经　　销：全国新华书店
开　　本：170mm×240mm　　印　　张：18.25　　字　　数：296千字
版　　次：2012年3月第1版　2024年9月第2版　印　　次：2024年9月第1次印刷
定　　价：89.00元

产品编号：103464-01

作者简介

余凌云 清华大学法学院教授、博士生导师,公法研究中心主任。研究领域为行政法学、行政诉讼法学、警察法学、数字法治政府。兼任中国法学会行政法学研究会副会长。个人著有《行政法讲义》《行政法案例分析和研究方法》《警察法讲义》《行政契约论》《行政自由裁量论》《行政法上合法预期之保护》《行政法入门》等13部著作,在《中国社会科学》《法学研究》《中国法学》等刊物发表论文百余篇。主持教育部哲学社会科学研究重大课题攻关项目、国家社科基金重大项目、教育部人文社会科学重点研究基地重大项目等多项课题。获得第六届高等学校科学研究优秀成果奖(人文社会科学)二等奖、第五届"钱端升法学研究成果奖"一等奖、首届"中国青年法律学术奖(法鼎奖)"银鼎奖等奖项。

二版序

我在清华大学出版社已经陆续出版、再版了"教材三部曲"和"两论",也就是用于教学的《行政法讲义》《警察法讲义》和《行政法案例分析和研究方法》,以及个人学术专著《行政契约论》《行政自由裁量论》。加上本次修订的《行政法上合法预期之保护》,基本上形成了我个人的学术作品系列,是我在学术生涯上留下的印迹,能够代表我的学术品位,反映我的学术水准。

本书再版只是增加了一个专题《诚信政府理论的本土化构建》,总体盘点了诚实信用、信赖保护和合法预期在我国的引入与发展,全方位总结我国有关立法、理论与审判实践,深入思考诚信政府的理论取向。

在本次再版中应当保留或删除哪些已有专题,我也颇为踌躇,思量再三。因为其中一些案例研究已经收入《行政法案例分析和研究方法》。我也意识到,我的上述系列作品中都有一定的重合。"教材三部曲"汲取学术专著上的一些成果是必须的,也在所难免。我一直坚持认为,教材的每一章节都应该有论文的影子。但是,还是要做到尽量不重复,力求保持每个作品对读者的新鲜感。特别是学术专著之间更应该尽可能减少重复。这是上述系列作品再版中始终坚持的一个重要原则。

现在看来,重复较多的是《行政法案例分析和研究方法》,这也成为我下一个学术目标,就是做彻底的翻新:一是希望做更多有关分析方法的研究,包括鉴定式案例分析方法,以及指导性案例的规范功用;二是做一些新的案例分析,用来替代那些已经收入的重复专题。争取届时能够焕然一新。

余凌云

2023年初夏于禧园

一版序

八年前,我在剑桥游学,第一次接触到这个术语与话题,立即着迷,如痴如醉。并于次年引介给同行。我们对合法预期的关注也大致始于彼时。之后,经过断断续续思考,删补增改,总算完成了这个作品。

作品就像陈酿,放一阵子,或许味道更加浓郁醇香。

在不断的问学中,我形成了自己的风格,偏好微观,以问题为导向,且作品多采取基本理论、实例研究与域外经验的体系结构。本书亦不例外。这难免会给人留下一个眼界短浅、有点零散的感觉。但我也不想强扭自己,随心而去吧。

本书的研究仍以英国法知识为底色,但我也丝毫不敢怠慢我国的实践经验。"拿来主义"让我把目光也同时投向了欧共体、澳大利亚、新西兰、加拿大、法国的合法预期理论,投向了德国法上的政府信赖保护。

似乎可以肯定的是,合法预期和政府信赖保护不完全是一回事。后来有关的一些研究,包括我的作品,在资料运用上也没有很好地加以鉴别,不免张冠李戴,"上错轿子、嫁错郎",得出的一些结论也很难经得起推敲。所以,在本书中我做了刻意的区别。

我始终有种感觉,在20世纪90年代,我们把德日的政府信赖保护、经由我国台湾地区文献引入,太过匆忙、太过草率。原本想对合法预期、政府信赖保护和诚实信用做一个纵深的比较,苦于资料有限,我也实在不愿意在二手资料上拾人牙慧,更无力考究何以在德国同时并存着公法上的诚实信用以及信赖保护。好在刘飞教授已积攒了大量的一手资料,准备研究这个专题,我也拜托他解答这个疑问。

巴黎的寒冬没有遮盖它的浪漫。我居然嗅到了一丝春的气息。在学术休假和生活悠闲中,把玩着新购进的 dunhill 烟斗,品尝着产自波尔多的葡萄酒,我慢慢地为本书画上了句号。

来巴黎前不久,偶得一幅蔡祥麟先生的书法,其中一句"无花香满衣"让我玩味不已。偶然翻阅朱光潜先生的《谈美》,他说道:"把自己所做的学问事业当做一件艺术品看待,只求满足理想和情趣,不斤斤于利害得失,才可以有一番真正的成就。"① 这恰是完美的注脚,但论韵味,却不及前者。我喜欢前者那种禅的意境,不是唯美就能企及。

余凌云
2011年初春于巴黎

---

① 朱光潜:《谈美》,4页,北京,北京大学出版社,2008。

目录

第一编

诚信政府理论的本土化构建
　　——诚实信用、信赖保护与合法预期的引入和发展　　3

行政法上的合法预期保护　　53

第二编

对行政许可法第八条的批判性思考
　　——以九江市丽景湾项目纠纷案为素材　　113

蕴育在法院判决之中的合法预期　　134

行政指导之中的合法预期
　　——对泉州工商局实践经验的观察与思考　　168

第三编

英国行政法上合法预期的起源与发展　　189

荷兰行政法上的合法预期　　243

主要参考文献　　276

第 一 编

诚信政府理论的本土化构建[*]
——诚实信用、信赖保护与合法预期的引入和发展

目　次

一、引言 / 4
二、对三大理论的述评 / 4
三、立法文件上的用语与要求 / 21
四、法官判决中的缘事析理 / 26
五、进一步厘清关系 / 44
六、诚信政府的理论取向 / 50
七、结论 / 51

---

[*] 本文的主要内容发表在《清华法学》2022年第4期。王正鑫帮助收集有关法规范、案例,在此致谢。

一、引　言

近年来,为了优化营商环境,加强社会信用体系建设,政务诚信、诚信政府已成为法治政府建设应有之义。政策文件频出,举措天下,润泽于民。然而,学术研究却是另一番景象。诚信政府理论先后经历了三次洗礼:一是诚实信用在行政法上的援用;二是借镜德国的信赖保护;三是从英国引入的合法预期。20世纪末到21世纪初,对上述理论有过一段较为集中、活跃的学术争鸣。热闹之后归于沉静,似乎不再有新的理论争点,对有关西方理论也好似洞若观火。著述不多且平淡,人们好像已经慢慢失去了对这个话题的探索兴趣。

但是,诚信信用、信赖保护、合法预期相伴相生,这一现象本身就说明它们之间边际模糊、难以辨析。很多根本问题还没彻底澄清。既然已有"诚实信用",为何还要"信赖保护"?它们之间究竟是什么关系?是继续采用"诚实守信"或者"信赖保护",并汲取众家之长?还是改辕易辙,以"合法预期"取而代之?归根结底,诚信政府的理论构造何去何从?怎样回应实践诉求?

为此,必须厘清诚实信用、信赖保护和合法预期之间的相互关系,不拘泥于术语,也不刻意评价援用私法诚实信用、德国法上信赖保护和英国法上合法预期之间孰是孰非、各自优劣,而是探究我们引入之后是如何解读、运用和发展的,它们之间发生了什么"化学反应",我国诚信政府实践已经汲取了什么,还应当采颉什么。归根结底,是要回答我国的诚信政府建设究竟需要怎样的内涵、规则与构造。本文在勾勒各自理论结构的基础上,通过分疏有关立法、规范性文件,探寻法官所持态度,发现在我国,诚实信用实际上汲取了信赖保护,而我们对信赖保护的误读,又恰好叙述了合法预期。这个环环相扣的过程最终催生了我国特有的理论结构,且有必要进一步积极汲取合法预期元素,使有关理论臻于完善,全面回应诚信政府建设的实践诉求。

二、对三大理论的述评

从学术上看,诚实信用、信赖保护和合法预期相继出现,最初从民法上借用诚实信用,开启了诚信政府建设。之后,关注并转介了德国法的信赖保护,旋即又引入了英国法的合法预期。它们交横绸缪、共栖共生。

1. 源起于诚实信用

且不说民国行政法教科书早有涉猎,大概在20世纪末,我们又借由我国台湾地区的文献重新关注到,诚信原则、诚实信用原则虽"向为私法之原则","然不独私法,对于公法、宪法亦可适用"。①或许是因为诚实信用的道德规范色彩较重,"抽象模糊","不易被准确量化或直接进行操作",②不如信赖保护的规则性强,极少行政法教科书将诚实信用胪列为行政法基本原则,即便采用,也不忘裹带上信赖保护。③

至于适用的基础,行政法上历来就有借用民法原则、私法公法共享原则两种解释。前者也称"内推适用",后者又有"一般法律思想理论""法之本质说""法之价值说",认为私法发达在前,公法在后,诚实信用不为私法专有,只是私法较早发现,它应当是公法和私法"共通之法规范"。④有的法官也认为,在行政审判中适用诚实信用原则,属于"适用不违反行政法和行政诉讼法强制性规定的民事法律规范","诚实信用原则不仅是契约法中的帝王条款,也是行政允诺各方当事人应当共同遵守的基本行为准则"。⑤

从行政法上对诚信、诚实信用、诚实守信的研究看,大致有两种方法:一个是近似民法上诚实信用的阐释,另一个是探寻与行政法结合的解释。

(1)贴近民法上的诚实信用,从道德、理念上对政府提出基本要求

"诚实信用原则作为行政法原则,从字面意义来解释,至少对行政机关提出了'诚实不欺'与'信守承诺'两项要求,这也是国内行政法学界对诚实信用原则之基本要求的共识。"而且,还应当进一步包含私法上也有的"善意"和"信任"。⑥诚信作为行政法上的一项基本原则,必定是"民主政府必备的品质",⑦是行政法

---

① 戚渊:《试论我国行政法援引诚信原则之意义》,载《法学》,1993(4)。
② 陈军:《行政法信赖保护与诚实信用两原则比较研究》,载《韶关学院学报》(社会科学版),2005(2)。
③ 比如,杨解君:《行政法学》,74~77页,北京,中国方正出版社,2002。杨解君、肖泽晟:《行政法学》,60页,北京,法律出版社,2000。应松年主编:《当代中国行政法》,105~108页,北京,中国方正出版社2005。
④ 刘莘、邓毅:《行政法上之诚信原则刍议》,载《行政法学研究》,2002(4)。
⑤ "崔龙书与丰县人民政府行政允诺二审行政判决书",参见江苏省高级人民法院(2016)苏行终字第90号行政判决书。
⑥ 杨登峰:《行政法诚信原则的基本要求与适用》,载《江海学刊》,2017(1)。
⑦ 刘松山:《论政府诚信》,载《中国法学》,2003(3)。

规范的"精神支撑",①"包容性很大的抽象原则",不可能"完整的'解释'"。②

从政治道德出发,胪列出来的具体适用,可以说遍布行政法,从行政立法、行政行为到行政司法,无处不在,"这种普适性体现在行政法律规范、行政主体的行政活动、行政救济、行政主体与行政相对人的外部关系以及行政内部关系的各个领域。"③与依法行政、合理行政、比例原则交织不清,零碎且杂乱,理不出头绪,很难形成可操作的、成体系的理论构造。

在民法上,无论是"语义说""一般条款说"还是"两种诚信说","从规范意义上看极为模糊","在法律意义上无确定的内涵和外延,其适用范围几乎无限制。""这种模糊规定或不确定规定,导源于这样的事实:立法机关考虑到法律不能包容诸多难以预料的情况,不得不把补充和发展法律的部分权力授予司法者。""以'模糊规定'或'不确定规定'的方式把相当大的自由裁量权交给了法官。因此,诚信原则意味着承认司法活动的创造性与能动性。"④"法院因而享有较大的裁量权能够据以排除当事人的意思自治,而直接调整当事人之间的权利义务关系。"⑤但在公法上似乎无此必要。

(2)探索与行政法的密切结合,转换成行政法上的规则构造要求

努力分疏在行政法上的具体适用,首先,行政法上的诚信原则,实际上超越了道德上的诚实,更加注重行政权力的行使必须是理性的,"侧重于政府机关的所作所为,公权力是否合法合理",⑥要实现法的安定性,"抑制因行政法变动带来的负面影响"。⑦一些法官也指出,"行政机关作为社会事务的管理者,所为行政行为应具有稳定性,不得朝令夕改,其做出的承诺应当信守。"⑧从道德伦理到法的安定性,诚信原则才真正开始向公法原则过渡。其次,也有学者主张,在行政立法中也适用诚信原则,包括"法律不得溯及既往""法律变动中的信赖保护",⑨"否则,法律就不符合社会共同体赖以存在

---

① 杨解君:《当代中国行政法的品质塑造——诚信理念之确立》,载《中国法学》,2004(4)。
② 刘莘、邓毅:《行政法上之诚信原则刍议》,载《行政法学研究》,2002(4)。
③ 杨解君:《行政法诚信理念的展开及其意义》,载《江苏社会科学》,2004(5)。
④ 徐国栋:《诚实信用原则二题》,载《法学研究》,2002(4)。
⑤ 梁慧星:《诚实信用原则与漏洞补充》,载《法学研究》,1994(2)。
⑥ 梁小婷:《论行政法诚实守信原则的适用》,载《法制与社会》,2017(6)。
⑦ 杨解君:《当代中国行政法的品质塑造——诚信理念之确立》,载《中国法学》,2004(4)。
⑧ "李权会与徐州市鼓楼区琵琶街道办事处、徐州市鼓楼区人民政府行政补偿二审行政判决书",参见江苏省高级人民法院(2016)苏行终1271号行政判决书。
⑨ 刘丹:《论行政法上的诚实信用原则》,载《中国法学》,2004(1)。

的基本道德,就不为社会所接受,也就不可能有法的效力。"①在我看来,法不溯及既往是关于法的时间效力的原则,在法律的立改废过程中注意保护信赖利益,是立法政策中一向必须考量的因素。这些都不需要诚信原则加持。最后,诚实信用已经逐渐转换为依法行政要求。"诚信原则逐渐开始赋予了法律性质。"学者类推出的很多行政法内涵,比如,行政权的行使必须以公共利益为目的、"信息真实、准确、全面"、"行政决定应当公平合理"等,早就是依法行政的应有之义。对依法行政真正有增量价值,并由法官裁判形成精细化的规则,构成了基础性二元结构,一是要"恪守信用",在行政协议、行政允诺、行政承诺上"兑现先前所作的承诺、约定"。二是"政府机构也不能随意撤销行政决定"。②从判断标准到保护方式,实际上与信赖保护趋同。③诚信就是对信赖利益的保护。④

不论上述哪种研究进路,学者无不首肯,诚信是对行政机关和相对人提出的共同要求。行政机关和相对人"不仅要相互平等对待,而且还应相互真诚和信赖"。"政府和人民的互信,界定了行政法的诚信内核。"⑤闫尔宝将行政法上的诚信原则具体解构为"诚信原则对行政机关的要求"和"诚信原则对行政相对人的要求"两个方面。⑥

诚信原则与依法行政、正当程序、比例原则之间是何种关系?第一种观点认为,是第二位的补充关系。"行政法定原则、法律优先原则、比例原则(合理原则)和正当程序原则等多是行政法专有的原则","调整行政法律关系时应优先适用行政法的专有原则而非诚实信用原则。只有在适用这些特

---

① 潘荣伟:《政府诚信——行政法中的诚信原则》,载《法商研究》,2003(3)。
② 梁小婷:《论行政法诚实守信原则的适用》,载《法制与社会》,2017(6)。闫尔宝:《行政法诚实信用原则研究》,90~91页,北京,人民出版社,2008。闫尔宝:《行政法诚信原则的内涵分析——以民法诚信原则为参照》,载《行政法学研究》,2007(1)。
③ 多数学者认为,包括:第一,行政行为必须有效成立;第二,行政行为成立后改变、撤销或废止;第三,行政行为对相对人造成损害;第四,信赖值得保护;第五,损害与行政行为变动之间具有因果关系;第六,信赖善意无过失。还有一种看法是包括信赖基础、信赖表现、信赖值得保护。对于行政诚信的保护,一般包括存续保护和财产保护。前者也称维持原状,不得撤销、变更行政行为。后者是对于行政行为改变造成相对人的特别牺牲,给予合理补偿。刘丹:《论行政法上的诚实信用原则》,载《中国法学》,2004(1)。
④ 马怀德主编:《行政法与行政诉讼法》,58页,北京,中国法制出版社,2000。
⑤ 杨解君:《当代中国行政法的品质塑造——诚信理念之确立》,载《中国法学》,2004(4)。
⑥ 闫尔宝:《行政法诚信原则的内涵分析——以民法诚信原则为参照》,载《行政法学研究》,2007(1)。

别原则不能解决问题时,方能适用诚实信用原则。"[1]第二种观点认为,高于并构成了所有其他原则的基础。"诚信原则为行政法之最高形式原则,乃在于行政法之基本原则皆源于诚信原则。"[2]这实际上是将诚信理解为善意、真诚、无欺、公平合理,是无论何种行政法基本原则都必须具备的品质。第三种观点认为,与信赖保护一样,"行政决定一旦作出,即被推定有效,为保护信赖该决定为合法的人民权利,对违法行政决定是否撤销应综合权衡,而非一意维护合法性。"[3]但是,这与司法实践不符,法官都倾向支持合法性优先。

2. 继之以信赖保护

21世纪初,受到我国台湾地区文献的强烈影响,我们开始关注源自德国行政法上的信赖保护。信赖保护原则很快成为"中国行政法的重要组成部分","成为规范行政机关诚信行政、保障相对人预期利益的主流理论工具",[4]"重要性甚至超过了越权无效原则。"[5]越来越多的行政法教科书将信赖保护添列为一项行政法基本原则,但也不忘将诚实信用一并裹挟其中。[6]学者、法官已成为推动该原则发展的主要力量。

最初因为缺少一手文献,对于德国信赖保护,我们不算了解透彻,雾里看花,融入了不少中国人自己的理解与期许。学者解读不一、各抒己见,"对于这一原则的理论渊源、保护客体及保护机制等诸多方面均存在着不同认识",[7]"学理、立法、司法与行政对信赖保护原则的内涵解读并不一致",[8]甚至发生根本性误读。我们一直视为首次引入信赖保护的《行政许可法》(2003年)第8条"立法本意与信赖保护原则并无关涉,只不过是对传统意义上的严格依法行政原则的规范重述罢了"。[9]

---

[1] 杨登峰:《行政法诚信原则的基本要求与适用》,载《江海学刊》,2017(1)。
[2] 刘莘、邓毅:《行政法上之诚信原则刍议》,载《行政法学研究》,2002(4)。
[3] 应松年主编:《当代中国行政法》,107页,北京,中国方正出版社,2005。
[4] 王子晨:《论行政语境下的信赖保护原则》,载《江西社会科学》,2021(11)。
[5] 姜明安:《行政法基本原则新探》,载《湖南社会科学》,2005(2)。
[6] 马怀德主编:《中国行政法》,20页,北京,中国政法大学出版社,1999。姜明安主编:《行政法与行政诉讼法》,43页,北京,高等教育出版社,2002。
[7] 莫于川、林鸿潮:《论当代行政法上的信赖保护原则》,载《法商研究》,2004(5)。
[8] 王子晨:《论行政语境下的信赖保护原则》,载《江西社会科学》,2021(11)。
[9] 刘飞:《信赖保护原则的行政法意义——以授益行为的撤销与废止为基点的考察》,载《法学研究》,2010(6)。

(1)与私法的关系

那么,信赖保护是否也从私法上借用而来?民法学者认为,行政法上的信赖保护是私法上信赖保护的展开,①德国在20世纪20年代,就已经有学者将私法上的信赖及其保护问题扩展至公法领域进行讨论,②私法上诚实信用为其提供了经验支持。③日本也如此,"信义诚实的原则乃至信赖保护的原则,是将在私人间适用的法原理适用于行政法关系的情况。"④看来信赖保护肯定也是从民法借用。至于其借自私法上哪个对应物,尚有争议。

我国个别学者虽也提及私法上的信赖保护,却隐约其词。⑤多数学者认为,公法上信赖保护的法理基础是诚信,几乎无视私法上信赖保护。德国联邦行政法院早期也曾认为,"信赖保护原则系从诚信原则中推导出来的。"之后,德国通说又转向否定,"诚信原则非但不能构成信赖保护原则的法理基础,甚至连作为'额外的支撑'都是没有必要的。""信赖保护原则唯一可能的法理依据只能是法治国家原则以及从中推论而出的法安定性原则。""这一说法是'最有说服力的'"。⑥也有认为信赖保护是基于法的安定性以及"宪法上所保护的人民基本权利","究竟源于宪法上何种基本权利,则又有'财产权说'与'自由权说'"。⑦

(2)三种表述

我国学者对信赖保护的表述不一,大致有三种。一种近似诚实信用,"政府对自己做出的行为或承诺应守信用,不得随意变更,不得反复无常。"⑧

---

① 丁南:《民法上的信赖保护与诚实信用关系辩》,载《法学杂志》,2013(7)。
② 展鹏贺:《德国公法上信赖保护规范基础的变迁——基于法教义学的视角》,载《法学评论》,2018(3)。
③ 刘晓华:《私法上的信赖保护原则研究》,26~27页,山东大学博士学位论文,2013。
④ [日]盐野宏:《行政法》,杨建顺译,59页,北京,法律出版社,1999。
⑤ 李洪雷:《论行政法上的信赖保护原则》,载《公法研究》,2005(4)。
⑥ 刘飞:《信赖保护原则的行政法意义——以授益行为的撤销与废止为基点的考察》,载《法学研究》,2010(6)。
⑦ 莫于川、林鸿潮:《论当代行政法上的信赖保护原则》,载《法商研究》,2004(5)。从信赖保护的规范基础看,在教义学上,有着早先"将《德国民法典》第242条规定的诚实信用作为公法信赖保护的实证基础",发展到"借助《基本法》中社会国原则规定",以及《基本法》的基本权利条款",再到"作为法治国原则的内在要求",并"在判决中逐渐形成了'法治国—法安定性要求—信赖保护'的主流援引模式","把公法上的信赖保护建立在法治国原则内在要求和个案具体涉及的基本权利的联系中"。展鹏贺:《德国公法上信赖保护规范基础的变迁——基于法教义学的视角》,载《法学评论》,2018(3)。
⑧ 姜明安主编:《行政法与行政诉讼法》,62页,北京,法律出版社,2002。姜明安:《行政法基本原则新探》,载《湖南社会科学》,2005(2)。

另一种与行政行为的撤销理论相关,行政机关不得随意撤销、变更已生效的行政行为。在行政行为的变动中要保护相对人的信赖利益,要合理补偿因撤销、废止行政行为给相对人造成的信赖损失。多数学者持此观点。再有一种类似合法预期,信赖保护"行政主体对其在行政过程中形成的可预期的行为、承诺、规则、惯例、状态等因素,必须遵守信用,不得随意变更,否则将承担相应的法律责任,如因重大公共利益需要变更时也必须作出相应的补救安排"。① 上述表述显然受到接踵而至的不同理论影响,描述了应当保护当事人信赖的基本面相,无论以何种理论审视都没有问题,只是都没道出信赖保护的独有价值。

(3)产生信赖保护的情形

与德国理论同出一辙,判断是否给予信赖保护,要看是否存在信赖基础、信赖行为、值得保护的信赖和信赖利益。② 学者普遍相信,信赖是"基于行政行为的效力性",是"对行政行为撤销、变更、废止的限制"。③ 甚至认为其无所不在、无处不有,"已渗透到法律事实的认定、行政法律规范的适用及行政行为的变动等行政全过程。"④"行政信赖保护中'信赖'的客体是相当广泛的,绝非仅仅局限于具有单方性、处分性的具体行政行为,还应当包括行政主体颁布行政法规、行政规章、其他规范性文件的行为以及长期以来所形成的惯例、规则等,而行政指导、非拘束性行政计划、行政承诺等非强制性行为(包括一些事实行为)也应在信赖的对象之列,此外还应当包括行政主体之间的职权划分等。"⑤ 一些法官也从宽泛意义上引用信赖保护。⑥

其实,在德国公法范围内,"信赖保护原则主要适用于三个领域:其一为

---

① 莫于川、林鸿潮:《论当代行政法上的信赖保护原则》,载《法商研究》,2004(5)。
② 黄学贤:《行政法中的信赖保护原则》,载《法学》,2002(5)。王子晨:《论行政语境下的信赖保护原则》,载《江西社会科学》,2021(11)。周佑勇:《行政裁量的均衡原则》,载《法学研究》,2004(4)。王太高:《行政许可撤回、撤销与信赖保护》,载《江苏行政学院学报》,2009(2)。
③ 朱丽琴:《试论行政程序法中的信赖保护原则》,载《法学杂志》,2003(2)。
④ 李春燕:《行政信赖保护原则研究》,载《行政法学研究》,2001(3)。
⑤ 莫于川、林鸿潮:《论当代行政法上的信赖保护原则》,载《法商研究》,2004(5)。
⑥ 比如,在"汤太阳与南京市鼓楼区人民政府、南京市人民政府行政监督、行政复议二审行政判决书"中,264号《规定》系地方政府规章,且向全社会予以公布,其中规定了期限。法官指出,"申请人基于对264号《规定》的信赖,期望能在10日内获取政府信息。如果行政机关在10日内未予答复且未延长答复期限,则侵犯了申请人的信赖利益。"参见江苏省高级人民法院(2017)苏行终1313号行政判决书。这里的信赖、信赖保护、信赖利益其实都是泛泛而谈,没有实质意义。

法律的溯及力,信赖保护体现在法律的变更与废止不应真正具有溯及既往的效力上;其二为授益行政行为的撤销与废止,信赖保护主要体现在对违法给付行为的存续保护上;其三是在行政计划、许诺、公法合同等领域,信赖保护主要体现为行政机关决定的改变应当顾及相对人的信赖利益。"①

在我看来,与行政法有关的只有后面两点。这是因为,第一,法律的溯及力、法不溯及既往是宪法和立法上的信赖保护,有关法规范已高度成熟,信赖保护隐退为随附理由。对于行政立法的立改废,或者行政政策的改变,法不溯及既往有一定意义。但是,行政立法、行政政策不是绝对不能溯及既往,而是要有重大公共利益需要,有程序性保护,尽量实行过渡性政策。法不溯及既往不如合法预期说得透彻。第二,行政计划、行政许诺、公法合同等领域是否适用信赖保护,在德国尚有争议。即便可以,"其适用规则也原则上同于授益行政行为的撤销与废止中的情形。"②而在我国,行政协议、行政允诺却早已涵摄到"诚实守信"之中,是"恪守信用"在行政法上的实际运用。它们不同于传统行政行为,是借助相对人同意、付诸行动而成立。行政审判上对其合法性要求也有别于传统行政行为,存续性、稳定性明显较高。第三,上述陈述中,以及在很宽泛的说法中,③都没有点明行政政策、行政指导、行政惯例是否可以适用信赖保护。它们显然与行政行为撤销理论无涉。

我国一些学者相对准确地复述了德国法上对违法给付决定的存续保护。④而负担行政行为是否亦然,他们却不置可否。更多的学者、法官和立法参与者是不加区别地断言,信赖保护与行政行为的撤销有关。在德国法上,"针对负担行为作出撤销或废止决定,对相对人而言仅意味着利益的增加或法律状况的改善,而不会造成不利影响,因此相对人并无需要保护的信赖利益可言。""只有在对原负担行为作出更不利于相对人的变更情况下,变更行为的实际效

---

① 刘飞:《信赖保护原则的行政法意义——以授益行为的撤销与废止为基点的考察》,载《法学研究》,2010(6)。

② 刘飞:《信赖保护原则的行政法意义——以授益行为的撤销与废止为基点的考察》,载《法学研究》,2010(6)。

③ 德国在1956年之后,"越来越多的法院开始在其判决中采纳支持公民信赖保护的观点,所涉及的领域也几乎遍及所有国家行为的活动范围。""将《联邦行政程序法》关于撤销和废止行政行为中的信赖保护规则拓展适用于非行政行为属性的其他行政措施。"展鹏贺:《德国公法上信赖保护规范基础的变迁——基于法教义学的视角》,载《法学评论》,2018(3)。

④ 姜明安:《行政法基本原则新探》,载《湖南社会科学》,2005(2)。周佑勇:《行政裁量的均衡原则》,载《法学研究》,2004(4)。沈岿:《论行政法上的效能原则》,载《清华法学》,2019(4)。

果等同于授益行为的撤销或废止,此时应适用与授益行为相同的规则。"①

在我看来,从行政行为效力理论看,传统上就有行政行为的公定力、确定力、拘束力,非因法定事由,经由法定机关和法定程序,也不允许随意撤销、变更已生效的行政行为。在其中引入信赖保护,实际上只是附随理由,可有可无,若无特殊价值考虑,实无必要。从我国行政审判看,"对于负担性行政行为的信赖保护问题,实践中却未见涉及。在因行政机关撤销违法的负担性行政行为而引发的赔偿诉讼中,尚未见因违反信赖保护原则而支持原告的判例。"②

我国学者还就信赖保护是否仅规范行政自由裁量存有异议。有的学者认为,信赖保护"同时适用于行政法上的羁束行为与裁量行为",行政合理性原则不包含信赖保护。③也有学者认为,诚实信用、信赖保护是规范行政自由裁量的基本原则。行政行为违反这些原则,也属于违法行政。④有的地方立法也是将信赖保护作为自由裁量权行使的审查标准。⑤

(4) 与依法行政的关系

在早期的大量文献中,我国学者极少关注信赖保护与依法行政之间的冲突。只有个别学者提出,"对各种目标和利益进行权衡、协调,以求得一个合理的和适当的中介点。"⑥即便在复述德国法的有关存续保护方式时,也是小和尚念经有口无心,不明就里。于是,发生了集体误读。只有屈指可数的几篇文献清晰阐述了信赖保护的独特价值,但是,面对业已普遍形成的理论误读与实践偏差,回天无力,无法拨乱反正。其实,关注这个问题,才是打开德国信赖保护的正确方式。

1956年(西)柏林高等行政法院在一起撤销违法授益行政行为的案件中,开创性地在依法行政和相对人信赖保护的对立中支持了后者。法院认为,"当考虑到法律上普遍认可的信赖保护理念时,除非个案中行政机关通

---

① 刘飞:《信赖保护原则的行政法意义——以授益行为的撤销与废止为基点的考察》,载《法学研究》,2010(6)。
② 耿宝建:《信赖保护原则的发展及在司法实践中的运用——以负担行政行为和程序行政行为的信赖保护为视角》,收入最高人民法院行政审判庭编《行政执法与行政审判》(2006年第1集)(总第17集),https://mp.weixin.qq.com/s/t_KvS1Spg5YtN2EWldOYiQ,2022年3月3日最后访问。
③ 莫于川、林鸿潮:《论当代行政法上的信赖保护原则》,载《法商研究》,2004(5)。
④ 罗豪才:《现代行政法制的发展趋势》,载《国家行政学院学报》,2001(5)。
⑤ 《云南省行政复议规定》(2006年)第27条第(二)项规定,自由裁量权的行使要符合信赖保护原则。
⑥ 姜明安:《行政法基本原则新探》,载《湖南社会科学》,2005(2)。

过撤销所欲实现的公共利益明显优于受益人所获得的利益,否则违法授益行政行为的受益人因信赖国家公权力活动有效性所得的利益,可以阻却行政机关为纠正违法状态所实施的撤销行为。"①无法否认的是,信赖保护在追求法安定性的同时,却是对法安定性的反动。"由于信赖保护的提供主要取决于主观标准以及基于个案的具体利益权衡,它对整个法治秩序的稳定性反而形成了不利影响,同时也损害了法律面前人人平等原则。因此,最终形成的结果反而是不利于法治状态下稳定与均衡的可预期性的形成,进而也会有损于法安定性原则的实现。"②

正因如此,首先,德国人小心翼翼地将信赖保护限定在违法授益行政行为的撤销上。在授益行政行为上,之所以信赖保护可以胜出,是因为给予相对人待遇优厚,只关乎国库支出多寡。"对于公权力机关而言基本上仅意味着经济负担而非职责范围内应予履行的任务。"③采取存续保护,不去纠正违法,对法秩序的破坏也是秋毫之末。但是,对于秩序行政,依法行政若是让位给信赖保护,对法治的破坏却是致命的。秩序行政也称侵害行政,多为负担行政行为,很难引用信赖保护。④因为对于违法的负担行政行为,比如已经生效的违法行政处罚决定,很难想象可以通过利益衡量,如果私益大于公益,就可以不撤销违法的负担行政行为,反而给予存续保护。其次,德国人也试图通过精细的推理,努力弥合依法行政与信赖保护之间的分歧。⑤这项任务最终由德国《行政程序法》完成,通过信赖保护的法律化,将上述冲突"转换成应如何适用行政程序法相关规范的问题"。对违法的授益行为是否

---

① 展鹏贺:《德国公法上信赖保护规范基础的变迁——基于法教义学的视角》,载《法学评论》,2018(3)。
② 刘飞:《信赖保护原则的行政法意义——以授益行为的撤销与废止为基点的考察》,载《法学研究》,2010(6)。
③ 同上注。
④ [德]毛雷尔:《行政法学总论》,高家伟译,296页,北京,法律出版社,2000。
⑤ 首先,主张"合法行政和信赖保护同为法治国原则的具体化形式,在《基本法》框架下具有同等位阶的宪法性原则属性"。其次,在实质法治国的要求下,"行政合法性要求不再作为约束行政活动的'绝对化的原则'","而只是针对行政违法行为在法律效果上'部分的实证化',在此之外尚未予'充分'规定的情形",因此,"合法行政不再意味着对违法作出的行政行为毫无例外地予以撤销",触及公民信赖利益时,要对彼此冲突的原则背后各自代表的法益进行充分权衡。"对公民信赖利益的考量与保护已然变成合法行政有着的内在要求。"展鹏贺:《德国公法上信赖保护规范基础的变迁——基于法教义学的视角》,载《法学评论》,2018(3)。

给予存续保护,"取决于具体个案中的事实构成与利益对比关系",①也就是公益和私益之间的衡量。

但是,即便如此谨慎的限缩,信赖保护在欧洲依然不看好,"几乎是毫无价值的。""尤其是在受益人为企业的情况下,如果无视给予其相关补助的授益决定的违法性并继续维持其存续力,实际上就直接损害了其他企业的公平竞争机会。在个人的存续利益和公共利益之间的权衡中,欧洲法院显然认为后者应具有优先地位。""正是出于这样的原因,即便从与德国有着紧密地缘关系的欧盟诸国来看,除荷兰等之外的多数国家,都没有在法律规范中认可信赖保护原则。"②

对于德国法上信赖保护的独特价值,以往我们并没有真正意识到,也不甚了了。从开初,我们就望文生义,以文害辞,对信赖保护的解读带入了中国人自己的情愫、期许与观念,从依法行政观念出发说文解字。因此,我们主张"有错必纠",行政机关应当依职权纠正错误的行政决定,③在纠错方式上可以撤销、变更,也允许对违法决定进行治愈。④比如"戴鼎锋与上海市国

---

① 刘飞:《信赖保护原则的行政法意义——以授益行为的撤销与废止为基点的考察》,载《法学研究》,2010(6)。

② 同上注。

③ "广东省人民检察院检察建议书"(粤检八部行公建〔2020〕Z1号)中,检察机关指出,"全省违规发放、调整涉刑退休人员基本养老保险待遇的问题普遍存在,涉及人数多,经年累计,涉案金额大。反映出我省涉刑退休人员养老保险管理制度不够完善、存在漏洞,造成社会保险基金损失,损害了国家利益和社会公共利益。"建议广东省人力资源和社会保障厅,"对于违规发放、调整涉刑退休人员基本养老保险待遇的问题,应当监督社会保险经办机构追回多发的基本养老保险待遇。"

④ 在"廖德成、长沙市望城区人民政府二审行政判决书"中,和记黄埔项目拆迁户重建地分配中,廖德成应当分配的地基数为2缝,通过优购1缝,实际取得地基数应当为3缝,180平方米。但是在办理望国土字0010248号个人建房用地许可证时,将廖德成许可面积按照4缝计算,写成了240平方米。被上诉人望城区人民政府自认系其工作人员工作疏忽所造成的错办。二审法院认为,"在有确凿的证据证实确有错误的情况下,望城区人民政府具有纠错的行政职能,可以依职权对错误的行政行为进行纠正。"并进一步指出,第一,"这一错误的形成是行政机关工作人员的过错所造成的,与廖德成没有关系,行政机关在纠错时应当充分考虑无过错的行政相对人的利益。"第二,"在此期间,行政相对人始终没有间断对该许可的受益。而且在长达九年的时间里,行政机关一直放任其错误行政行为效力的存在,没有采取任何纠错行为。行政许可效力长时间的延续存在,对行政相对人已经形成了深厚的政府信赖基础,行政相对人基于政府信赖保护原则所形成的利益应当得到保护。"第三,"应当考虑行政机关纠错与政府信赖利益保护之间的平衡,最大限度地保护政府信赖利益,提高政府诚信,降低纠错成本。如果简单地采取撤销的方式纠错,势必应对行政相对人进行信赖利益的赔偿。而本案廖德成对所涉房的重建已建设至2楼墙体,已经付出了重大的建设成本,这些建设成本必将纳入行政机关赔偿的范围,无疑又增加了行政机关的赔偿额度,提高了行政机关的纠错成本,也造成了社会资源的巨大浪费。在这种情形下,应当进行纠错的价值分析,选择一种所产生的社(见下页)

有资产监督管理委员会、上海市住房和城乡建设管理委员会等劳动和社会保障审判监督行政判决书",该案与1956年德国寡妇案极其相似。对于本不应当享受生活补贴的当事人,法院认为,因为相对人无过错及行政成本等因素考量,对已经错误发放的生活补贴,可以不要求当事人返还。

但是,不能"仅因一次错误发放",就"要求相关部门继续向不应享受补贴人员持续发放生活补贴"。这"亦非信赖保护原则的应有之义"。"因此,抗诉机关认为停发生活补贴的行为有违行政行为相对人的信赖保护原则的意见,不能成立。"①也有法官认为,行政诉讼上的情势判决,或称"情况判决",②涉及近似德国的信赖保护。③其实不然,情势判决不撤销违法行政行为,改为确认违法,允许违法行政行为存续,这不是出于信赖保护,而是对国家利益、公共利益的保护。

(接上页)会利益大于对行政相对人和行政机关所造成损失的方式。"第四,"无案外利害关系人。本案涉案的60平方米安置地一直处于廖德成的管业下,没有其他案外利害关系人提出任何权利要求。"第五,"对社会公共利益和城市与社区整体规划没有影响。涉案的安置地本来就是和记黄埔项目拆迁户的重建地,已经纳入了安置重建的整体规划,在安置地范围内进行了编号管理,符合整体的安置规划和建设设计要求,对周围环境不产生负面影响。因此,鉴于本案行政许可效力长时间延续存在,已经形成了深厚的政府信赖基础,行政相对人已经进行了大量信赖投入的情况,在保留原行政行为效力的基础上,参考原有价格和市场变化情况,通过补缴相关税费对原行政行为的缺陷进行补正的方式,可以达到行政机关纠错与信赖保护之间的平衡,推进诚信政府建设,实现信赖利益保护。"参见湖南省高级人民法院(2018)湘行终1771号行政判决书。

① 参见上海市第三中级人民法院(2018)沪03行再1号行政判决书。
② 《最高人民法院关于执行〈中华人民共和国行政诉讼法〉若干问题的解释》(法释〔2000〕8号)第58条规定,"被诉具体行政行为违法,但撤销该具体行政行为将会给国家利益或者公共利益造成重大损失的,人民法院应当作出确认被诉具体行政行为违法的判决,并责令被诉行政机关采取相应的补救措施;造成损害的,依法判决承担赔偿责任。"《行政诉讼法》(2017年)第74条第1款第(一)项、第76条做了相同规定。
③ 在"杨光明、荣县人民政府行政征收二审行政判决书"中,一审法院认为,"根据《中华人民共和国行政诉讼法》第七十四条第一款的规定,虽然被告作出的涉案房屋征收决定未按照国有土地上房屋征收补偿法律、法规履行相关程序,但撤销该决定将会给公共利益造成重大损失。为避免导致原已稳定的征收法律关系出现新的矛盾,平衡依法行政和信赖保护原则的冲突,进而实现法律效果和社会效果的统一,应当判决确认被告的行为违法。"但是,二审法院不再提及信赖保护,而是指出,"一审法院认定因本案征收行为系棚户区改造的需要,符合法定公共利益需要的条件,且行政程序已进行到被征收国有土地上房屋的98%及以上产权人签订了附生效条件的征收补偿协议,因考虑到撤销会给社会公共利益造成重大损害的,因此根据《中华人民共和国行政诉讼法》第七十四条第一款的规定对征收决定不宜撤销,而选择确认违法的判决方式并无不当。"参见四川省高级人民法院(2020)川行终2140号行政判决书。

我们想象的信赖保护,是指行政决定应当可信、可靠、可以依赖,言必行,行必果,果必信。在行政行为的撤销、撤回和变更上无不弥散着信赖保护。《行政许可法》(2003年)第8条对合法行政许可的撤回或变更、①第69条第4款对违法行政许可的撤销且被许可人无过失的,都是先让依法行政原则胜出,然后通过补偿、赔偿来保护被许可人的信赖利益。这些条款"既未涉及对'违法'许可提供的信赖保护,亦未对'信赖表现'作出规定","所形成的规范并不同于德国《行政程序法》中有关适用信赖保护原则的相关条款","与信赖保护原则无关","体现的仍为一般意义上依法行政原则的适用"。②上述条款解决依法行政与信赖保护之间冲突的立场与方式,既与我国司法实践吻合,也与英国法上的合法预期完全相同。国务院《全面推进依法行政实施纲要》(2004年)也顺理成章地从诚信意义上扩大解读,将信赖保护进一步推及所有行政决定。这才是我国学者、法官、立法参与者津津乐道的信赖保护,③并左右了司法裁判的态度,以及有关立法、文件规定的内容取向。

(5)保护方式

在我国,正因为不关注信赖保护与依法行政之间的关系,尽管学者都提及信赖保护具有存续保护与财产保护两种方式,却忽视了它们所持不同立场。在德国法上,财产保护是合法性胜出,存续保护是信赖利益优先。究竟采用哪种保护,取决于对公益与私益的衡量结果。首先,在德国,如果公益大于私益,撤销违法的授益行政行为,对于当事人信赖利益给予财产保护。

---

① 对于《行政许可法》(2003年)第8条中的"依法取得",有的学者认为,"'依法取得'也应当仅包含公民、法人或者其他组织的行为,即只要上述主体的行为是合法的,其取得的许可就应当受到保护,即使行政行为违法也不影响信赖基础的成立。"陈星儒:《信赖保护原则的司法适用研究——评郴州饭垄堆矿业有限公司诉国土资源部案》,载《法律适用》,2018(14)。在作者看来,这显然是对上述法律规定的误读。在"辽宁凯嘉五金塑料有限公司诉辽阳市太子河区人民政府行政补偿二审行政判决书"中,法官认为,《行政许可法》第8条规定的行政补偿,"并非以行政机关行为违法为前提"。因此,"太子河区政府辩称由于其行为未违法,因此不承担补偿责任,于法无据。"参见辽宁省高级人民法院(2018)辽行终1538号行政判决书。

② 刘飞:《行政法中信赖保护原则的适用要件——以授益行为的撤销与废止为基点的考察》,载《比较法研究》,2022(4)。

③ 在"喻国亮、张富明等与溆浦县工伤保险管理中心行政给付二审行政判决书"中,法院指出,《中华人民共和国行政许可法》第六十九条,行政机关应当遵守信赖保护原则,即行政相对人对授益性行政行为形成值得保护的信赖时,行政主体不得随意撤销或废止该行为,否则必须合理补偿行政相对人信赖该行政行为为有效存续而获得的利益。"参见湖南省怀化市中级人民法院(2016)湘12行终127号行政判决书。

财产保护"虽然确系以保护信赖为目标","其保护功能实质上完全是基于依法行政原则的法理基础而实现的,所适用的也完全是依法行政原则范畴之内的规范与规则"。财产保护在合法性与信赖利益之间冲突的处理次序上,德国、英国和我国都毫无分歧。其次,从德国的经验看,信赖保护的独特价值就是,在合法性与信赖利益发生冲突时,如果私益大于公益,就让信赖保护优先,不撤销违法的授益行政行为,"原本基于依法行政原则可以自由撤销的违法行为,因信赖保护原则的适用得以继续维持其存续力。"①以牺牲合法性来换取对当事人信赖利益的保护。正是此点,不为英国合法预期认可,也与我国行政实践与司法审判不符。产生差异的根源在于,英国和我国在合法性与信赖利益冲突上都是选择合法性优先。

因此,当信赖保护投入我国本土实践之后,从立法、审判到理论,注入了中国元素,摒除对违法状态的存续方式,重视以实现合法性为前提。违法许可通过治愈成为合法,可以继续存续,不构成违法性继承问题。只有许可决定具有重大明显违法或者存在显而易见的违法且无法补正情形的,才可以撤销。②无效的行政行为不可能产生信赖保护。③如果违法不归咎于相对人,比如相对人没有行贿或提供虚假资料信息,或者错在行政机关,比如,执行政策错误、合法性审查疏忽,那么,因撤销、变更造成的信赖利益损失,应当给予当事人财产保护。④

3. 合法预期的引介

我们对英国合法预期的关注比信赖保护稍晚一两年。合法预期

---

① 刘飞:《信赖保护原则的行政法意义——以授益行为的撤销与废止为基点的考察》,载《法学研究》,2010(6)。

② 在"郴州饭垄堆矿业有限公司、中华人民共和国国土资源部资源行政管理:土地行政管理(土地)再审行政判决书"中,最高人民法院行政法官认为,"一旦实施了首次许可,那么在其后的延续许可,以至行政复议机关、人民法院对延续许可合法性进行审查时,则既要考虑首次许可的适法性,也要考虑维持许可是否必然损害公共利益,以及是否有必要的措施防范可能的不利影响并保障被许可人的信赖利益等问题。因此,不能简单以首次许可存在适法性问题,即否定许可延续行为的合法性。易言之,在审查许可延续行为的合法性时,只有首次许可具有重大明显违法或者存在显而易见的违法且无法补正情形的,复议机关才可以撤销延续许可。""2006年许可行为存在的越权情形,已经得到2011年许可行为的治愈,其越权颁证的后果已经消除,并不构成违法性继承问题。"也就是说,2011年许可经过治愈,已经合法。因此,不应该撤销2011年许可。参见中华人民共和国最高人民法院(2018)最高法行再6号行政判决书。

③ 周继峰:《论行政法信赖保护原则》,载《政法论丛》,2003(2)。李沫:《激励型监管信赖保护的立法思考》,载《法学》,2013(8)。

④ 姜明安:《行政法基本原则新探》,载《湖南社会科学》,2005(2)。

(legitimate expectation),也译成"合理期待""合理预期""正当期望""正当期待",①起始就是依据一手文献对源自英国的合法预期做了全面、系统、深入的研究。②又延伸至对荷兰、香港、欧盟合法预期的探讨。③对于合法预期的涵义、判断标准与保护方式,有关引介大同小异,基本上没有分歧,都是利用相同的资料,得不出相距太远的观点,又彼此印证,不至于跑偏误读。

合法预期也进入行政法教材,一些学者在论述信赖保护、诚实信用之时提及合法预期,并认为它们在内涵上融洽无间。也有学者认为其迥异且优于信赖保护,应当取而代之,成为一项基本原则。④

(1)基本内涵

合法预期是指相对人因行政机关的先前行为(如曾制定过政策、发过通知、做出过指导或承诺或者行政决定等),合理地产生了对行政机关将来活动的某种预期(如行政机关将会履行某种程序或者给予某种实质性利益),并且可以要求行政机关将来满足其上述预期。行政机关除非有充分的公共利益理由,原则上不得拒绝。

首先,英国没有行政行为概念,也不限于行政决定,公权力行使过程中形成的行政机关意思表示,从政策、承诺、指导、惯例、长期固定实践到行政决定,都可能产生合法预期保护,应用极其广泛,远胜于信赖保护。合法预期完全溢出了对行政行为撤销理论的关注,将目光延伸到行政政策、行政计划、行政指导、行政惯例等领域。对于这些行政活动,诚实信用、信赖保护似乎也有所涉足,却不十分在意,至少还没有像合法预期那样形成有效规范。

其次,与诚实信用、信赖保护一样,合法预期要求行政机关言而有信、言出必行,行政权力的行使应当值得相对人信赖,相对人也完全可以信任行政机关作出的意思表示。不像诚实信用,合法预期不强调伦理道德,却注重行

---

① 有两个译作分别译成"正当期望""正当期待",[英]克雷格:《正当期望:概念性的分析》,马怀德、李洪雷译,载《环球法律评论》,2003(2)。[美]L.哈罗德·利维森:《正当期待——公共官员行事一贯》,骆梅英译,载《公法研究》,2005(1)。

② 代表性文献,参见余凌云:《行政法上合法预期之保护》,载《中国社会科学》,2003(3)。张兴祥:《论行政法上的合法预期保护原则》,中国政法大学博士学位论文,2006。陈海萍:《英国行政法上合法预期原则的最新发展》,载《环球法律评论》,2014(5)。

③ 余凌云:《荷兰行政法上的合法预期》,载《清华法学》,2011(1)。孙成:《合法预期原则在香港的起源与发展》,载《行政法论丛》,2015(第18卷)。陈震:《合理期待原则的内涵——对该原则在英国法和欧盟法中的异同的比较分析》,载《公法研究》,2007(第五辑)。

④ 余凌云:《行政法讲义》(第三版),102~115页,北京,清华大学出版社,2019。

政权力的理性行使。与信赖保护一样,合法预期具有精致实用的规范结构,能够有效控制行政权。在合法性与信赖利益之间的冲突处理次序上,合法预期却比信赖保护更符合我们认同的观念。

(2)适用条件

与信赖保护的适用条件大致对应。首先,行政机关先前行为表达出来清晰无误的意思表示,相当于信赖基础。其次,使相对人产生对行政机关未来行为的预期,并安排了自己的生产、生活,也就是有着信赖行为。最后,因为行政机关改变意思表示,先期的投资得不到应有的收益,财产上蒙受损失,亦即有着值得保护的信赖利益。①

(3)保护方式

行政机关要想改变上述预期,应当事先通知可能受到影响的相对人,听取意见,必要时举行听证。如果没有压倒一切的公共利益理由,不得改变。如果基于公共利益理由改变的,应当赔偿或补偿由此造成相对人的损失。也就是存在着程序性保护、实体性保护和赔偿(补偿)性保护。②除了赔偿性保护与信赖保护上的财产保护大致相同,其他均不同。

首先,信赖保护缺少程序性保护。德国传统上不如英国法重视程序,折射在信赖保护上就是一直缺少着正当程序的保护意识。③或许是受其影响,《行政许可法》(2003年)第8条也没有规定程序性保护。刘飞教授辩解道,信赖保护并不是忽视正当程序,而是"对于行政决定作出之前应如何为相对人提供程序保障的问题,通常是在相关程序设置的层面上作出探讨,而不会出现于信赖保护原则的语境中"。④但是,这依然赶不上英国的合法预期。在英国法上,能够产生合法预期的行政机关意思表示不限于行政决定,而是广泛存在承诺、指导、惯例、政策之中。为行政行为的作出、撤销、变更或废止提供的正当程序保障,与之风马牛不相及。合法预期是为了在当事人利益受到损害,却不能基于

---

① 余凌云:《行政法上合法预期之保护》,载《中国社会科学》,2003(3)。
② 同上注。
③ 石佑启、王贵松也提出批判性建议,"对于那些难以运用存续、财产补偿等实体性保护方式加以保护的行政行为,也要赋予行政相对人参与权和请求权,让相对人有机会充分表达自己的意见,促使行政主体听取和考虑相对人的意见并作出合理的选择。"石佑启、王贵松:《行政信赖保护之立法思考》,载《当代法学》,2004(3)。
④ 刘飞:《信赖保护原则的行政法意义——以授益行为的撤销与废止为基点的考察》,载《法学研究》,2010(6)。

侵犯其法律权利而请求救济,而向其提供救济(to provide a relief to the people when their interests are harmed but they are unable to ask for a relief on the basis of violation of their legal rights)。① 适用自然正义原则的经典场域是一些法律权利、自由或利益受到影响(the classic situation in which the principles of natural justice apply is where some legal right, liberty or interest is affected),而合法预期原则与之不同的是其涉及的利益本身是无法获得法律保护的(The doctrine of legitimate expectation is distinct from this because it concerns itself with interests which by themselves would not attract legal protection.)。② 也就是说,"自然正义适用的传统情境是某些法定权利、自由和利益受到影响,而合法预期理论经常涉及那些自身不会吸引法律保护的利益,合法预期实际上拓展了传统自然正义的适用范围。"③

其次,合法预期的实体性保护迥异于信赖保护的存续保护。实体性保护的前提是行政机关的合法意思表示让相对人产生了合法预期,如果没有压倒一切的公共利益理由,行政机关就不得改变先前的意思表示,应当给予当事人所预期的实质利益。在考虑是否改变合法的意思表示上,涉及利益衡量。由于意思表示远广于行政决定,实体性保护不是或不仅仅是"与行政行为的撤销理论联系在一起的"。④ 在信赖保护上,存续保护是针对违法的给付决定,通过公益与私益的权衡,发现确有必要保护相对人的信赖利益,就应当为违法的给付决定提供存续保护。利益衡量的目的,是权衡要不要撤销违法的给付决定。德国法上通过维持违法的授益性行政行为的存续力来限制行政机关的撤销,保护效果仅止于阻止撤销。从英国的经验看,即使不为违法的给付行为提供存续保护,也依然可以保护当事人的信赖利益。在撤销违

---

① Cf. Jayanta Chakraborty, "*Doctrine of Legitimate Expectation—A Comparative Study of UK, USA & India*" (2018) 5(1) *Indian Journal of Law & Public Policy* 22.

② Cf. Paul Reynolds, "*Legitimate Expectations and the Protection of Trust in Public Officials*" (2011) *Public Law* 330. p. 6, https://deliverypdf.ssrn.com/delivery.php?ID=68911009.811200600401602906600406607503900601400706406609306907306902702211200108108103803500004310600304606901612409108408012602705308208402206407012208712709607912008404703808907811600507601908411802502311709409606510211306411507506708508109309102111 3&EXT=pdf&INDEX=TRUE,2020年3月28日最后访问。

③ 胡若溟:《合法预期在中国法中的命途与反思——以最高人民法院公布的典型案件为例的检讨》,载《上海交通大学学报(哲学社会科学版)》,2021(2)。

④ 王锡锌:《行政法上的正当期待保护原则述论》,载《东方法学》,2009(1)。

法的给付决定之后,可以责令行政机关行使裁量权,寻找政策空间,使当事人的法律状态实质上没有改变。这比单纯一味采用财产保护更为积极。

(4) 与依法行政关系

与德国信赖保护不同,在与依法行政关系上,合法预期始终坚持了合法性。"对于机构越权的决定或表示,法院一贯坚持其不能作为正当期待的基础。""因为对正当期待的保护往往意味着维持该决定,在法院看来,这将不恰当的扩大行政机关的权力,使本来非法的行为合法化。"①对于违法意思表示产生的合法预期,也只是提供赔偿性保护,而不是像德国法那样允许违法决定继续存在。②无论英国、欧盟还是我国法院都持上述同样立场,③这与德国法完全不同。

三、立法文件上的用语与要求

"诚信政府""诚实守信"是官方文件上的常用语。任凭学术上有着从诚实信用、政府信赖保护到合法预期的递进发展,官方文件的用语偏好基本未变。只是后来一些地方立法、文件中出现了信赖保护,也多与诚实信用、诚实守信并用。

在早期的文件中,诚信政府一般是倡导性的口号,缺乏实际内容与具体要求。④从中央层面看,"诚实守信"及其具体要求,最早见于2004年国务院发

---

① 彭錞:《小岛与大潮——英国与欧洲行政法的相互影响、趋势及其启示》,载《厦门大学法律评论》,2011(19)。

② 余凌云:《行政法上合法预期之保护》,载《中国社会科学》,2003(3)。对于行政官员个人越权的决定或表示,法院判例表现出的态度并不一致。在 Powergen 案中,代森法官认为这种情形下正当期待同样不能产生。但在 Flanagan 案中,基恩法官(Keene L. J.)则暗示如果该行政人员作出某项表示时表面上显得确有其权(with ostensible authority),且法律没有就该表示做出具体权限规定的,则正当期待可以成立。彭錞:《小岛与大潮——英国与欧洲行政法的相互影响、趋势及其启示》,载《厦门大学法律评论》,2011(19)。

③ 欧洲法院拒绝保护非法行政行为产生的期待。英国法采取了相似的立场,越权无效规则被放到了首要位置。如果不如此,那么行政机关将可以随意扩展它们的权力。陈震:《合理期待原则的内涵——对该原则在英国法和欧盟法中的异同的比较分析》,载《公法研究》,2007(第五辑)。在 Land Rheinland-Pfalz/Alcan Deutschland GmbH 案中,欧洲法院(European Court of Justice)逐一驳回了德国联邦行政法院(Federal Administrative Court)三个理由,判决撤销违法的国家资助(state aid)。Cf. Martina Künnecke, *Tradition and Change in Administrative Law in Anglo - German Comparison*, Springer, 2007, pp. 127~128.

④ 比如,《石家庄市人民政府办公厅关于开展建设诚信政府活动的通知》(市政办[2002]55号),中共浦东新区委员会办公室、上海市浦东新区人民政府办公室印发《浦东新区贯彻落实〈上海市政府信息公开规定〉推进诚信政府建设的实施意见》(2004年)。

布的《全面推进依法行政实施纲要》,该文件提出了"行政管理做到公开、公平、公正、便民、高效、诚信","诚实守信"作为依法行政的一项基本要求,①主要体现为不得随意撤销、变更已经生效的行政行为,依法撤回、变更的,也应补偿相对人损失。这实际上是将《行政许可法》(2003 年)第 8 条、第 69 条第 4 款规定推而广之。在立法参与者、法官、学者看来,行政许可法上述规定首次引入了信赖保护,②或合法预期,③赋予了行政机关"诚实守信的义务"。④类似规定还可见于《最高人民法院关于执行〈中华人民共和国行政诉讼法〉若干问题的解释》(2000 年)第 59 条。⑤"诚实守信""诚信"也成为了法治政府建设目标之一。⑥

从 2008 年之后地方制定的行政程序规定看,湖南、宁夏、江苏、山东、兰州、汕头、海口等省市都复制了 2004 年国务院《全面推进依法行政实施纲要》

---

① 《国务院全面推进依法行政实施纲要》(2004 年)关于"诚实守信"的要求是,"行政机关公布的信息应当全面、准确、真实。非因法定事由并经法定程序,行政机关不得撤销、变更已经生效的行政决定;因国家利益、公共利益或者其他法定事由需要撤回或者变更行政决定的,应当依照法定权限和程序进行,并对行政管理相对人因此而受到的财产损失依法予以补偿。"

② 张春生、李飞:《中华人民共和国行政许可法释义》,36 页,北京,法律出版社,2003。全国人大法工委国家行政法室编写:《中华人民共和国行政许可法释义与实施指南》,44 页,北京,中国物价出版社,2003。曹康泰:《行政许可法是一部规范政府行为的重要法律》,http://www.jcrb.com/xztpd/2012zt/QY/legislation/xzxkf/201207/t20120712_902830.html,2022 年 3 月 1 日最后访问。周佑勇:《行政许可法中的信赖保护原则》,载《江海学刊》,2005(1)。在"灯塔市人民政府、辽阳佳美纺织有限公司二审行政判决书"中,法院认为,《行政许可法》第 8 条规定"体现了信赖保护原则,即行政行为相对人基于对行政权力的合理信赖,以此安排自己的生产生活,行政机关不得擅自改变其已作出生效的行政行为,确需改变的,由此给行政相对人造成损失的,应当给予补偿。"参见辽宁省高级人民法院(2018)辽行终 1687 号行政判决书。

③ 余凌云:《对〈行政许可法〉第 8 条的批判性思考——以九江市丽景湾项目纠纷案为素材》,载《清华法学》,2007(4)。陈海萍:《对合法预期保护原则之艰辛探索——以法律文本为对象的初步考察》,载《华东政法大学学报》,2008(5)。

④ 杨登峰:《行政法诚信原则的基本要求与适用》,载《江海学刊》,2017(1)。

⑤ 《最高人民法院关于执行〈中华人民共和国行政诉讼法〉若干问题的解释》(2000 年)第 59 条规定:"根据行政诉讼法第五十四条第(二)项规定判决撤销违法的被诉具体行政行为,将会给国家利益、公共利益或者他人合法权益造成损失的,人民法院在判决撤销的同时,可以分别采取以下方式处理:(一)判决被告重新作出具体行政行为;(二)责令被诉行政机关采取相应的补救措施;(三)向被告和有关机关提出司法建议;(四)发现违法犯罪行为的,建议有权机关依法处理。"

⑥ 2014 年 10 月 23 日,党的第十八届四中全会通过《中共中央关于全面推进依法治国若干重大问题的决定》,以及 2015 年 12 月 23 日,中共中央、国务院印发《法治政府建设实施纲要(2015—2020)》,都要求建设"职能科学、权责法定、执法严明、公开公正、廉洁高效、守法诚信的法治政府"。2021 年 8 月,中共中央、国务院印发《法治政府建设实施纲要(2021—2025 年)》,提出"全面建设职能科学、权责法定、执法严明、公开公正、智能高效、廉洁诚信、人民满意的法治政府"。

的诚实守信要求,表述上大同小异。①西安、蚌埠分别明确提及信赖保护原则、诚实信用原则。②汕头、江苏对行政指导、③西安对行政合同都分别突出了诚实信用、信赖保护要求。④湖南还将上述诚实守信要求解释为信赖保护。⑤

　　国务院发布《社会信用体系建设规划纲要》(2014—2020年),标志着诚信政府建设进入了全面发展阶段,其中,对政务诚信提出具体要求。政务诚信就是政府诚信。甘肃、山东、广东、河南、河北、江苏、吉林、江西、辽宁、陕西、上海、天津、重庆等省市陆续出台了社会信用立法,基本上都是地方性法规,都涉及政务诚信。《国务院关于加强政务诚信建设的指导意见》(国发〔2016〕76号)又专门做了规定。2016年至2018年,浙江、安徽、云南、福建、甘肃、贵州、上海、天津等省市政府陆续出台了加强政务诚信建设的实施方案、工作方案、实施意见、指导意见或决定。《优化营商环境条例》(2019年)第30条提出"持续推进政务诚信"、第31条对政府践行政策承诺、合同约定提出具体要求。中共中央、国务院印发《法治政府建设实施纲要(2021—2025年)》对诚信政府作出专门规定,有重点地重申了上述文件对政务诚信建设的具体要求。

　　从上述文件规定看,可以分为政府诚信与公务员诚信两个方面。

　　(1)政府诚信,包括具体要求和推进手段两部分。①具体要求包括:第一,非因法定事由并经法定程序,行政机关不得撤销、变更已经生效的行政决定;因国家利益、公共利益或者其他法定事由需要撤回或者变更行政决定

---

① 《湖南省行政程序规定》(2008年)第8条、《宁夏回族自治区行政程序规定》(2015年)第6条、《江苏省行政程序规定》(2015年)第7条、《山东省行政程序规定》(2011年)第7条、《兰州市行政程序规定》(2015年)第8条、《汕头市行政程序规定》(2011年)第7条、《海口市行政程序规定》(2013年)第8条。

② 《西安市行政程序规定》(2013年)第10条规定:"行政机关实施行政行为,应当遵循信赖保护原则,保护公民、法人或者其他组织对行政行为正当合理的信赖利益。"《蚌埠市行政程序规定》(2017年)第9条规定:"行政机关实施行政行为,应当遵循诚实信用原则。非因法定事由并经法定程序,行政机关不得撤销、变更已生效的行政决定;因国家利益、公共利益或者其他法定事由必须撤销或者变更的,应当依照法定权限和程序进行,并对公民、法人或者其他组织遭受的财产损失依法予以补偿。"

③ 《汕头市行政程序规定》(2011年)第107条、《江苏省行政程序规定》(2015年)第84条。

④ 《西安市行政程序规定》(2013年)第94条。

⑤ 湖南省人民政府法制办公室:《湖南省行政程序规定释义》,12页,北京,法律出版社,2008。湖南省法制办主任贺安杰就《湖南省行政程序规定(草案)》接受媒体采访时指出,该规定"确立了信赖保护制度,增强行政机关的责任意识,打造诚信政府"。《省法制办主任贺安杰就〈湖南省行政程序规定(草案)〉答记者问》,http://www.hunan.gov.cn/xxgk/jd/zcjd/zj/201212/t20121210_4867473.html,2022年2月16日最后访问。

的,应当依照法定权限和程序进行,并对行政管理相对人因此而受到的财产损失依法予以补偿。第二,在政府采购、政府和社会资本合作、招标投标、招商引资、债务融资、街道和乡镇政务诚信等领域,对依法作出的政策承诺和签订的各类合同要认真履约和兑现。因国家利益、社会公共利益需要改变政策承诺、合同约定的,应当依照法定权限和程序进行,并依法对市场主体因此受到的损失予以补偿。不得以行政区划调整、政府换届、机构或者职能调整以及相关责任人更替等为由违约毁约。②推进手段主要是建立政务诚信监测治理机制,建立健全政务领域失信记录;实施失信惩戒措施;构建广泛有效的政务诚信监督体系;以及坚持依法行政、阳光行政和加强监督。

(2)公务员诚信,具体举措是建立公务员诚信档案,将公务员诚信记录作为干部考核、任用和奖惩的重要依据。

在上述立法、规范性文件中,没有看到合法预期,为数不多的文件中出现合理预期,却不是对政府而言,而是对市场、对经济的"合理预期"。[①]偶尔提及信赖保护的,均发文于2003年之后,多是泛泛的一项原则,没有具体内容,[②]个别立法、文件规定了详细内涵。一是针对行政行为的,比如,对非行政许可审批和登记的变更、撤回要求,与《行政许可法》(2003年)第8条规定相仿。[③]还有对裁量权行使的规范要求,"非因法定事由并经法定程序,不得随意改变已经生效的行政行为"[④]以及对违法行为的举报奖励上,"行政处罚决

[①] 比如,《深圳经济特区优化营商环境条例》(2020年)第76条。《黑龙江省发展和改革委员会、黑龙江省商务厅、中国人民银行哈尔滨中心支行、黑龙江省人民政府外事办公室关于进一步引导和规范境外投资方向的实施意见》(黑发改规〔2017〕13号)。

[②] 比如,《吉林市行政许可实施与监督办法》(2004年)第3条规定:"行政机关实施行政许可,应当遵循公开、公正、便民、高效和信赖保护的原则。"《哈密地区行政公署关于认真做好实施〈中华人民共和国行政许可法〉各项工作的通知》(哈行署发〔2003〕84号)中指出,"必须坚持政府信赖保护原则。"

[③] 比如,《成都市非行政许可审批和登记规定》(2008年)第4条(信赖保护)规定:"公民、法人或者其他组织依法取得的非行政许可审批和登记受法律保护,行政机关不得擅自改变已经生效的非行政许可审批和登记。非行政许可审批和登记所依据的法律、法规、规章修改或者废止,或者准予非行政许可审批和登记所依据的客观情况发生重大变化的,为了公共利益的需要,行政机关可以依法变更或者撤回已经生效的非行政许可审批和登记。由此给公民、法人或者其他组织造成财产损失的,行政机关应当依法给予补偿。"

[④] 比如,《广东省税务系统规范税务行政处罚裁量权实施办法》(2021年)第5条第(六)项"信赖保护原则"。海南省税务局《税务行政处罚裁量权实施办法》(2019年)第5条第(六)项"信赖保护原则"。《重庆市税务行政处罚裁量权基准制度(试行)》(2018年)第8条。

定被撤销时,举报人的举报奖励受行政信赖保护,不应向举报人追回举报奖金。"①二是为了促进民间投资健康发展,要求政府切实履行各类合同协议。②三是利益保护,要"有利于当事人","保护公民对行政行为正当合理的信赖利益。"③在行政指导中贯彻"增益止损原则"。④

从上述文件、立法中,可以发现,第一,在术语上始终没有变化,这很可能是因为,立法文件上使用术语向来谨慎、连贯,没有官方权威依据,一般不轻易改变已有用法。第二,主动汲取了诚实信用、信赖保护理论交融之后形成的两点共识,在规范层面上首次确认了诚信政府的二元结构体系,一是将"恪守信用"适用于行政协议、政策承诺,要求政府践约守诺;二是通过《行政许可法》(2003年)第8条的媒介勾连,将信赖保护扩及所有行政决定,叙述的却是注重合法性的合法预期观念。第三,无论是对政府的诚实守信要求,还是信赖保护,应该都是针对政府自身的信用塑造,而不是对相对人而言的"信用承诺",也不是政府对社会、经济管理上"使用信用信息和信用产品","培育信用服务市场发展。"第四,诚实信用与信赖保护交叉重合、水乳不分。它们之间是何种关系,却不甚明了。有的文件认为是比肩而行。⑤有的主张它们是一回事,⑥还有认为诚实守信包含信赖保护。⑦

---

① 比如,《厦门港口管理局港航安全生产违法行为举报奖励办法(试行)》(2017年)第14条。
② 比如,《楚雄州人民政府关于进一步促进民间投资健康发展的实施意见》(楚政发〔2018〕21号)对"履行政府承诺"作出具体要求,"清理依法依规应由各级政府偿还的拖欠工程款、物资采购款、保证金等。各县市人民政府要认真履行承诺,遵守与企业、投资人签订的各类合同协议,基于公共利益确需改变承诺和约定的,要依法依规进行修改,不得单方不履行合同、不信守承诺、侵害企业合法权益,对民间投资人造成损失的,要按照'信赖保护原则'依法予以补偿"。《红河州人民政府办公室关于贯彻落实云南省促进民间投资健康发展政策措施的实施意见》(红政办发〔2018〕55号)也有类似规定。
③ 比如,《吉林省退役军人残疾等级评定工作规程》(2020年)第6条。
④ 比如,《呼和浩特市关于推进"柔性执法"做好行政指导工作的意见》(2020年)规定,"(六)增益止损原则。全市各级行政执法部门实施行政指导应当有利于促进经济社会发展,有利于实现人民群众根本利益,有利于维护行政相对人的合法权益,防止因行政相对人违法而使社会公共利益、他人和自身合法权益遭受损失。行政相对人听从行政指导而实施的行为应当给予信赖保护。"
⑤ 《山东省司法行政机关行政许可实施与监督办法》(2016年)第2条。
⑥ 《酒泉市行政程序规定(试行)》(2012年)第9条。
⑦ 自然资源部颁布的《自然资源系统开展法治宣传教育的第八个五年规划(2021—2025年)》中指出,"熟练运用合法行政、合理行政、程序正当、高效便民、诚实守信、权责统一等行政法基本原则及其中蕴含的法律优先、法律保留、信赖保护、比例原则等重要原则。"

四、法官判决中的缘事析理

法官判决中的缘事析理比学术关注稍晚,自 21 世纪初,在招标投标、行政契约等案件中,法官在判决说理上才开始大量引述对政府的诚实守信要求。①也有法官引用诚实信用批评当事人不兑现对行政机关的承诺。②之后不久,一些法官也开始热衷推动"信赖保护"。比如,在"益民公司诉河南省周口市政府等行政行为违法案"③的二审判决中,交相辉映着诚信与信赖。在"裁判摘要"中还特别指出"被诉具体行政行为违反了法律规定,且损害了相对人的信赖利益"。④在 2014 年、2015 年之后,合法预期、合理预期陆续进入法官的判词。这类案件相对少一些。

1. 诚实守信

从中国裁判网上检索,涉及诚信、诚实守信、诚实信用的判案是"海量的",数以千计。时间跨度从 2002 年至今。我们做了适当限缩,只采集、分析最高人民法院裁判 7 件,省高院裁判 156 件。这些案件广泛分布在行政契约(行政协议)、征收补偿、行政许可、信息公开、行政允诺、行政奖励、行政审批等领域。

(1)具体适用

对于行政法上与民法近似的事项、活动,或者混杂在行政法律关系之中的民事关系,法官会毫不迟疑地适用"诚信""诚实守信"要求。比如,与民事

---

① 比如,在"李玉光等诉惠州市国土资源局招标行政行为纠纷案"中,《招标投标法》(1999 年)第 5 条规定,"招标投标活动应当遵循公开、公平、公正和诚实信用的原则。"一审、二审法院也主要审查涉案招标投标是否违反该原则,裁判结果是,"被上诉人招标投标行为并无出现影响公开、公平、公正和诚实信用的情形。"参见广东省惠州市中级人民法院(2002)惠中法行终字第 41 号行政判决书。又比如,在"平顶山市国土局与平顶山市鑫基房地产开发有限公司行政不作为纠纷上诉案"中,因为国有土地出让合同也是合同,所以,一审法院很自然地认为,"合同签订之后,在实际执行中双方当事人必须依诚实信用原则履行各自的义务,承担相应的责任。"参见河南省平顶山市中级人民法院(2009)平行终字第 52 号行政判决书。

② 在"上诉人葛淑云诉吉林市城市管理行政执法局强制拆除违法建筑及行政赔偿一案二审行政判决书"中,一审法院指出,"葛淑云在其承诺书中明确承诺,收到救助金后息访,但葛淑云至今仍未息访,希望葛淑云能够以诚实信用为原则,一诺千金,息诉息访。"参见吉林省吉林市中级人民法院(2012)吉中行终字第 38 号行政判决书。

③ 参见中华人民共和国最高人民法院(2004)行终字第 6 号行政判决书。

④ 余凌云:《蕴育在法院判决之中的合法预期》,载《中国法学》,2011(6)。

合同相近的行政协议，①以及涉及民事约定的内容，②或者在行政关系中涉及相对人之间的民事义务。③在其他更为广泛的行政关系上，"诚信""诚实守信"的应用也不乏其例。"在行政审判实践中，诚实信用原则也已经成为约束诉讼当事人的重要法律原则。"④

从行政判决看，对"诚信""诚实守信"的适用，有的只是宣示性的，上下文丝毫不涉及"诚实守信"的适用分析。⑤也有的泛泛其词，比如，不平等对待，有违诚实信用；⑥向公众提供的信息必须真实、准确；⑦行政优益权的行使

---

① 在"湖南欧雅教育科技有限公司、韶山市人民政府二审行政判决书"中，法院指出，"行政协议因协商一致而与民事合同接近，作为行政协议一方当事人的行政机关仍应遵循平等、自由、公平、诚实信用、依约履责等一般的合同原则。"参见湖南省高级人民法院(2021)湘行终57号行政判决书。

② 在"上诉人郑州市中原区人民政府(以下简称中原区政府)因与被上诉人赵仁峰行政协议案"中，中原区政府不履行与赵仁峰达成的拆迁补偿和解协议，"未按照协议约定期限足额支付"。赵仁峰诉至法院，要求中原区政府支付剩余款项，并"按照协议约定期限足额支付利息作为逾期支付的损失赔偿"。二审法院指出，"和解协议达成之后，中原区政府应该遵守诚信原则，按照拆迁补偿协议的内容主动履行义务，但中原区政府依然不履行和解协议约定的义务，以至于再次形成诉讼，并且一审法院判决后上诉至本院。诚信是一种品格，更是一种责任，民无信不立，国无信不威。诚信不仅是公民个人应当具备的品格，更是行政机关应当具备的精神，不仅是中华民族的传统美德，更是社会主义核心价值观的内在要求。中原区政府的两次违约行为是不讲诚信的表现，不仅不利于诚信政府、诚信社会的建立，也不利于社会主义核心价值观的传承和弘扬。中原区政府的失信行为在客观上形成了三次诉讼，不仅增加了当事人的诉累，也造成了司法资源的极大浪费。"参见河南省高级人民法院(2019)豫行终3535号行政判决书。

③ 在拆迁中，房屋出让人与受让人之间要讲诚信。在"李红、郑州市中原区人民政府二审行政判决书"中，法院指出，"现仅为拆迁利益，李红在已将房屋及宅基地转让交付多年并已取得对价的情况下，请求撤销中原区政府与张坤法签订补偿安置协议并请求对其进行安置补偿，缺乏事实和法律依据，且有违诚实信用和公平原则"。参见河南省高级人民法院(2016)豫行终2471号行政判决书。

④ 杨登峰：《行政法基本原则及其适用研究》，351页，北京，北京大学出版社，2022。

⑤ 比如，在"广西壮族自治区鹿寨县鹿寨镇大良村民委员会山柏屯村民小组、广西壮族自治区鹿寨县人民政府资源行政管理：林业行政管理(林业)再审行政判决书"中，"诚信"只出现一处，即"注意保护诚实守信长期实际占有和管业的当事人权益"。参见中华人民共和国最高人民法院(2020)最高法行再101号行政判决书。

⑥ 在"崔禅诉延吉市人民政府房屋行政征收二审行政判决书"中，法院认为，"本案中B19标段的绝大多数被征收人均已经按照此前经双方协商后由延吉市政府公布的征收方案和标准签订协议并自动搬迁，若超出该标准按照新政策给予崔禅补偿，对其他被征收人有失公允，亦有违人民政府诚实守信、依法行政的原则"。参见吉林省高级人民法院(2015)吉行终字第46号行政判决书。

⑦ 在"王广明与如皋市住房和城乡建设局重新作出信息公开答复一审行政裁定书"中，法院指出，"诚实守信作为行政法上的一项基本原则，其中的'诚实'也就是要求政府向公众提供的信息必须真实、准确"。参见江苏省如东县人民法院(2013)东行初字第0076号行政判决书。

不能与诚实信用原则相抵触。①这也契合诚信、诚实信用较为抽象空灵，随处可用。但是，在一些裁判中，法院实质性地分析了案件之中涉及的诚实守信问题。从中，我们大致可以归纳出"诚信""诚实守信"的适用规则。

第一，只要行政协议、行政允诺、行政承诺是"真实意思的表示"，"没有证据证明存在重大误解或违背一方真实意思的情形"，②不违反法律、法规或规章的强制性规定，③当事人也没有过失，④那么，行政机关就应当履约践诺，落

---

① 在"湖北大都地产集团有限公司与武汉市江夏区人民政府、武汉市江夏区人民政府五里界街道办事处二审行政判决书"中，法官指出，"诚实信用原则是行政协议各方当事人应当遵守的基本行为准则，基于保护公共利益的考虑，可以赋予行政主体在解除和变更行政协议中具有一定的优益权，但这种优益权的行使不能与诚实信用原则相抵触，不能够被滥用。五里界街道办事处推卸自身应负义务，将项目停滞、停工的责任全部推给大都公司，是对优益权的滥用，显然有悖于诚实信用原则。"参见湖北省高级人民法院(2020)鄂行终525号行政判决书。

② "李权会与徐州市鼓楼区琵琶街道办事处、徐州市鼓楼区人民政府行政补偿二审行政判决书"，参见江苏省高级人民法院(2016)苏行终1271号行政判决书。

③ 有的表述为"不违背法律法规的禁止性规定"，比如，"任益君与项城市国土资源局、项城市人民政府资源行政管理—土地行政管理、其他二审行政判决书"，参见河南省高级人民法院(2016)豫行终8号行政判决书。有的写成"不违反法律、行政法规的强制性规定"，比如，"王贾臣、李秀英城乡建设行政管理：房屋拆迁管理(拆迁)二审行政判决书"，参见河南省高级人民法院(2018)豫行终2869号行政判决书。还有的表达为"违反法律强制性规定"，比如，"涟水中联房地产开发有限公司与涟水县人民政府、涟水县财政局等行政允诺二审行政判决书"，参见江苏省高级人民法院(2017)苏行终1414号行政判决书。在我看来，上述表述可能都是受到民法影响，但是，行政法官又不像民事法官那样强调一定是效力性的强制性规定。那么，哪些法规范可以规定强制性规定？在"中方县人民政府、怀化市对外经济贸易盈丰有限公司二审行政判决书"中，法院进一步指出，"在行政实践中，法律、行政法规、地方性法规、规章、规范性文件等构成行政机关依法行政的指引规范，因此不得因为地方性法规、规章、规范性文件效力层级不高，就否认其对行政机关自身的约束力。只要是合法有效的规范，且具有实质拘束力，就不能简单地置之不理，只要在位阶上优于行政协议，都可以作为协议合法性审查判断的依据。行政主体实施行政协议行为时，不得违反位阶上优于行政协议各层级规范中的强制性规范。"参见湖南省高级人民法院(2018)湘行终1407号行政判决书。

④ 在"漯河市城乡规划局、漯河东城置业有限公司城乡建设行政管理：城市规划管理(规划)二审行政判决书"中，法院指出，"当地政府承诺'先建设后办手续'"。东城置业"因开工前未办理土地使用证，无法事先与规划主管部门对接建设方案，致使在建项目存在建筑退界不够等问题，非原告过错"。为保护东城置业的信赖利益，"可由召陵区政府、漯河规划局上报漯河市人民政府出台相应的政策，以解决规划上的历史遗留问题或者采取妥善的补救措施。"参见河南省高级人民法院(2016)豫行终2476号行政判决书。

实与当事人达成的协调意见,①践行自己作出的政策允诺。即使客观上已无法履行协议,也要采取补救措施。②"不支持地方以政府换届、领导人员更替等理由违约毁约。""即使是对其不利的行政允诺、行政契约和会议纪要",也应履行。③在与相对人签订行政协议时,行政机关超越职权,或者违反法律强制性规定,那么,行政协议无效,行政机关应当承担全部责任。④

第二,非因法定事由并经法定程序,行政机关不得随意撤销、变更已经生效的行政决定。"反反复复,出尔反尔","严重违背诚实信用原则"。⑤没有充分证据

---

① 在"原告夏青诉被告驻马店市人民政府土地行政征收一审行政判决书"中,2008年5月13日,原、被告达成《关于夏青不服驻马店市政府收回土地使用权决定一案协调意见》。河南省政府2009年12月22日作出豫政复意(2008)23号《行政复议意见书》,认定驻马店市政府未落实该协调意见,有违诚信政府、责任政府的原则,并责令驻马店市政府就落实协调意见的补偿问题做好善后工作。参见河南省信阳市中级人民法院(2013)信行初字第16号行政判决书。

② 在"金美凤、金德苗、金美萍等其他二审行政判决书"中,二审法院认为,"上诉人母亲吕香珍与嵊州市城镇房屋拆迁有限公司签订的协议书中虽然约定了宅基地安置,但宅基地安置建房仍需要符合国家法律法规的规定,因吕香珍已经去世,其生前签订的拆迁协议关于宅基地安置建房客观上已经不能履行。鉴于涉案协议并非纯货币安置补偿协议,客观上已经无法履行,吕香珍选择的60平方米宅基地安置权利最终未能实现,但从保障行政相对人合法权益的角度出发,被上诉人应当本着诚信原则,采取相应补救措施。"参见浙江省高级人民法院(2018)浙行终472号行政判决书。

③ 在"福建省长乐市坤元房地产开发有限公司、福州市长乐区人民政府再审行政判决书"中,最高人民法院行政法官认为,"〔2003〕174号《会议纪要》议定的'四个允许',是长乐区政府就涉案房地产后期开发的行政允诺",合法有效,"长乐区政府应秉持诚实守信的原则,确保政府纪要的贯彻落实。"参见中华人民共和国最高人民法院(2018)最高法行再205号行政判决书。

④ 在"漯河市召陵区人民政府、漯河市东城置业有限公司二审行政判决书"中,法院认为,"涉案合同的无效系漯河市东城产业集聚区建设管理委员会超出法定职权,违反法律、法规的强制性规定与东城置业公司签订土地出让合同所导致,根据信赖保护原则,召陵区政府对合同的无效应承担全部责任。"参见河南省高级人民法院(2016)豫行终1170号行政判决书。

⑤ 在"覃焕尚、黄美仙再审行政判决书"中,最高人民法院行政法官指出,"在本案违法买卖土地建私房行为发生后的数十年期间,乐业县政府及其相关职能部门几经处理,反反复复,出尔反尔,对历史遗留问题的处理,严重违背诚实守信的原则。"参见中华人民共和国最高人民法院(2018)最高法行再201号行政判决书。

证明行政决定违法,①或者违法行政决定可以治愈的,②就不得撤销。行政机关的决定让当事人产生信赖、信赖利益,就应当给予保护。③因为行政机关过错导致当事人信赖利益受损,"决不能'新官不理旧账'",应当及时解决。④

从上述判案看"诚信""诚实守信"在运用上具有以下特点:首先,"诚信""诚实守信"不仅仅是对行政机关提出的单方要求,"行政相对人也应当依法、诚实守信地行使自己的权利",⑤是行政协议、行政允诺"各方当事人应当共同遵守的基本行为准则"。⑥在一些判案中,法官对相对人的言而无信、出

---

① 在"平顶山市新华区人民政府、孟艳平城乡建设行政管理:房屋登记管理(房屋登记)二审行政判决书"中,法院逐一驳斥了行政机关提出撤销当事人《村镇房屋所有权证》的各种理由,并指出,"本案被诉行政行为虽为行政自行纠错行为,但新华区政府在无充分证据和具体法律依据的情况下撤销孟艳平持有的《村镇房屋所有权证》将有损法律的公正,并与政府的诚实守信、信赖保护原则相悖。"参见河南省高级人民法院(2017)豫行终150号行政判决书。

② 在"高俊、营口市自然资源局城乡建设行政管理:房屋登记管理(房屋登记)再审行政判决书"中,法院认为,"高俊持有的产权证号20061200429、20061200430两处房屋增加的面积与原房屋形成一体,案涉房屋用于酒店、虫草养殖商贸公司经营已经十余载,并未有合法有效的证据证明其存在严重影响城市规划的情形,尚可采取改正措施的建筑,可以责令限期改正,并处罚款。因高俊未能与政府达成补偿协议,以陈素华等人存在违规行为而直接认定原变更登记错误,主要证据不足。"参见辽宁省高级人民法院(2020)辽行再7号行政判决书。

③ 在"濮阳市方德科技开发有限公司与濮阳市人民政府资源行政管理—土地行政管理二审行政判决书"中,法院指出,"按照濮阳市政府濮政(1995)82号文件,濮阳开发区管委会受濮阳市政府委托对所招商引资企业承诺、核定、收取土地出让金的行为,代表濮阳市政府的意志,且不违反法律的禁止性规定,应由濮阳市政府承担该行为的法律责任。"对于濮阳开发区管委会对方德公司作出的承诺、核定、收取土地出让金的行为,方德公司有理由认为代表濮阳市政府作出的。"濮阳市政府关于濮阳开发区管委会缺乏职权,应由土地管理部门重新核定、收取土地出让金的意见,有违诚信原则,本院不予认可。"参见河南省高级人民法院(2016)豫行终2147号行政判决书。

④ 在"东海县人民政府与许宝启行政处罚二审行政判决书"中,许宝启父亲基于对政府的信赖,已在安置的土地上建造房屋。但涉案房屋建成后,东海县政府自认于1995年左右已将涉案土地确权给上海铁路局,直接导致房屋和土地权属不一致。法院认为,"东海县政府对该纠纷的产生负有不可推卸的责任","侵犯许宝启的信赖利益和合法利益。""东海县政府应当积极推进法治政府、诚信政府建设,决不能'新官不理旧账',及时解决涉案房屋和土地权属不一致的矛盾,依法、充分保障许宝启合法权益。"参见江苏省高级人民法院(2017)苏行终917号行政判决书。

⑤ "张如英与南通市崇川区人民政府不履行法定职责二审行政判决书",参见江苏省高级人民法院(2015)苏行终字第00391号行政判决书。

⑥ "齐齐哈尔市铁锋区人民政府、李春华二审行政判决书",参见黑龙江省高级人民法院(2020)黑行终34号行政判决书。"清原满族自治县城乡房地产开发有限责任公司、清原满族自治县人民政府二审行政判决书",参见辽宁省高级人民法院(2020)辽行终276号行政判决书。

尔反尔提出了批评。①其次,在不少法官看来,"诚信""诚实守信"和"信赖保护"是同一概念,要求"诚信",就要保护"信赖利益"。②

(2)保护方式

"诚信""诚实守信"都不是行政诉讼法规定的独立审查标准,不出现在判决主文,仅是判决说理上有所涉及。在判决主文上,法院引用的裁判依据,一是通过确认承诺、协议、会议纪要等合法有效,是行政机关应当履行的职责,作出履行判决。因为在行政法官看来,"'法定职责'的渊源甚广,既包括法律、法规、规章规定的行政机关职责,也包括上级和本级规范性文件以及'三定方案'确定的职责,还包括行政机关本不具有的但基于行政机关的先行行为、行政允诺、行政协议而形成的职责。"③二是对于随意撤销、变更已生效的行政行为的,一般会判决撤销,恢复原行政行为的法律效力。三是涉及损失的,判决赔偿或者责令行政机关采取补救措施。④这些判决方式实际上实现了对当事人信赖利益的实体性保护、赔偿性(补偿)保护。但是,从有关判案中,没有发现类似于合法预期的程序性保护。

---

① 在"潘本华、常宁市人民政府二审行政判决书"中,政府强拆违法,但是事后,潘本华已"与常宁市政府签订了涉案《土地流转青苗及附属设施补偿协议书》,并且领取了协议约定的补偿款,且案涉补偿协议的标准亦是按照常宁自然资源局制定的常自然征补〔2019〕1号《常宁市自然资源局征地补偿安置方案公告》中确定的相关补偿标准"。法院认为,潘本华"请求再予以赔偿","不符合社会主义核心价值观中的'诚信'理念"。参见湖南省高级人民法院(2021)湘行终202号行政判决书。

② 在"大同市新荣区人民政府、大同市新荣区住房保障和城乡建设管理局与大同市新荣区昆仑燃气有限公司其他行政行为二审行政判决书"中,法院指出,"各级政府及行政机关在行政管理及行政执法过程中,应树立诚信意识,加强诚信建设,依法保护行政相对人的信赖利益,取信于民,这也应当是法治政府建设的应有之义。"参见山西省高级人民法院(2017)晋行终645号行政判决书。在"开封市人民政府、王喜仁二审行政判决书"中,法院指出,"开封市人民政府相关部门再次收取土地补偿款等费用的行为违反政府诚信原则和信赖保护原则。政府诚信原则要求政府遵守自己作出的行为或者承诺,不得随意变更,要维护相对人对政府权威的信赖,确保政府行为的安定性。"参见河南省高级人民法院(2018)豫行终973号行政判决书。

③ 参见中华人民共和国最高人民法院(2018)最高法行再205号行政判决书。

④ 这类裁判很多。比如,在"孔健、济南市历城区人民政府城乡建设行政管理:房屋拆迁管理(拆迁)二审行政判决书"中,专门审计机关发现当事人存在"在不同项目中享受两次房屋安置"的情形。因此,法官确认,"雪山片区指挥部与孔繁坤签订的拆迁安置补偿协议可能损害公共利益,该协议已经不具有合法性基础,也不具有继续履行的可能。"但过错在行政机关,"与被上诉人前期审核不严有关"。"责任后果不能完全归责于上诉人",责令行政机关对当事人的相关损失采取补救措施。参见山东省高级人民法院(2020)鲁行终464号行政判决书。

(3) 与依法行政关系

"诚实守信是法治政府的基本要求之一。"[1]"诚信""诚实守信"要求与依法行政发生冲突时,法院一般坚持依法行政优先。"合法性仍是行政机关依法行政的首要考量因素。"[2]如果行政决定违法,过错在行政机关,完全辜负了当事人的信赖,在撤销违法行政决定的同时,行政机关应当"做好相关的法律宣传和解释工作,并采取相应措施,以维护诚信政府的良好形象"。[3]行政机关错误告知救济期限,不得以超过救济期限不予受理。[4]即使是对违法的颁证行为不撤销,也不是为了保护当事人的信赖利益,而是因为双方对房屋买卖协议的合法有效都没有异议。[5]

但是,对于行政协议、行政允诺、行政承诺,却不因其存有瑕疵,就轻易否定其合法性、有效性。"由于行政协议是一类特殊类型的行政行为,对行政协议的效力进行审查,要对依法行政、保护相对人信赖利益、诚实信用、意

---

[1] "崔龙书与丰县人民政府行政允诺二审行政判决书",参见江苏省高级人民法院(2016)苏行终字第90号行政判决书。

[2] "再审申请人福建省长乐市坤元房地产开发有限公司诉被申请人福州市长乐区人民政府不履行法定职责案",参见中华人民共和国最高人民法院(2018)最高法行再205号行政判决书。

[3] 在"张良荣、梁山县人民政府农业行政管理(农业):其他(农业)二审行政判决书"中,《和解协议》约定了梁山县人民政府具有在一定期限内为上诉人张良荣颁发案涉土地承包经营权证的合同义务,但是,因当事人未签订土地承包合同,未取得土地承包经营权,履行上述协议的前提不存在。法院认可行政机关不履行不构成实质违约。但是,法院进一步指出,"虽然本案被上诉人梁山县人民政府并不构成实质违约,但作为具有颁发农村土地承包经营权证法定职权的行政机关,其应当知晓相关法律规定以及颁发农村土地承包经营权证的程序和条件,在上诉人张良荣并不具备办证条件的情况下,仍在《和解协议》中承诺在一定期限内为其办证〔虽然在'办理原告申请的1.081亩(折算为1.189亩)的农村土地承包经营权证书'之前载明有'依法'字样〕,客观上使上诉人张良荣对取得案涉土地承包经营权证书形成了错误的期待,应当做好相关的法律宣传和解释工作,并采取相应措施,以维护诚信政府的良好形象。"参见山东省高级人民法院(2017)鲁行终313号行政判决书。

[4] 在"福州市人民政府、余玉明行政复议二审行政判决书"中,二审法院指出,"福州市晋安区人民政府作出榕晋房征〔2017〕28号《房屋征收决定书》时告知行政相对人申请行政复议的期限为90日。被上诉人余玉明在涉案征收决定作出之日起90日内提出行政复议申请,虽然超过法定60日复议申请期限,但超过法定申请期限是由于福州市晋安区人民政府的错误告知造成的,属于有正当理由,基于诚实信用原则,上诉人应当受理被上诉人的行政复议申请。故上诉人福州市人民政府不予受理被上诉人的行政复议申请,理由明显不当,依法应予撤销并责令重新受理。"参见福建省高级人民法院(2018)闽行终890号行政判决书。

[5] 在"辛崇云、辛崇粉资源行政管理:土地行政管理(土地)二审行政判决书"中,法院指出,"基于维护交易安全的目的,遵循诚实信用的基本原则,涉案土地登记行为虽被确认违法,但不宜撤销,否则会冲击正常的交易秩序,损害公平、正义、诚信的社会诚信体系,从而损害社会公共利益。"参见山东省高级人民法院(2017)鲁行终1382号行政判决书。

思自治等基本原则进行利益衡量,从维护契约自由、维护行政行为的安定性、保护行政相对人信赖利益的角度,慎重认定行政协议的效力。"①法院一般认为,只有违反了法律、法规或规章的强制性规定,约定、承诺无效,可以免除其履行义务,或者认可其单方变更,但要"予以批评"。②只要与强制性规定不抵触,就是有一些瑕疵,也应当兑现约定、承诺。③由于行政机关负责执行政策,并有合法审查义务,原则上其不得将政策执行失误或者审查疏忽的后果转嫁给当事人。④

---

① 在"高尚、望谟县人民政府城乡建设行政管理:其他(城建)二审行政判决书"中,法院认为,"行政协议在依法行政与保护相对人信赖利益、诚实信用、意思自治等基本原则之间进行利益衡量,只有在行政协议存在重大且明显违法、违反法律的强制性规定、损害国家利益、公共利益及他人合法权益时,才能确认无效,否则应当认可行政协议的效力。而上述规定中的'重大且明显违法'也是指行政机关的违法情形已经重大且明显到任何有理智的人均能够判断的程度。"参见贵州省高级人民法院(2020)黔行终1293号行政判决书。

② 在"赵益武、赵金芳城乡建设行政管理:房屋拆迁管理(拆迁)二审行政判决书"中,根据有关安置办法规定,"对户口在被征地拆迁村,但无责任田、无集体建设用地使用证及合法住宅的人员不予安置,不能购买安置住房。"二审法院认定,"上诉人并未提供证据证实二人在章灵丘二村有责任田、集体建设用地使用证,且二人不符合《雪山片区四村整合拆迁安置办法》第七条列举的七项安置条件。"因此,"被上诉人于2017年7月31日向赵益武发出更改安置补偿协议的《告知书》的行为具有事实依据。"与此同时,二审法院进一步指出,"被上诉人应在协议签订前对上诉人陆永军、徐秀云是否符合安置条件进行认真审查,以确保行政协议的签订符合安置政策及社会公共利益,同时亦能充分保障上诉人的选择权。而本案被上诉人在协议签订后再以上诉人不符合安置条件为由提出单方变更协议内容的做法,无疑是对政府公信力的巨大损害,对此,本院予以批评,希望被上诉人在今后的工作中,认真严谨,杜绝此类情况的发生。"参见山东省高级人民法院(2020)鲁行终478号行政判决书。

③ 比如,在"苏卡兰、孙绍西、安徽省宣城市宣州区人民政府其他行政管理二审行政判决书"中,为防止非洲猪瘟疫蔓延,行政机关与当事人就扑杀生猪及其补偿达成协议,其中一项是涉案争议的猪舍租金补偿款。一审法院认为,案涉猪舍租金损失不属于法定补偿范畴,是疫情"给各养殖户带来的不利影响属于经营风险,应由养殖户自行承担"。认定该承诺不具有合法性。二审法院认为,《动物防疫法》"没有禁止在具体的防疫工作中,在法定的补偿范围外,政府根据实际情况而进行其他的补偿。""除非该承诺违反法律强制性规定,方可免除其履行义务。"因此,判决责令行政机关给付当事人猪舍租金补助款。参见安徽省高级人民法院(2021)皖行终479号行政判决书。又比如,在"刘森林、张娟娟与长沙县人民政府、长沙县黄花镇人民政府行政允诺二审行政判决书"中,二审法院认为,案涉行政允诺"虽不符合长沙县人民政府的政策要求,但未违反法律禁止性规定",行政机关"应诚实守信,兑现承诺"。参见湖南省高级人民法院(2015)湘高法行终字第70号行政判决书。

④ 在"安顺市西秀区东街办事处、项某二审行政判决书"中,法院指出,"案涉协议即使存在计价错误问题,亦是被告方相关工作人员的失误,属于案涉协议订立过程中被告方的内部决策问题,并无证据证明原告对于计价错误存在任何主观上的故意或过失,故不能将责任归咎于原告,作为善意的原告在本案中有值得保护的信赖利益,如被告草率单方变更或解除案涉协议,减损原告的利益,不仅有悖于行政协议制度设立的初衷,更会破坏原告及公众对国家机关的信任,损害国家公信力。"参见贵州省高级人民法院(2020)黔行终1052号行政判决书。

2. 信赖保护

能够检索到的较早的"信赖保护"案件大约是2005年,之后渐多,相对于"诚信""诚实守信"的案件却少得可怜。我们收集了各级法院判决的50件案件,主要存在于行政许可、行政协议、行政指导、行政补偿、行政赔偿、土地(房屋)征收与补偿、行政奖励、行政登记、行政特许经营等领域。

法官似乎比立法参与者更热衷引入信赖保护术语。有的行政法官直言直语,"诚信原则在私法领域是帝王原则,适用于公法领域被称之为信赖保护原则。"①不少裁判中,实际上是交织使用"诚信""诚实守信""信赖保护""信赖利益保护原则",尤其是在行政协议上是在同一意义上交替并用。②在这些法官看来,它们别无二致,甚至与合法预期相提并论。③

(1)产生信赖保护的情形

在一些法官看来,信赖保护"是指行政行为的相对人基于对公权力的信任而作出一定的行为,基于此种行为产生的正当利益应当予以保护。"④"意为人民基于对国家公权力行使结果的合理信赖而有所规划或举措,由此而产生的信赖保护利益应受保护。根据该原则,人民基于对政府行为信赖而做出的相关行为应当受到保护。"⑤也有法官发生误读,将对政府的信赖泛指为政府的公信力。⑥

---

① "珠海太阳鸟游艇制造有限公司诉珠海市社会保险基金管理中心二审行政判决书",参见广东省珠海市中级人民法院(2018)粤04行终198号行政判决书。

② 在"滑县人民政府、滑县国土资源局资源行政管理:土地行政管理(土地)二审行政判决书"中,二审法院认为,"本院遵循合同法的诚实信用原则和行政法的信赖保护原则,从保护行政相对人信赖利益、保护民营企业合法权益,以及督促政府遵守诚信原则、为社会作诚信表率的角度考虑,对日1‰违约金标准不予调减。"参见河南省高级人民法院(2018)豫行终3160号行政判决书。

③ 在"珠海太阳鸟游艇制造有限公司诉珠海市社会保险基金管理中心二审行政判决书"中,法官谈到,"社保中心应兑现太阳鸟公司的合法预期"。参见广东省珠海市中级人民法院(2018)粤04行终198号行政判决书。

④ "刘夫利诉沛县人民政府土地行政登记纠纷一审行政判决书",参见江苏省丰县人民法院(2013)丰行初字第0021号行政判决书。

⑤ 参见湖南省高级人民法院(2020)湘行再8号行政判决书。

⑥ 比如,在"郑州市上街区人民政府、郑州市上街区峡窝镇人民政府乡政府二审行政判决书"中,法院认为,"根据郑州市人民政府的政策文件,上街区政府是改造工作的责任主体,魏岗村所签订的产权调换协议是在上街区政府组织、指令和委托下进行的,而村民之所以愿意签订这一协议,也主要是基于对当地政府的信赖,这种信赖是法治政府的基础所在。"参见河南省高级人民法院(2018)豫行终971号行政判决书。

信赖保护无处不在。第一,相对人基于行政权力行使的信任而实施的行为,①会产生信赖保护问题。信赖基础可以是行政决定,②也可以是先例。③行政机关应当积极地、完全地履行其义务。④即便行政决定最初有瑕疵,

---

① 比如,在"曾海波、长沙市岳麓区交通运输局交通运输行政管理(交通):其他(交通)再审行政判决书"中,《长沙市私人小客车合乘管理规定》,合乘平台不得提供跨省市、跨区域的合乘信息服务。但是,滴滴平台对曾海波发布了跨区域的合乘信息服务,曾海波也从滴滴平台接受了跨区域的合乘行程。再审法院认为,"滴滴平台提供的合乘数据受到政府部门的监管。""再审申请人对平台发布信息不予以质疑正是因为对政府监管行为的信赖。再审申请人基于对政府行为的信赖而按照平台提供的信息从事的搭乘行为应受到法律保护。"参见湖南省高级人民法院(2020)湘行再 8 号行政判决书。又比如,在"洋浦大源实业有限公司与海南省林业局行政侵权并请求行政赔偿上诉案"中,根据《海南经济特区企业法人登记管理条例》,海南经济特区对企业法人登记实行直接登记制。海南省人民政府以琼府[1997]15 号文件公布的《实行专项审批和许可证管理的行业或者项目目录》未将木材加工经营列入目录范围。因此,洋浦经济开发区工商行政管理局核准注册大源公司,发给《企业法人营业执照》,经营范围有"木材切片加工"。大源公司投产之后,海南省林业局却告知大源公司"新建以木材加工为原料的木材经营加工单位必须经省林业主管部门同意,办理木材加工许可证后,再向工商行政部门申请登记,领取营业执照并严格持照进行经营、加工。"并以无证加工木片作出行政处罚决定。一审法院判决维持。最高人民法院行政法官认为,"一审法院认定,大源公司未取得林业部门颁发的木材加工许可证即开始从事木片加工经营活动违反有关规定,缺乏法律依据且不符合信赖利益保护原则。"参见中华人民共和国最高人民法院(2003)行终字第 02 号行政判决书。

② 在"江阴澄星国际贸易有限公司与中华人民共和国张家港海关不予行政处罚二审行政判决书"中,上诉人主张,"多次通关行为构成海关对上诉人产品归类的确认和许可,在此之后作出改变此归类决定属于违反信赖保护原则。"法院认为,"各海关在上诉人提及的三十余次查验出口许可放行中,并未对上诉人出口商品归类是否符合法律规定进行过查验。由于之前不存在相应的行政处分行为,故本案缺乏适用信赖利益保护原则的基础和前提条件。同时,基于海关现场监管的局限性,进出口货物被许可放行并不代表其进出口行为完全符合海关监管要求","海关在进出口货物放行后的法定时限内,仍可以对其实施稽查,对于发现的违法行为,仍然有权依法处理。因此,澄星国贸公司所主张应适用信赖保护原则的观点,本院不予采纳。"参见江苏省高级人民法院(2014)苏行终字第 0071 号行政判决书。

③ 在"上诉人泾县人民政府与朱志奋诉其不履行行政补偿法定职责一案二审行政判决书"中,法院指出,"泾县人民政府对此前已关闭的类似企业,已通过'以奖代补'方式给予了补偿,且向晏公轮窑厂作出承诺将以同样的方式对晏公轮窑厂进行补偿,基于公平与信赖保护的原则,泾县人民政府也负有补偿义务。"参见安徽省高级人民法院(2019)皖行终 22 号行政判决书。

④ 在"上饶市东升实业有限公司、上饶市信州区人民政府二审行政判决书"中,法院指出,"根据信州区政府实施方案,该府负有保障东升公司的活禽定点屠宰特许经营权的义务,但其没有完全履行该义务,具体体现在:1.信州区政府并未完全取消信州区城区内各集贸市场的活禽交易及宰杀现象;2.东升公司的定点屠宰受到了部分活禽经营户的抵制,信州区政府并未保障活禽定点屠宰的市场交易秩序。""基于信赖保护原则及诚实信用原则,信州区政府未完全履行其所负的行政义务应当承担相应的法律后果。"参见江西省高级人民法院(2017)赣行终 191 号行政判决书。

但治愈后,也会产生信赖保护。①行政机关不得随意撤销、变更已生效的行政决定,②有关要求与上述诚实守信一模一样。③"行政机关确需改变行政行为的,对于由此造成的相对人的损失,应予补偿。"④当政策、法律发生变化,当事人经许可登记获得的法律状态变为违法时,⑤或者需要撤回许可时,⑥都应

---

① 在"侯瑞华与郸城县人民政府、周口市人民政府资源行政管理—土地行政管理二审行政判决书"中,法院认为,"本案中侯瑞华在进行土地登记时年龄条件不符合相关规定,但郸城县政府收回其土地证时候瑞华已经成年,已经符合取得宅基地证的条件,且办证时间也已超过20年,现在收回其土地证不符合信赖保护的原则。郸城县政府以年龄问题撤销侯瑞华的集体土地建设用地使用证,属适用法律错误。"参见河南省高级人民法院(2016)豫行终1446号行政判决书。

② 在"宋巍巍、薛喻丹诉青岛市黄岛区城市建设局行政判决书"中,法院指出,"房屋所有权登记具有确定力,应遵循行政法的信赖保护原则,非因法定事由,并经法定程序,行政机关不得撤销、变更已生效的房屋所有权登记。"参见山东省青岛市黄岛区人民法院(2013)黄行初字第76号行政判决书。

③ "南京市江宁区人民政府禄口街道办事处与南京金林江科技有限公司行政补偿二审行政判决书",参见江苏省南京市中级人民法院(2018)苏01行终746号行政判决书。"南京市浦口区人民政府江浦街道办事处与周义华二审行政判决书",参见江苏省南京市中级人民法院(2018)苏01行终1055号行政判决书。在上述行政判决中,法官都认为,第一,"行政主体在作出某种行为承诺等具有一定可预见性的活动后,不得随意改变。"或者说,非因法定事由,并经法定程序,不得撤销、变更已生效的决定。第二,"若基于维护公共利益的需要必须改变已经形成的法律状态,应对公民法人或者其他组织正当的既得权益和合理预期加以保护,否则行政主体应承担相应的法律责任,特别是当公权力主体计划变更其原有的公权力行为和决定时,必须考虑到相对人已经取得的权益,或者即将必然取得权益的保护问题。"第三,"公权力主体不得以追求公共利益为借口任意变更先前所作决定而使相对人对于公权力行为的信赖落空,使得期待中的利益受损"。

④ "舟山市红星石料有限公司与浙江舟山群岛金塘管理委员会不履行行政补偿法定职责二审行政判决书",参见浙江省高级人民法院(2016)浙行终1091号行政判决书。

⑤ 比如,在"北京琳琅满目商店二审行政判决书"中,上诉人于2005年办理工商登记时,当时的法律法规并无住宅不得登记为个体工商户经营场所的限制性规定。2007年10月1日起施行的《中华人民共和国物权法》及2009年10月1日起施行的《北京市城乡规划条例》规定了将住宅作为经营性用房的限制性条件。法院认为,"被诉通知认定上诉人构成擅自改变住宅用途致使登记住所或经营场所不具备经营条件的违法行为有所不妥","本案市场监管机关如认为根据法律法规的变化,原工商登记需要调整,应以告知等方式要求相对人变更或完善登记申请手续,而非以认定违法行为并采用针对违法行为的处理方式责令整改。"参见北京市高级人民法院(2019)京行终918号行政判决书。

⑥ 在"灯塔市人民政府、辽阳佳美纺织有限公司二审行政判决书"中,法院认为,"灯塔市人民政府依据省、市政府相关文件规定,对不符合'四条红线'等要求,不符合现行环境管理要求的辽阳佳美纺织有限公司予以关闭,符合相关规定。但辽阳佳美纺织有限公司是政府批建的合法企业,有政府核发的营业执照,对其关闭造成的损失依照许可法第八条的规定政府负有相应的补偿义务。"参见辽宁省高级人民法院(2018)辽行终1687号行政判决书。

当采用适当的方式保护当事人的信赖利益。第二,行政协议、①行政承诺、行政允诺也会产生信赖利益保护。②

(2)适用条件

在判案说理中,一些法官也逐一分析了是否存在信赖基础、信赖行为以及信赖利益。比如,在"珠海市社会保险基金管理中心与珠海太阳鸟游艇制造有限公司行政纠纷再审案"中,③二审法院行政法官对是否存在信赖保护做了分析,本案涉及的工伤保险待遇属于授益行政行为。"用人单位出于善意缴纳工伤保险费后,工伤保险关系即告成立,这是信赖产生的基础;用人单位按时足额缴纳保费,劳动者因工遭受伤害被认定为工伤,这是信赖利益成就的条件;继之,社保机构负有工伤保险待遇的支付义务,这不仅是权利义务对等的要求,更是保护用人单位信赖利益之所需。"

有的法官还进一步提出了"信赖利益是否值得保护的判断标准",首先,"强调行政相对人对于违法行政行为没有过错"。如果相对人有过错,则另当别论。④其次,利益必须是正当的,"正当利益是信赖保护原则的基础和前提。"⑤最后,行政机关主导政策,不能以误读政策为由,主张行政协议与政策

---

① 在"党上龙与察布查尔锡伯自治县人民政府、察布查尔锡伯自治县自然资源局其他行政行为二审行政判决书"中,二审法院认为,"原审第三人绰霍尔镇政府超出法定职权签订《承包合同》,对此存在过错,由此引发的解除合同、收回土地的行为,损害了党上龙的信赖保护利益,给党上龙合法权益造成损失,依法应予弥补。"参见新疆维吾尔自治区高级人民法院(2020)新行终 2 号行政判决书。

② 在"安吉县盛源竹木厂、安吉县人民政府、安吉县梅溪镇人民政府行政征收二审行政判决书"中,法院认为,"盛源竹木厂因政府承诺办理涉案地块房屋'合法手续'而建设涉案未经登记建筑,并经营使用至今,盛源竹木厂对此存在一定的信赖保护利益。"参见浙江省高级人民法院(2020)浙行终 1442 号行政判决书。

③ 参见广东省珠海市中级人民法院(2019)粤 04 行再 1 号行政判决书。

④ 在"刘夫利诉沛县人民政府土地行政登记纠纷一审行政判决书"中,相对人对重要事项进行不符合实际情况的申报也是一种欺骗的手段。"原告所主张的信赖利益不受法律的保护。"法院判决驳回诉讼请求。参见江苏省丰县人民法院(2013)丰行初字第 0021 号行政判决书。

⑤ 在"项俊、武汉大学教育行政管理(教育)再审行政判决书"中,法院认为,"项俊在近三年的时间里,始终没有完成普通培养类博士研究生政审程序和转档手续,不具备普通培养类博士研究生的录取条件,导致其电子学籍注册信息被清除,项俊本人也无法完成学业,对此,项俊应承担全部责任,不具备正当利益的基础和前提。也由于武汉大学相信项俊'及时调入人事档案'的反复承诺,从而导致项俊电子学籍注册信息的错误,对此,项俊亦应当承担主要责任。"参见湖北省高级人民法院(2017)鄂行再 27 号行政判决书。

不符的部分无效,让相对人承担不利后果。①

(3)保护方式

从法院裁判看,信赖保护不是审查标准,只出现在判决理由部分。法院判决方式多样,首先,信赖保护已经转化为法律、法规、规章或规范性文件上的具体规范要求,法院可以经过合法性审查作出相应判决。其次,对于行政协议约定、承诺,法院一般会引用行政协议的专门判决方式处理。最后,信赖保护作为一项原则加以适用,法院一般将违反信赖保护原则归入滥用职权。②

从我国法院的裁判看,对于违法审批行为,不给予存续保护,法院会先予以纠正,如果当事人没有过错,法院会判决行政机关赔偿当事人信赖利益损失。③只有合法的行政决定,法院才会允许其继续存续。④这依然是依法行政原理,根本不是德国法上对违法授益行为的存续保护。

作者只发现了一起判案,涉及政府违反有关土地出让金管理规定,在行政协议中同意返还土地出让金。法院认为,该承诺"不违反法律和行政法规

---

① 在"南京市江宁区人民政府禄口街道办事处与南京金林江科技有限公司行政补偿二审行政判决书"中,行政机关主张,"案涉协议违反了江宁区相关规范性文件的规定,故部分内容应属无效。"一审、二审法院都不予支持,认为,第一,"上诉人禄口街道办在签订过程中曾召开党政联席会议,并就如何计算被上诉人的停产停业损失形成了内容详细的会议纪要。即便该计算方法与相关规范性文件的规定不一致,亦属于上诉人自愿选择的结果。"第二,"被拆迁人对政策文件及征收前续程序的了解与掌握能力相对行政机关明显不足","上诉人禄口街道办作为曾多次处理拆迁补偿事宜的行政机关,应当对于如此约定的相应后果有清楚的认识。"因此,被上诉人在拆迁过程中与行政机关签订协议,其基于该协议产生的信赖利益应当予以保护。参见江苏省南京市中级人民法院(2018)苏01行终746号行政判决书。

② 余凌云:《论行政诉讼上的合理性审查》,载《比较法研究》,2022(1)。

③ 在"珲春市森泰农牧业开发有限公司诉珲春市人民政府确认行政行为违法及赔偿一案二审行政判决书"中,法院认为,"珲春市政府下属相关部门违法批准原告森泰公司在自然保护区内设立养殖场,原告森泰公司对此并无过错且具有合法信赖保护利益。珲春市政府及其下属相关部门对其此前作出的违法行为予以纠正后,珲春市政府应承担因违法批准成立森泰公司而给其造成的损失。"参见吉林省高级人民法院(2019)吉行终450号行政判决书。

④ 比如,在"惠安县东园镇凤浦村鸭山自然村15组诉惠安县人民政府、泉州市人民政府土地管理行政决定和行政复议决定行政判决书"中,法院查明,"原告虽未提交其与凤浦村民委员会所签订的土地承包合同,但其于1998年10月5日取得土地承包经营权证至今,其与凤浦村民委员会所形成的事实上的承包关系并未存在争议",形成了事实上的土地承包关系。惠安县人民政府亦为其颁发讼争土地承包经营权证。被告惠安县人民政府以"该证未经镇、县两级审查,未纳入经镇、县两级审查属实的发证档案中,缺乏颁证的必经程序及内档材料等"理由,决定撤销并收回土地承包经营权证。法院逐一审查了有关理由,发现均不成立。法院认为,"基于行政行为的信赖保护原则,应认定该经营权证的颁发符合土地承包的客观事实,该承包经营权应予保护。"参见福建省高级人民法院(2016)闽行终594号行政判决书。

的禁止性规定",要求政府"应当遵守承诺"。①这似乎有点德国法上存续保护的味道。其实不然。第一,这是行政协议的特殊性使然,是应归咎于行政机关对有关政策执行的偏差或者先行决定的错误,且双方意思表示真实,又有保护相对人的合法预期之必要时,仍然有可能确认有关公法约定有效。②第二,《国务院关于税收等优惠政策相关事项的通知》(国发〔2015〕25号)已明确规定,"各地与企业已签订合同中的优惠政策,继续有效。"③违法约定已经过治愈。

（4）与依法行政的关系

信赖保护与依法行政是何种关系？最高人民法院行政法官认为,"不能将信赖利益保护原则置于依法行政之前,无原则的以牺牲社会公共利益来强调政府对所作承诺的遵守。"可以通过信赖保护原则进一步促进依法行政,"在审理行政协议案件时,要促进法治政府和政务诚信建设,认真审查协议不能履行的原因和违约责任,切实维护行政相对人的合法权益。对政府没有合理理由违反承诺甚至违约毁约的,要坚决依法支持行政相对人的合理诉求,这就是信赖利益保护原则的价值所在。"④

因此,在行政裁判中,法官坚持合法性优先。对于违法行政行为,行政机关有权予以撤销或改变。如果法官发现,行政机关"未就其认定的事实和理由提供充分有效的证据",也未提供可以依职权撤销的法律依据,法官会

---

① 在"开封市人民政府、王喜仁二审行政判决书"中,开封市人民政府之所以主张征收喜人公司土地补偿款等费用,是因为先前"双方在协议中约定返还土地出让金的相关条款严重违反了相关法律规定,应予以纠正"。法院认为,"开封市人民政府为招商引资而作出返还土地出让金这一优惠政策的承诺,并不违反法律和行政法规的禁止性规定,其应当遵守该项承诺。"因此,不能返还之后再次征收土地补偿款。参见河南省高级人民法院(2018)豫行终973号行政判决书。也就是说,根据土地出让金有关制度规定,"要严格实行土地出让金收支两条线,土地出让金要足额上缴市财政。"但是,政府却与当事人约定,"土地出让金上缴市财政后,市财政扣除上缴省财政的3%和土地挂牌成本,其余及时返还开封新区财政局,由开封新区管委会返还受让方。"该约定显然违反法律规定。但是,法院认为,这不违反法律禁止性规定,政府必须"遵守该项承诺"。

② 余凌云：《论行政协议无效》,载《政治与法律》,2020(11)。

③ http://www.gov.cn/zhengce/content/2015-05/11/content_9725.htm,2022年3月30日最后访问。

④ "湖南省株洲市人民政府、株洲市超宇实业有限责任公司再审行政判决书",参见中华人民共和国最高人民法院(2019)最高法行再4号行政判决书。

直接认定行政机关撤销决定违法。①在纠正违法行政之后，法官才会考虑如何保护信赖利益，比如，按照各自过错程度，判决承担赔偿责任。②要求行政机关积极行使裁量权，合法、合理地"解决规划上的历史遗留问题或者采取妥善的补救措施。"③即使无法找到具体处理方案，也希望在判决后，两造双方"进一步就本案实质争议进行沟通协商，早日化解争议"。④

---

① 在"平顶山市新华区焦店镇人民政府、王卫平乡政府二审行政判决书"中，法院认为，"本案被诉行政行为虽为行政自行纠错行为，但在无充分证据和法律依据的情况下撤销建房许可证，将有损法律的公正，与政府的诚实守信、信赖保护原则相悖。同时，也损害政府的公信力和形象，不利于当地经济发展及社会稳定，并且有可能形成新的行政赔偿纠纷，给国家造成巨额的行政赔偿损失。"参见河南省高级人民法院(2017)豫行终444号行政判决书。

② 比如，在"范元运、范作动诉山东省邹平县建设局规划许可暨行政赔偿案"中，根据有关规范性文件规定，"规划许可应当以省级经贸委的预核准为前置条件。"但是，本案中，被告违反上述规定，"在原告未取得省级经贸委预核准的前提下，即为原告颁发了一书一证"，"致使原告的加油站与早已存在的范宜强加油站的间距不符合加油站合理布局的规定"，因此，法院认为，"该规划行政许可不具有合法性，应当予以撤销。"接下来，法院又指出，"魏桥镇政府的职能部门收取了原告的土地审批费和规服费，造成原告对政府机关产生信赖进而动工建设，虽然其不是规划许可的决定机关，但对原告因信赖利益造成的损失应承担相应的责任。"邹平县建设局是涉案规划许可的决定机关，在邹平县整顿和规范市场经济秩序领导小组办公室已经下发文件对原告的加油站进行查处，不得为其办理规划许可手续的情况下，仍然为原告办理了规划许可证，对原告信赖的产生也有一定的原因，也应承担一定的责任。法院判决，对于原告损失，"结合各方的过错程度"，"被告邹平县建设局和魏桥镇政府各承担20%"，"魏桥镇政府的职能部门违法收取原告的6万元土地审批费和规服费应当返还。"最高人民法院行政审判庭编：《中国行政审判指导案例》(第1卷)，151～155页，北京，中国法制出版社，2010。

③ 在"漯河市城乡规划局、漯河东城置业有限公司城乡建设行政管理：城市规划管理(规划)二审行政判决书"中，法院指出，"东城置业在实际建设过程中存在部分建筑物退界不够的问题，可由召陵区政府、漯河规划局上报漯河市人民政府出台相应的政策，以解决规划上的历史遗留问题或者采取妥善的补救措施。""漯河规划局在项目符合整体规划的前提下，按照处理历史遗留问题的思路，对部分符合条件的，先行进行合法、合理的调整，及时予以办理是具有合法和合理性的。""涉及涉案项目未规划先建设的违法行为，可能影响建设工程规划许可证办理的问题。涉案项目规划违法系历史原因及被告召陵区政府决策造成，并且漯河市国土资源执法联席会议纪要对该违法行为已决定不再处罚、不再没收，已形成处理方案。如果允许职能部门再作出不同的处罚结果，从行政行为合理性上来讲，与政府的诚信原则、层级服从原则相悖。从法律层面上来讲，行政处罚与颁发许可证的行政行为是两个法律关系，且行政处罚也已失去强制执行的效力。因此，漯河规划局为原告颁发建设工程规划许可证没有法律上的障碍。"参见河南省高级人民法院(2016)豫行终2476号行政判决书。

④ 在"陆建萍与上海市浦东新区人民政府拆迁二审行政判决书"中，法官首先肯定了"涉案房屋没有合法权利凭证"，是违法建筑，行政机关强制拆除合法。然后指出，"政府在涉案房屋建造但未取得合法手续方面存在过错，明显违反信赖保护原则，这也是上诉人提起本案诉讼的诉因所在。因此，被上诉人作为一级政府，应有义务统筹协调，妥善处理，切实解决历史遗留问题。""两造双方应在本案判决后，进一步就本案实质争议进行沟通协商，早日化解争议。"参见上海市高级人民法院(2019)沪行终57号行政判决书。

3. 合法预期

在检索到的 55 件案件中,除了"合法预期",法官偶尔也会采用"正当期待"①"合理期望"②"合理预期",③ 一般是指当事人对有关行为或后果应当有所预见,是日常生活中的习惯用语。只有在一些裁判中,"合理预期"指一项法律原则,与合法预期保护同义。④与合法预期名实相符的案件共计不超过 10 件。

在不少法官看来,合法预期与信赖保护是一回事,可以相提并论。第一,它们的适用条件毫无二致。"行政法保护的行政相对人的信赖利益以及合法预期是以行政行为合法为前提的,如果行政行为本身违法,行政相对人不能基于违法的行为获得预期利益。"⑤第二,产生合法预期保护的具体情

---

① 在"徐友伟、贺芬与常州市新北区城市管理与建设局二审行政判决书"中,法院指出,"行政机关关于某一领域政策的形成,实际上乃是针对社会公众做出了一个承诺,公众自然对其具有某种正当期待。"参见江苏省常州市中级人民法院(2014)常行终字第 175 号行政判决书。

② 在"樵彬与广州市萝岗区食品药品监督管理局其他 2015 行终 1526 二审行政判决书"中,法院指出,"原广州市萝岗区食品药品监督管理局在答复函中未明确告知樵彬是否给予奖励,也未具体说明不给予奖励的理由,未对投诉举报人的合理期望给予回应,存在瑕疵。"参见广东省广州市中级人民法院(2015)穗中法行终字第 1526 号行政判决书。

③ 在"陈杰与黄石市卫生和计划生育委员会行政许可再审行政判决书"中,法院指出,"陈杰对其协议约定及履行的后果理应具有正常的认知,对卫生许可证原件移交后可能发生负责人变更登记的后果亦系在其合理预期范围内。"此处的"合理预期"显示是指事先有预知、预见,而不是法律原则意义上的合法预期。参见湖北省黄石市中级人民法院(2014)鄂黄石中行再终字第 00003 号行政判决书。又比如,在"李炳辰、郑州市公安局郑东分局公安行政管理:其他(公安)二审行政判决书"中,法院认为,"上诉人对于承认自己吸毒的法律后果应当有合理预期。"参见河南省郑州市中级人民法院(2019)豫 01 行终 1065 号行政判决书。

④ 在"蔡发银、鹤岗市南山区人民政府城乡建设行政管理:房屋拆迁管理(拆迁)二审行政判决书"中,法官指出,"蔡发银主张被拆除房屋的赔偿和未被征收的主房安置补偿等问题,亦可在补偿程序中向南山区政府主张。双方宜本着依法依规、合理预期等原则积极协商,就不动产补偿等事项达成一致意见。"参见黑龙江省高级人民法院(2020)黑行终 277 号行政判决书。又比如,在"石军、刁秀华资源行政管理:其他(资源)二审行政判决书"中,法院指出,"双方仍可本着依法依规,合理预期等原则,就安置补偿等事项继续积极协商。"参见云南省高级人民法院(2020)云行终 658 号行政判决书。

⑤ "吴月明、珠海市自然资源局城乡建设行政管理:房屋拆迁管理(拆迁)二审行政判决书",参见广东省珠海市中级人民法院(2019)粤 04 行终 47 号行政判决书。在"珠海市社会保险基金管理中心与珠海太阳鸟游艇制造有限公司行政纠纷再审案"中,周文华冒名入职,"是明显的欺诈,与诚信原则明显相悖。"但是,"用人单位根据职工提供的虚假身份信息,错误地以他人名义为该职工缴纳工伤保险费的,其真实意思表示的投保对象仍为该职工,而非冒用身份的人。"社保中心已经承认,它就与用人单位、周文华之间成立了工伤保险法律关系。周文华冒名入职行为,不波及工伤保险关系的合法有效,不构成社会保险欺诈。"在周文华因工亡故后十日许和获工伤认定之前,太阳鸟公司即先行向其家属垫付的工伤保险待遇款逾 70 万元,该公司及时的人道关怀和实在的诚信友善,的确值得弘扬。基于此,太阳鸟公司已获申请工伤保险待遇的授权。""社保中心应兑现太阳鸟公司的合法预期。"参见广东省珠海市中级人民法院(2019)粤 04 行再 1 号行政判决书。

境,与诚信、诚实守信、信赖保护也一模一样。包括:合法有效的行政行为能够产生合法预期的保护;①可以适用于行政协议,②基于合同约定而产生合理预期;③土地征收补偿中,基于税收规定而产生的对应缴纳税费的合理预期;④长

---

① 在"冯计生诉隰县人民政府、隰县国土资源局土地行政赔偿一案二审行政判决书"中,二审法院认为,"被上诉人冯计生持有的隰国有(2001)字第0321号国有土地使用证,在没有证据证明该用地使用证已变更或作废的情况下,此土地使用权应是合法有效的,其基于证书中登记的土地使用权益的合法预期亦应得到法律保护。"上诉人隰县国土资源局"未能尽到审慎审查的义务","导致在涉案土地上已有国有土地使用权证的情况下又给他人审批登记了集体土地使用证,从而又导致了该地块被征收时使被上诉人冯计生的权益主张受到制约,使其未能得到合理的土地补偿。对此,上诉人隰县国土资源局应对其的行政违法行为承担责任。"参见山西省临汾市中级人民法院(2016)晋10行终82号行政判决书。

② 比如,在"滑县博瑞置业有限公司与滑县人民政府、滑县国土资源局资源行政管理:土地行政管理(土地)一审行政判决书"中,法院指出,"按照行政协议约定由违约方承担违约金,有助于保护当事人的合理预期,促进交易安全,更有助于促进诚信政府建设,在行政机关与行政管理相对人之间约定违约金的计算标准符合国务院文件规定的前提下,人民法院应当予以尊重和适用。"参见河南省濮阳市中级人民法院(2017)豫09行初264号行政判决书。

③ 在"浙江衡态生物科技有限公司、临海市人民政府其他行政管理二审行政判决书"中,法院指出,"案涉合同关于'服务期为合同签订之日起2年。如项目验收达到质量标准,如继续实施该项目,优先考虑与衡态公司续签合同'的约定,使衡态公司对于合同服务期满后行政机关继续在合同约定的服务范围内使用黑水虻生物技术开展餐厨垃圾处置以及双方继续合作产生了合理预期,形成了依法应予保护的信赖利益。被诉决定事项的内容隐含了不再与衡态公司合作的意思表示,侵犯了其信赖利益。"参见浙江省高级人民法院(2020)浙行终1145号行政判决书。

④ 在"长汀中城投广场开发有限公司、长汀县自然资源局资源行政管理:其他(资源)二审行政判决书"中,"根据税收相关规定,原告向政府部门移交27000平方米安置房的行为视同销售,依法应当缴纳房地产项目的增值税,而在计算销售额时从全部价款和价外费用中扣除的土地价款,应当取得省级以上(含省级)财政部门监(印)制的财政票据。如被告不能就27000平方米安置房出具等值的省级以上(含省级)财政部门监(印)制的财政票据,即土地出让金发票,则原告以27000平方米安置房的实物折抵的土地价款不能用于申报企业所得税和房地产项目增值税等相关税项的税前扣除,可能导致原告的税务负担明显超出合理预期,造成原告严重经济损失。"法院认为,"基于公平原则和诚实信用原则,为避免原告负担的税务超出合理预期,被告出具的凭证应当是原告依法能够用于申报税前扣除的省级以上(含省级)财政部门监(印)制的财政票据,即与原告应向政府移交的27000平方米安置房等值(9798.3万元)的土地出让金发票。"参见福建省龙岩市中级人民法院(2020)闽08行终182号行政判决书。

期固定的实践也可以产生合法预期保护。①

但是,在保护方式上除了实体性保护和赔偿性保护,还出现了近似英国法上的程序性保护,这实在难得。比如,即便法律不要求听证,因行政决定影响当事人合法预期,也应当给予当事人一次听证机会。②又比如,应当将行政决定的改变意向及时通知当事人,以便其行使相关权利。③

总之,从上述判案不难发现,第一,由于前述有关立法、文件规定是法院裁判的依据或参考,"信赖保护""合法预期"的适用情境,与"诚信""诚实守信"几无差别,错综复杂、姿态万千的鲜活实践基本上可以分别归入上述立法、文件规定的二元结构体系之下。只是经由法官裁判,有关保护规范也变得更加细腻翔实,极大地丰富了有关立法文件上的规范要求。第二,"在一些案件中,法官虽然仍在使用'信赖保护'的话语体系,但是在具体内容上却几乎完全引入了合法预期的概念内核。"是按照合法性先于信赖利益保护的次序处理它们彼此之间的冲突,是"借信赖保护之名行合法预期之实"④。第三,至于合法预期理论关注的行政政策、行政惯例、行政指导、行政计划等,

---

① 在"吴小琴等诉山西省吕梁市工伤保险管理服务中心履行法定职责案"中,兴无煤矿从2002年至2006年均为固定工和合同制工人交纳工伤保险费用,缴纳方式都是年底一次性缴清本年度。2007年5月,冯海生和高三信出差发生车祸死亡。当年12月26日兴无煤矿又一次性为389名固定工缴费247320元,该固定工名单中包括冯海生和高三信,缴费属期是2007年1—12月。但是,原告向被告吕梁工伤保险中心提出核定工伤保险待遇的请求。被告认为兴无煤矿在二原告之夫死亡后才交纳工伤保险费,不予核定工伤保险待遇。山西省高级人民法院判定被告违法,"这种不定期缴费方式在工伤保险管理实际工作中已形成一种习惯性做法,这种做法需要以后的工伤保险管理工作中逐步加以规范,但并不能因此否定用工主体为本单位职工缴纳保险费用的法律事实。"最高人民法院行政审判庭编:《中国行政审判指导案例》(第4卷),77~81页,北京,中国法制出版社,2012。

② 在"张善法与舟山市国土资源局行政登记二审行政判决书"中,二审法院指出,"被上诉人作出被诉具体行政行为不属于法定应当听证的事项,故其在行政程序中未举行听证,并不违反法定行政程序。但是被上诉人作出被诉《不予土地登记决定书》,直接影响到相对人申请涉案土地登记的合法期待,而被上诉人实则可以通过听证程序给予相对人一个陈述其观点、说明事实情况的机会,以更符合行政正当程序的要求。"参见浙江省舟山市中级人民法院(2014)浙舟行终字第3号行政判决书。但是,基于正当程序要求,对当事人作出的不利益处分,也应当给予听证机会。

③ 在"湘潭市雨湖区新月砂石场、湘潭市人民政府水利行政管理(水利)二审行政判决书"中,法院指出,"原告基于对该先行行为的信赖而产生合理期待,尽管这种先行行为还是一种意向和规划,还没有形成对双方具有约束力的最终结果,但两被告也应就是否继续改建予以明示,在改建无法进行的情况下及时采取措施进行妥善处理,以使原告知晓最终结果并行使相关权利。原告多次出具报告请求处理,两被告对其报告未作回应,不符合及时行政的要求。"参见湖南省高级人民法院(2020)湘行终203号行政判决书。

④ 胡若溟:《合法预期在中国法中的命途与反思——以最高人民法院公布的典型案件为例的检讨》,载《上海交通大学学报》(哲学社会科学版),2021(2)。

在判案中也偶有涉及,却寥寥无几,这可能与政策、指导、计划还不能直接受理审查有关。因此,也就无从洞察、归纳法官是如何保护其中的信赖和预期。第四,无论"诚信""诚实守信"还是"信赖保护""合法预期",有关判案要么判决责令履行、撤销、变更,要么判决赔偿、补偿、采取补救措施。也就是提供了实体性保护、赔偿(补偿)性保护,除了行政决定应当依据法定程序撤销之外,近似于英国法上的程序性保护比较少见。除了上述有关合法预期程序性保护的案件之外,作者仅发现一起案件,法官只是泛泛谈到,改变行政允诺要依据程序,但没有提及具体什么程序。在"安徽禾景农业发展有限公司与涡阳县人民政府不履行行政允诺二审行政判决书"中,法院指出,"行政允诺是指行政主体为实现特定的行政管理目的,向行政相对人公开作出的当行政相对人作出一定行为即给予其利益回报的意思表示。""通过会议纪要作出的行政允诺属于已经议定的事项,具有法定效力,除非违反法律的禁止性规定,否则非依法定程序不可随意否定其法律效力。"[①]第五,"诚信""诚实守信"针对的是行政机关与相对人双方的要求。"信赖保护""合法预期"都单独指向行政机关,是对行政机关提出的单方要求。

五、进一步厘清关系

从上述分析中不难看出,理论与实践之间还是存在着一定反差。官方文件多用"诚信政府""诚实守信",以示公法与私法区别。"信赖保护""合法预期"多在学术上采用,在法官的判词中也偶有出现,却是与"诚信""诚实守信""诚实信用"在涵义上相差无几。而在不少学者看来,诚实信用、信赖保护、合法预期之间,彼此交织,不说有云泥之别,也不完全相同。面对着既有理论与实践发展的犬牙交错,如果不先对三种理论之间纵横交错的相互关系进行条分缕析,就无法审慎抉择诚信政府的理论取向。

1. 诚实信用与信赖保护

从理论渊源看,行政法上的诚实守信、信赖保护都源自德国。在德国,诚实信用在公法上的适用,似乎更早一些。1953年,德国联邦财政法院率先承认了诚实信用原则在税法领域的适用性。1956年,德国柏林高等行政法

---

① 参见安徽省高级人民法院(2021)皖行终495号行政判决书。

院开创在撤销行政行为过程中给予公民信赖保护的先河。它们为何先后出现？彼此是何种关系？从德文译作上看不分明。

诚实信用、信赖保护在民法上同时存在,①是完全不同的两个原则。与诚实信用太过宽泛不同,"信赖保护有确切的内涵表达",是"确定的、连续的、始终如一的",是指"如果行为人在交易中对他人的身份、资格、行为、证书等种种形式的表象(信赖基础)表现出信赖,并依据这一信赖进行了相应的投资(信赖处分)并造成其法律地位的改变(损害),法律就应当对这种信赖进行保护,以维护交易安全"。②"信赖保护原则旨在强调将交易相对人的合理信赖纳入私法规范的构造之中,以维护民商事交往中的信赖投入并确保交易的可期待性。"③更关注于"如何去救济那个因不实或背信而受到损害的人"。多见于表见代理、无权代理、缔约过失、善意取得等场合。

民法学者对诚实信用与信赖保护之间的关系,莫衷一是。有的主张"诚实信用凌驾信赖保护之上",有的认为"信赖保护涵盖了诚实信用",也有的觉得它们"在民法体系的形成上各司其职","信赖保护原则无涉道德评价,体现的是法的形式理性。诚实信用原则则体现了善良与公正,因此它更具实质理性的意义"。它们"分别体现了法的形式理性与实质理性的区别"。它们互为表里,"在法律技术的运用上则恰恰是相反的"。④

那么,在行政法上,为什么会相继出现的诚实信用和信赖保护？它们是否与私法一样处于相对独立关系？比较吊诡的是,信赖保护在公法和私法上明明大致相仿,但是,行政法学者却众口一词,诚信、信赖保护都源自私法上诚实信用,"信赖保护原则是诚信原则在行政法中的运用",⑤基本上无视私法上信赖保护之存在。至于它们的公法关系,学者观点不一。⑥一是"等同

---

① 在"陈锡土、龙岩市新罗区人民政府二审行政判决书"中,法院指出,"未考虑到原华龙机械厂所建的厨房和煤棚间(煤炭间)被作为经依法登记房屋的不可分割的附属设施分配给原告使用,虽并非原告自建,但属原告长期使用,基于信赖保护原则,应将原华龙机械厂所建的厨房和煤棚间(煤炭间)列入征收补偿范围,给予原告合理的行政补偿。"参见福建省高级人民法院(2020)闽行终173号行政判决书。
② 刘晓华:《私法上的信赖保护原则研究》,86~87页,山东大学博士学位论文,2013。
③ 朱广新:《信赖保护理论及其研究述评》,载《法商研究》,2007(6)。
④ 丁南:《民法上的信赖保护与诚实信用关系辩》,载《法学杂志》,2013(7)。
⑤ 周佑勇:《行政裁量的均衡原则》,载《法学研究》,2004(4)。
⑥ 刘飞教授将我国学者的观点归纳为"等同说""依据说""类推适用说"。刘飞:《信赖保护原则的行政法意义——以授益行为的撤销与废止为基点的考察》,载《法学研究》,2010(6)。

说",它们是等同,只是语义表达不同,"信赖保护原则是诚实信用原则的另一个化身、另一种称谓。"①它们之间的关系"应该与民法上两者的关系差不多,即信赖利益保护原则以诚实信用原则为前提,是诚实信用原则的演绎与延伸"。它们都是私法上诚实信用原则的类推。②在针对行政机关提出的要求方面,"'诚实信用'愈发与'信赖保护'相连"。③"将诚实信用原则等同于信赖利益保护原则的意见并不是相关学者的明确表述,而是其相关论述的体现。"④官方文件之所以采用"诚实守信",是因为"可以与人们熟悉的民法诚信原则相承接,便于人们理解与接受。"⑤一些法官在判决中也同时使用"诚实信用原则""诚实守信""合理信赖""信赖利益"。⑥二是"包含说",认为信赖保护是诚实信用的一项要求,⑦"伴随着私法的诚信原则在行政法中的引入而确立起来,是诚信原则在行政法中最直接的体现",⑧是"作为诚信原则的一个方面或者某一阶段的具体体现。"⑨其中的推理大致是,《行政许可法》(2003年)第8条规定了信赖保护。《国务院全面推进依法行政实施纲要》(2004年)关于"诚实守信"要求之中包含了上述第8条内容,且不限于行政

---

① 耿宝建:《信赖保护原则的发展及在司法实践中的运用——以负担行政行为和程序行政行为的信赖保护为视角》,收入最高人民法院行政审判庭编《行政执法与行政审判》(2006年第1集)(总第17集),https://mp.weixin.qq.com/s/t_KvS1Spg5YtN2EWldOYiQ,2022年3月3日最后访问。

② 黄学贤:《行政法中的信赖保护原则》,载《法学》,2002(5)。莫于川、林鸿潮:《论当代行政法上的信赖保护原则》,载《法商研究》,2004(5)。

③ 应松年主编:《当代中国行政法》,105页,北京,中国方正出版社,2005。

④ 杨登峰:《行政法诚信原则的基本要求与适用》,载《江海学刊》,2017(1)。

⑤ 刘丹:《论行政法上的诚实信用原则》,载《中国法学》,2004(1)。

⑥ 比如,在"温州星泰房地产开发有限公司垫江分公司诉垫江县国土资源和房屋管理局不履行土地使用权变更登记发证法定职责纠纷案"中,法院认为,"垫江县政府以招商引资的方式开发建设渝东食品批发市场,研究同意将讼争土地使用权转让于原告方,应当恪守诚实信用原则",被告垫江县国土房管局应当依法执行相关决定,"并对自己的行为和承诺诚实守信","不得随意变更和反复无常","在对行政相对人的授益性行为作出后,即使发现对政府不利,只要不是该行为重大、明显违法导致行为无效或因为相对人的过错造成的,一般不得改变。""原告星泰公司垫江分公司对垫江县政府的招商引资行为和垫江县国土房管局的变更登记内审批行为存在合理信赖,并基于这种信赖交纳了转让费且对该建设项目作了大量的前期准备工作,投入了不少人力、财力,相较于本案中的瑕疵和其他利益而言,相对人的信赖利益更值得保护。""被告拖延履行讼争土地使用权变更登记发证法定职责,导致其项目建设不能如期开展,侵害了原告的合法权益。"依照《行政诉讼法》(1989年)第54条第(三)项判决"履行变更登记发证职责"。参见重庆市武隆县人民法院(2008)武法行初字第1号行政判决书。

⑦ 周佑勇:《论政务诚信的法治化构建》,载《江海学刊》,2014(1)。

⑧ 周佑勇:《行政法基本原则研究》,58~59页,武汉,武汉大学出版社,2005。

⑨ 杨解君:《行政法诚信理念的展开及其意义》,载《江苏社会科学》,2004(5)。

许可,而是适用于所有的行政决定。因此,"信赖保护"是"诚实守信"题中应有之义。三是"全异说",它们之间是不同的。信赖保护"源自法的安定性原则和行政行为的效力制度",而不是诚实信用。"若果真如此,则行政法上的诚实信用原则与信赖利益保护原则甚至没有太大关联性。""不论是将信赖利益保护作为诚实信用原则的基本要求,还是将二者等同起来,都是不太妥当的。诚实信用仅赋予行政机关善意、诚实、守信、信任等义务。行政机关违背这些义务的法律责任,部分可由信赖利益保护原则来落实,但还有诸多是信赖利益保护原则所不能胜任的。"①

上述"全异说""包含说"显然与行政法教科书不符,也不被立法文件、行政审判所印证。反而是"等同说"更切合实际。在我看来,诚实信用和信赖保护进入行政法之后,都发生了很大变化,根本不可能类比于私法上信赖保护与诚实信用之间的关系。诚实守信在行政法上弱化了理念宣示,趋向规范化建构,并与信赖保护深度交融,合二为一。

公法上的"诚信""诚实守信"不再过多强调是"道德法律化"或者"伦理性规范"。第一,诚实信用、诚实守信仅停留在从道德、理念层面关于善意、真诚、忠诚无欺、合理公平等说教,实在是不足够的,没有详尽明确的行为规则指引,不足以规范行政权力的行使,实现控权目的。第二,道德说教、理念灌输是必要的,但有时却空洞,苍白无力,行政裁判在这个意义上的引用也是口号式的,在判决书上几乎是一笔带过,没有规范分析的价值。对内在主观上是否善意诚实的探究更是不易,也与行政诉讼的合法性审查不符,因为一旦从客观审查迈入主观审查,会"无端抬高了救济门槛,加大了审查难度,也让相对人寻求救济变得更加困难"。②第三,伦理道德意义上的诚实信用,既不为行政法所独有,又凌驾于依法行政原则之上,也不宜胪列为行政法基本原则。否则,会冲乱层次分明、和谐有序的行政法基本原则体系。

诚实信用在行政法上有两个重要发展方向,通过法院裁判,逐渐形成了明确的规范内涵,形成了二元结构,具有了可判断性、可实操性。一个是通过法院判决,"恪守信用"在行政协议、行政允诺、行政承诺上形成了精致的规范结构,是诚实信用在行政法上遗留下的重要遗产。另外一个发展方向,

---

① 杨登峰:《行政法诚信原则的基本要求与适用》,载《江海学刊》,2017(1)。杨登峰:《行政法基本原则及其适用研究》,364页,北京,北京大学出版社,2022。

② 余凌云:《论行政诉讼上的合理性审查》,载《比较法研究》,2022(1)。

就是向信赖保护的延展重合。而信赖保护反客为主,取代诚实信用之后,又将"恪守信用"囊括其中。因此,很多学者对诚实信用、信赖保护通常不加区分,在公法上逐渐地融合成为更加趋于统一的关系,浑然一体。从法官裁判、官方文件看,诚信、诚实信用、信赖保护也是在同一意义上交替使用,不分彼此。上述二元结构得到学者、法官和文件制定者的高度认可,已经完全形成了共识。但是,与一些学者在诚实信用、信赖保护理论上叙述法不溯及既往不同,立法文件、法官裁判上都不涉及也不认为法不溯及既往是诚实信用、信赖保护应有之义。我也赞同不纳入,理由已如前述。

2. 信赖保护与合法预期

行政法上的信赖保护、合法预期,显然与依法行政、比例原则、正当程序保持了相对独立的功能作用、泾渭分明的适用边际,不像诚信原则那样散漫无边,且与其他原则交织不清。因此,信赖保护、合法预期更具有作为一项基本原则的品质与价值。行政法教科书对先至的诚信、诚实信用弃而不用,却青睐后发的信赖保护、合法预期,恐怕也是出于上述原因。

信赖保护、合法预期分别在德国、英国生成。相较于信赖保护,合法预期来得晚一些,却是公法特有的原则,在私法上近似的原则是禁止反言(estoppel)。历史上,英国公法一度援用私法上的禁止反言,但后来完全摒弃,合法预期是在公法上重起炉灶另开张。[①]

不少学者认为它们没有差别,[②]只是术语译法不同,[③]在内容和保护方式上"越来越接近"。[④]刘飞教授却认为,它们"非但不是相同或相似的,恰恰相

[①] 但是,也有认为,"'合法预期原则'实际上是一个私法概念,通过将其哲理摄入公法领域,它被赋予了更大的半径。"(the "doctrine of legitimate expectation" was actually a private law concept which was given a bigger radius by incorporating its philosophy into the realms of public law.) Cf. Jayanta Chakraborty, *"Doctrine of Legitimate Expectation—A Comparative Study of UK, USA & India"* (2018) 5(1) *Indian Journal of Law & Public Policy* 23.

[②] 朱丽琴:《试论行政程序法中的信赖保护原则》,载《法学杂志》,2003(2)。周佑勇:《行政裁量的均衡原则》,载《法学研究》,2004(4)。

[③] "欧盟法上的合理期待(legitimate expectation)原则的发展起源于德国的一项原则,即'Vertrauensschutz',其意为信赖保护。"陈震:《合理期待原则的内涵——对该原则在英国法和欧盟法中的异同的比较分析》,载《公法研究》,2007(第五辑)。在英国行政法上,英国学者一般将正当期待(legitimate expectation)作为德文信赖保护的对译词。李洪雷:《论行政法上的信赖保护原则》,载《公法研究》,2005(第4卷)。

[④] 王贵松:《行政信赖保护论》,53页,济南,山东人民出版社,2007。

反是具有完全不同内涵的"。并从形成信赖的基础不同、所期望的具体内容不同、获得保护的核心要件不同、提供保护的阶段不同、提供保护的方式不同等五个方面做了详细比较分析。①张兴祥从合法预期的标准更具有操作性、信赖保护难以覆盖所有预期保护、信赖保护只保护个人利益而合法预期兼顾公共利益与个人利益、合法预期是现代行政法发展趋势等四个方面论证了合法预期更加可取。②

在我看来,英国法的合法预期与德国法的信赖保护相比较,它们面临的问题都是一样的。但是,如前所述,第一,在处理合法性与信赖利益保护之间的次序和方法上,两者却有着根本不同。第二,在适用范围上,合法预期广于信赖保护,尤其是在政策、计划、指导、惯例、长期固定实践上形成了精细的保护合法预期规则。且不说信赖保护在这些领域的适用尚存争议,迄今也未见到细致的适用规则。第三,在保护方式上,合法预期也多于信赖保护,特别体现在程序性保护上。因此,在两者之间抉择,我更青睐合法预期。

但是,我们所理解的信赖保护,并没有真正承续德国法,名实不符,已经完全中国化。完全固化为上述二元结构之中的一项,就是行政机关不得随意撤销已生效的行政行为。我们从来未曾意识,更遑论考虑德国式的存续保护,而是以文害辞,以辞害意,集体性误读而形成中国式理解。在合法性与信赖保护冲突上,我们始终坚持依法行政优先,这与行政诉讼合法性审查相契合,与合法预期同工异曲,与信赖保护方枘圆凿。我们是借用了信赖保护,实质上在讲述合法预期。

因此,从表面上看,越来越多的学者认识到合法预期优于信赖保护,也认同合法预期观念,但是,信赖保护在学术上的地位似乎依然没有动摇,合法预期在司法上也"不为法院倚重"。其实不然。信赖保护的中国化,实质性化解了合法预期对行政法理论的应有冲击。合法预期也"在中国司法审判中基本附着于'信赖保护'的话语体系"。③它们实际上已经不断趋向合二为一。

但是,从上述比较分析看,无论是立法文件还是法官裁判,已经认同的

---

① 刘飞:《信赖保护原则的行政法意义——以授益行为的撤销与废止为基点的考察》,载《法学研究》,2010(6)。
② 张兴祥:《行政法合法预期保护原则研究》,15~19页,北京,北京大学出版社,2006。
③ 胡若溟:《合法预期在中国法中的命运与反思——以最高人民法院公布的典型案件为例的检讨》,载《上海交通大学学报》(哲学社会科学版),2021(2)。

信赖保护，是和诚实信用同构化的，更准确地说，是与诚实信用融合而成的二元结构。即便是难得一见的合法预期也在同一意义上使用，仅关乎术语变换，不见知识的增量。究其原因，一方面，可能与法官、文件制定者不甚明了合法预期、信赖保护理论之间的实质差别，以及有关理论对实践的辐射渗透不够有关。另一方面，也是因为当下行政诉讼尚未纳入一些行政活动，比如行政政策、计划、指导等，无法引起法官关注、思考并进而参考援引有关理论。因此，从理论上看，相较于信赖保护，无论在拓展适用范围，还是提升程序性保护上，合法预期依然还有可以进一步挖掘、汲取的独特价值，能够以此进一步完善诚信政府的理论构造。

六、诚信政府的理论取向

在我看来，首先，无须过于纠结术语，不论是继续采用文件：偏好的"诚实守信"，还是学者青睐的信赖保护，或者以合法预期代而取之，都已无关宏旨。因为它们在中国情境下的发展、汲取、消化与融合，早已焕然一新，逐渐形成了中国式的诚信政府理论模式。不可能也实在没有必要继续固执于哪个原则更优、应当回到哪个原则之上。但是，为了与过往的误读彻底割断，便于国际学术交流，①不妨在术语上起用合法预期，也仅是术语上，因为早已物是人非，不再完全是英国法上的对应物。当然也可以继续沿用官方文件上的"诚实守信""政府诚信"。其次，结合法院判案经验，政策制定者的理解以及学者的有关研究，可以发现，诚信政府理论从诚实信用出发，汲取信赖保护、合法预期，水乳交融，形成了中国式的理解，但是，仍然有待进一步发展和完善。

暂且不论一般理念上的道德伦理规范要求，比如诚实、善意、真诚、无欺等，这些固然重要，可归入理念教育范畴，诚信政府的法规范结构至少应当包括以下三个方面，可以构建为三元结构。其中，第一、第二是行政审判、理论和立法已然达成的共识。第三是亟待补足。诚实信用、信赖保护的适用

---

① 有关欧盟法、德国法的英文文献都采用"legitimate expectation"，比如，Ren Seerden（ed.），*Comparative Administrative Law：Administrative Law of European Union，Its Member States and the United States*，Intersentia，2018，pp. 77～78. Jurgen Schwarze，*European Administrative Law*，Sweet & Maxwell，2010，pp. 867～873.

范围尽管已经拉张到与合法预期几无差别,但是,行政政策、长期固定实践、行政惯例、行政指导、行政规划之中的信赖利益保护,显然与行政行为的撤销理论无涉。就这方面规范的完备与实用而言,是诚实信用、信赖保护之所短,合法预期之所长。引入合法预期规范这类活动,尽管法院尚不开放直接受理其中一些活动,诉讼意义不彰显,但至少对于规范权力理性行使、践行公正行事义务极具意义。

第一,行政机关应当恪守信用,履约践诺。如果行政协议、行政允诺、行政承诺是有效的,不违反法律、法规和规章有关强制性规定,不存在重大误解或违背一方真实意思的情形,相对人没有过失,那么,行政机关就应当履约践诺。行政机关不得将政策失误、审查疏忽的不利后果转嫁给当事人。

第二,非因法定事由,并经法定程序,符合正当程序要求,行政机关不得撤销、变更已经生效的行政决定。因国家利益、公共利益或者其他法定事由需要撤回、变更合法的行政决定的,应当依照法定权限和程序进行,给予正当程序保护,并对相对人因此而受到的财产损失依法予以合理的补偿或者依法采取补救措施。行政机关依法撤销、变更违法的行政决定,相对人无过错的,对于因此造成相对人的损失应当依法赔偿或者依法采取补救措施。如果行政机关和相对人都有过失,那么,行政机关、相对人按照各自过错比例分别承担相应的责任。因相对人欺诈、贿赂等不正当手段导致的违法,完全由相对人自己承担不利后果。

第三,行政政策、长期固定实践、行政惯例、行政指导、行政规划让相对人产生了对行政机关未来行为的预期和信赖,并依此安排自己的生产、生活。如果行政机关改变上述政策、规划,或者不按惯例、指导内容行事,将给相对人带来窘迫、困难和财产损失,就应当保护相对人的合法预期和信赖。一是行政机关在实施上述改变之前,原则上要事先广而告之,征求可能受到影响的利益群体的意见;二是没有充分的公共利益理由,行政机关不得随意改变;三是基于充分的公共利益可以改变时,行政机关也要尽量采取过渡性政策,保护相对人的信赖利益和合法预期,并且应当说明理由,给当事人造成财产损失的,应当依法给予合理补偿或者依法采取补救措施。

七、结 论

从我国行政法理论、立法以及司法裁判看,进入公法的诚实信用、信赖保护早已变异,在观念上与合法预期趋同,它们在内涵上也趋于融合无间,形成了不同术语却涵义相近的中国式理解。但是,三家归晋,在术语上还是采用合法预期更加适宜,也不妨继续沿用官方文件上的"诚信政府""诚实守信"。

  政府诚信有着借用私法的明显轨迹,与公法结合之后,在具体构造上却发生翻天覆地的变化,实现了由伦理规范向法律规范的转化,初步形成了二元结构:一是将"恪守信用"适用于行政协议、行政承诺、行政允诺,要求政府履约践诺;二是有关行政行为撤销、撤回、变更的限制要求,涵摄了信赖保护。但是,对于源自德国的信赖保护,我们由最初的误读,加入了中国人的期许、观念与理解,进而形成了中国式解读,不仅反噬诚实信用,而且事实上与合法预期同构化,折冲了合法预期的优势。至于德国信赖保护原本为违法的给付决定提供存续保护的独特价值,我们当初未关注,之后又集体忽视了。但是,信赖保护仅限于行政决定的撤销、变更与废止,与合法预期相比,又显然过窄,欠缺周全。因此,关于诚信政府的理论构造,应当考虑建立三元结构,在上述二元结构之上,增加行政政策、行政计划、行政惯例、长期固定实践在改变时对相对人信赖、合法预期的保护。

行政法上的合法预期保护*

目 次

一、引言 / 54
二、什么是合法预期 / 63
三、如何产生 / 76
四、判断标准 / 81
五、保护的妥当性之拷问 / 87
六、保护合法预期的方式（Ⅰ）：程序性保护 / 93
七、保护合法预期的方式（Ⅱ）：实体性保护 / 98
八、保护合法预期的方式（Ⅲ）：赔偿（补偿）性保护 / 103
九、结束语 / 109

---

* 本文的主要内容曾以《行政法上合法预期之保护》为标题发表在《中国社会科学》2003年第3期。在本书付梓之前，又几经打磨、增删。

一、引 言

1. 引入合法预期的几点考虑

近年来,在责任制思想、市场经济理念和公共选择理论(public choice theory)的影响之下,以向社会公开承诺为基本特征的行政改革正如火如荼地展开。[①]为有效控制行政自由裁量,实践自觉地走向了裁量基准,通过基准、手册、指南等手段,以规范性文件为载体,努力将专家知识外化为社会知识、大众知识。[②]随着现代民主政治的发展和人权观念的深入人心,行政机关也越来越多地运用像劝导、诱导、咨询、建议这样的更加柔和的行政指导手段,让相对人能够更加自主地、有目的地、更加有成效地安排和设计自己未来的经济活动与生活。所有这些革新,对于重塑国家和公民之间的关系,对于提高公共服务质量和推进民主政治,无疑是起到了巨大的、推波助澜的作用。但与此同时,与之相伴随的责任机制问题,却又始终困扰着公民、实践者和法院。

《行政诉讼法》(1989年)第12条第(二)项,和《最高人民法院关于执行〈中华人民共和国行政诉讼法〉若干问题的解释》(法释〔2000〕8号)第3条规定,"行政机关针对不特定对象发布的能反复适用的行政规范性文件",[③]也就是"具有普遍约束力的决定、命令",不属于行政诉讼范围。而且,行政法上也公认,行政法规范,尤其是低层次的行政规范性文件具有较大的不稳定性,这是行政法的基本特点之一。其结果是,你根本不能指望法院(律)来保护你对政府政策的信赖预期,哪怕我朝令夕改,反复无常,你也只能自认倒霉,奈何我不得。

[①] 以责任书形式出现的承诺,有关讨论参见,余凌云:《行政法上的假契约现象——以警察法上各类责任书为考察对象》,载《法学研究》,2001(5)。余凌云:《行政契约论》,北京,中国人民大学出版社,2000,第二编"具体形态之研究"中的"治安承诺责任协议"。在这里,我更加关注的是以通知、通告、办事规则(程)形式出现的对社区(会)的承诺问题。

[②] 余凌云:《游走在规范与僵化之间——对金华行政裁量基准实践的思考》,载《清华法学》,2008(3);余凌云:《行政自由裁量论》(第二版),267~373页,北京,中国人民公安大学出版社,2009。

[③] 《行政诉讼法》(2017年)调整为第13条第(二)项,内容不变。《最高人民法院关于适用〈中华人民共和国行政诉讼法〉的解释》(法释〔2018〕1号)第2条第2款规定:"行政诉讼法第十三条第二项规定的'具有普遍约束力的决定、命令',是指行政机关针对不特定对象发布的能反复适用的规范性文件。"

《最高人民法院关于执行〈中华人民共和国行政诉讼法〉若干问题的解释》(法释〔2000〕8 号)第 1 条第 2 款第(四)(六)项进一步解释道,"不具有强制力的行政指导行为""对公民、法人或者其他组织权利义务不产生实际影响的行为",①不属于人民法院受案范围。这意味着,即使你是在行政机关积极诱导、劝导、给予保证或许诺情况下投资办厂,开山修路,假如行政机关出尔反尔,收回成命,言而无信,那么,你即使遭受损失,也不具有合法的诉权去要求行政机关承担法律责任。楚人谚曰:"得黄金百斤,不如得季布一诺。"我们对政府的指导是将信将疑者多,还是笃信不移者多?

长此以往,法的稳定性、特别是对政府的信赖将在上述不可预测的规范(行为)变动之中遭到非常致命的打击。更为重要的是,我国已经加入 WTO,很难想象,上述变幻无常的政府行为方式能够说是一种 WTO 规则所要求的"统一、公正、合理"的执行方式?也很难解释,为什么在上述非理性的变动之中对相对人造成的不利影响,尽管已明显地落入了 WTO 司法审查规则要求保护的"不利影响"范畴,但却不能得到有效的司法救济?假设上述状况不能得到根本的改观,那么,WTO 规则想要建立的可预测的、自由和公正的经济贸易和法律秩序,将只能是一个永远无法实现的美好梦想。

上述问题绝不是简单地扩大行政诉讼受案范围就能够解决的。这还涉及原告资格问题。因为政策只是连接法律的纽带,是将以往的经验凝固、升华到行政裁量运行结构之中,在宽泛的裁量权和具体个案之间建立相对固定、较为理性的行为反应机制。它本身不会创制相对人的权利。同样,行政机关针对社区(社会)的许诺,不会像契约那样生成相对人的权利,只是作为内部规则对行政机关本身产生约束效力而已。因此,当政策改变或者行政机关出尔反尔的时候,受影响的相对人倘若没有经济上损失,只是期望的幻灭,就不具有《行政诉讼法》(1989 年)第 2 条说的"合法权益"。②相对人受到损害的只是对行政机关未来行为的一种预期和信赖,是一种事实上的利害关系,还谈不上法律上的利害关系。所以,即便《最高人民法院关于执行〈中华人民共和国行政诉讼法〉若干问题的解释》(法释〔2000〕8 号)第 12 条已经将原告资格适当延展到"法律利害关系",《行政诉讼法》(2017 年)第 25 条第

---

① 《最高人民法院关于适用〈中华人民共和国行政诉讼法〉的解释》(法释〔2018〕1 号)第 1 条第 2 款第(三)项、第(十)项做了基本相同的规定。

② 《行政诉讼法》(2017 年)改为第 2 条第 1 款。

1款进一步扩大到"与行政行为有利害关系"①,也无济于事。

或许按照WTO规则中要求的"不利影响"来重新构筑原告资格理论能够解决这个问题?但是,如果我们仅仅只是停留在这么一个单纯的概念术语层面上,是根本解决不了问题的。因为,比如,政策的改变当然会对一部分人产生或多或少的不利影响,但是,却未必见得都需要司法的保护。因此,我们还必须进一步去回答,"不利影响"的具体结构是什么?司法判断的标准有哪些?在我看来,原先的"合法权益说"或者延展之后的"法律利害关系说""利害关系说"是在一整套理论和判例基础上构建起来的,具有司法上的可操作性、客观判断性和一定的合理性,没有必要完全抛弃,完全可以作为"不利影响"结构之下的亚结构予以保留。然后,我们再去针对上述救济的不周延、不充分,去寻找其他行之有效的标准,去构筑另外一个与之并行的亚结构,进而共同支撑起一个完整的"不利影响"理论架构。

当我们将目光投向同样是WTO成员方的英国、新西兰、澳大利亚、加拿大等国家,探寻它们是怎么解决这些问题的时候,一种叫做合法预期(legitimate expectation)的制度闯入了我们的视野,强烈地吸引着我们,让我们看到了彻底解决上述问题的曙光。合法预期的价值还不仅只是解决诉讼上的问题,透过它,我们还可以解读出对现代行政的诚实信用(honest)、不含任何偏见(open-mindedness)以及连贯性(consistency)的基本要求,这对于促进诚信政府与法治政府的形成、对于督促行政机关理性行事,也具有不容忽视的深远意义。

2. 术语的译法

建议引进普通法国家的"legitimate expectation"的学者中,在中文翻译上却出现了争执。马怀德、李洪雷在翻译英国牛津大学Craig教授的一篇重要论文《正当期望:概念性的分析》②时,将其译成"正当期望",而骆梅英、王锡锌却译成"正当期待"。一字之差,却极其影响阅读,作者就曾一度误认为

---

① 《最高人民法院关于适用〈中华人民共和国行政诉讼法〉的解释》(法释〔2018〕1号)第12条对"利害关系"做了解释。

② P. P. Craig, "Legitimate Expectations: A Conceptual Analysis" (1992) 108 The Law Quarterly Review 80~85.

他们的译法都是一样的,作者始终认为应该翻成"合法预期",①张兴祥、陈海萍的博士论文也采用了这种译法。②

在作者看来,expectation 译成"期望""期待"还是"预期"都无关宏旨,这只是语言选择上的个人偏好。我们之间的根本分歧在于,legitimate 到底应翻译成"合法"还是"正当"?这实际上又牵涉我们对该制度核心问题的理解上:legitimate 到底是"合法"还是"正当"的,才能受到法院的保护?

在 legitimate(or legitimacy)如何译成中文上,在社会科学上就有过激烈的争论。从词典上查到的 legitimate,可以翻成"合法的""合理的""依法的""正统的""遵照法律的""真正的"等意思。林硫生先生曾提议把 legality 译作合法性,把 legitimacy 译作正当性(1999 年 5 月 6 日在北京大学社会学人类学研究所关于韦伯的讲演)。可是,高丙中先生则异议道,汉语的"正当"比较接近 just,justness,justification,并不能表达 legitimacy 在词根上与"法"的联系。③李洪雷博士在一次和作者的交谈中也承认,他们的译法是受到了上述社会科学的影响,尤其是林硫生先生那种观点的影响。

在法学上,也存在着类似的争议。刘毅从一般意义上对 legitimacy 的译法做了一番研究、辨析和考证。他认为,从法律思想史的角度来考察,Legitimacy 的概念大致是与所谓的自然法思想相始终的,Legitimacy 所关涉的是社会中权力和权威的基础,以及为实存的法律秩序所提供的正当性证明。因此,Legitimacy 意味着对一种政治法律制度的公认,或者说,它是政治法律制度存在的内在基础。当以"正当性"译 Legitimacy 为宜。④沈岿博士则更倾向于认为,在法学意义上,legitimate 宜翻成合法性、合法化。当然,他也是从抽象意义上说的,并没有具体联系到合法预期制度本身,也没有给出任何的理由。⑤

---

① 余凌云:《行政法上合法预期之保护》,载《中国社会科学》,2003(3)。余凌云:《行政自由裁量论》,223~258 页,北京,中国人民公安大学出版社,2005。

② 张兴祥:《论行政法上的合法预期保护原则》(中国政法大学博士学位论文,2006)。陈海萍:《行政相对人合法预期保护之研究——行政规范性文件的变更为视角》(浙江大学博士学位论文,2010)。

③ 高丙中:《社会团体的合法性问题》,载《中国社会科学》,2000(2)。

④ 刘毅:《合法性与正当性译词辨》,载《博览群书》,2007(3)。http://law-thinker.com/show.asp?id=3615,2002 年 4 月 1 日最后访问。

⑤ [美]理查德·B.斯图尔特:《美国行政法的重构》,沈岿译,3 页注释,北京,商务印书馆,2002。

作者觉得,仅仅从上述争议之中,我们似乎还无法得到充分的、让人十分信服的说法。类似的争议还可能继续持续下去,而似乎没有一个尽头。的确,假如我们纯粹从字义上去翻译,而完全不考虑作为该概念所反映和依托载体的制度本身,无论把"legitimate expectation"翻成"正当期望""正当期待"还是"合法预期",都不算错,都没有问题。因此,在这里,作者要关心的还不仅仅是词义如何翻译才算精当,更关注的是其所体现的一种制度,尤其是其实际运行的状况。从中我们才能真正体察出、判断出选词的"信、达、雅"来。

在英国的历史演进中,也曾出现 reasonable expectations、legitimate expectations 之类的术语,它们之间是否有所区别?颇有讲究,值得辨析。早先的案件中,像在 Attorney-General of Hong Kong v Ng Yuen Shiu [1983]案中,枢密院(the Privy Council)就认为,"legitimate 这个词要解读为'reasonable'(合理)的意思。因此,legitimate expectation 在此情境下能够涵括超越可执行的法律权利的预期,假设其有着某些合理根据。"(the word "legitimate" … falls to be read as meaning "reasonable". Accordingly "egitimate expectations" in this context are capable of including expectations which go beyond enforceable legal rights, provided they have some reasonable basis.)① 但是,到了 C. C. S. U. v. Minister for the Civil Service (1985) A. C. 374(H. L.)案,Lord Diplock 就明确倾向于使用"legitimate",理由是,可能有的"reasonable"预期不见得是"legitimate"的,也因此无法受到保护(Lord Diplock expressed his preference for the use of "legitimate" on the ground that there might be reasonable expectations which were not legitimate and hence unprotected.)。Lord Fraster 也不再使用(retract)"reasonable"一词了。②

英国的这场术语之争,如果转换到中文的译文上,reasonable 对应的是"合理",legitimate 对应的是"合法"。"正当"在词典中解释,皆曰"合情合理",或者"合理""适当",所以,它和"合理"意思相同。反过来说,如果我们

---

① Cf. Iain Steele, "*Substantive Legitimate Expectations: Striking the Right Balance*"(2005) 121 *Law Quarterly Review* 306.

② Cf. C. F. Forsyth, "*The Provenance and Protection of Legitimate Expectations*"(1988) 47 *Cambridge Law Journal* 248,footnote 59.

把 reasonable 理解为"合理"、legitimate 是"正当",就不太符合中文习惯。在法律人眼里,"合理"和"正当"处于同一层面,"合法"则是另外一个层面。如果我们把英国的这场争论只是看作"合理"与"正当"之争,只是在"合理"与"正当"之间的跳跃,实在是贬低了这场争论的意义。

假若我们仍然心存疑虑,那么,Schonberg 的解释或许能让我们释然。他说:"当有理性的人在一定情境下通过不懈努力就能够获得的,这种预期就算是合理的;而当法律制度确认了这种合理性,并赋予了程序上的、实体上的或者赔偿上的法律(保护)后果时,这种预期才是合法的。"(An expectation is reasonable if a reasonable person acting with diligence would hold it in the relevant circumstances. An expectation is legitimate if the legal system acknowledges its reasonableness and attribute procedural, substantive or compensatory legal consequences to it.)[①] 也就是说,这种预期不仅应当是合理的(reasonable),还必须是合法的(lawful)。光是合理的,不见得一定会得到法院的支持和保护。Philip Sales 和 Karen Steyn 也有一段文字,写道:"一个预期必须是合理的,才能成就为合法,因为这个原则的运作,可以在危如累卵之私人利益与公共利益之间维持一个公正与合理的平衡。"(An expectation must be reasonable in order to qualify as legitimate, since the doctrine operates so as to maintain a fair and reasonable balance between the public and private interests at stake.)[②] Iain Steele 也解释道,"legitimate 意味着值得法律确认,并从表面上看,值得法律保护。"("legitimate" must mean "worthy of legal recognition and prima facie worthy of legal protection")[③] 之所以要加上"从表面上看"(prima facie),是因为要求法律保护的预期,在特定情况下可能不能得到法院的支持。

另外,作者还找到两个文献,或许可作旁证。一个见于 Gordon Anthony 的著作,他区分了"合法产生的预期"(lawfully created expectations)和"违法

---

① Cf. Soren J. Schonberg, *Legitimate Expectations in Administrative Law*, Oxford University Press, 2000, p. 6.

② Cf. Philip Sales & Karen Steyn, "*Legitimate Expectations in English Public Law: An Analysis*" (2004) *Public Law* 566.

③ Cf. Iain Steele, "*Substantive Legitimate Expectations: Striking the Right Balance*" (2005) 121 *Law Quarterly Review* 305.

产生的预期"(unlawfully created expectations)两种情形。① 在他看来,在大多数关于合法预期的案件中,产生预期的行政机关之意思表示、惯例、政策通常应是合法的(lawful),是在其权限之内的(intra vires)。他称之为"合法产生的预期"。我们谈的合法预期保护一般均指如此情境。如果上述行政机关越权做出意思表示,那么,由此产生的预期就是违法产生的预期。在后一种情形下是否要保护当事人的预期,较为复杂。即便要保护,也属极其特殊的例外。另一个是英国法院在 R. (on the application of Bibi) v Newham LBC [2001] EWCA Civ 607; [2002] 1 W. L. R. 237 at [19]中的论述,法院认为,在所有有关合法预期的案件中,不论是实体性的或者程序性的,都有三个实践问题:第一,行政机关本身承诺了什么,不管是通过实践抑或允诺;第二,行政机关是否已经或者准备违法地背弃其承诺行事;第三,法院应该做什么(In all legitimate expectation cases, whether substantive or procedural, three practical questions arise. The first question is to what has the public authority, whether by practice or by promise, committed itself; the second is whether the authority has acted or proposes to act unlawfully in relation to its commitment; the third is what the court should do)。② 从上述两个文献看,在论述预期的产生时都用了"lawful"或者"unlawful"。预期既然是在行政机关 lawful 或者 unlawful 行事之中产生,也相应地会在同一层面上传递着合法要素,要求法院认定当事人要求保护这种预期的合法性,并进而决定是否保护以及怎样保护。所以,legitimate expectation 译为"合法预期"也就更为妥当。

张兴祥博士还发现了另外一个理由。对合法预期的判断基点不只是从申请人的角度出发。③ 合法预期保护的不是"个人所预期的,而应该根据有关

---

① Cf. Gordon Anthony, *Judicial Review in Northern Ireland*, Hart Publishing, 2008, p. 181.
② Cf. Iain Steele, "Substantive Legitimate Expectations: Striking the Right Balance"(2005) 121 *Law Quarterly Review* 304.
③ Cf. Peter Cane, *An Introduction to Administrative Law* (2nd ed.), Clarendon Press, 1992, p.142. 转自张兴祥:《行政法合法预期保护原则研究》,18页,北京,北京大学出版社,2006。

个人是否有权预期的规范认知",①行政机关可能无法知道相对人是否依赖了行政机关作出的行政行为,但是行政机关应当知道其行为会导致社会上一般人对其行为后果的预期是什么!这也是为什么我们使用"合法预期"而不用"合理预期"的原因。②也就是说,在他看来,"合理"侧重当事人的观感,而"合法"则是对行政机关的要求,与当事人是否有信赖之感无关。

所以,从英国的情境分析,legitimate 译成"合法"更加贴切。这里所说的"合法",是指这种预期的利益是应该受到法律的认可和保护。由于在英国,学者和法官已趋向使用 legitimate expectations 而不是 reasonable expectations,该术语在诸多的经典案例中得到确认,所以,英国人在超越 reasonable 的 lawful 意义上谈它,没有任何的障碍。在欧共体,合法预期保护已成为一项基本的法律制度和原则,是"保护公民的欧共体法律秩序的诸多上位法之一"(one of the superior rules of the Community legal order for the protection of individuals),③所以,当欧洲人谈它是合法的(lawful),也不存在任何争议。

在我国,正在草拟之中的《行政程序法》有将合法预期(或者信赖保护)规定为一项基本原则的动向,但目前这项制度迄今为止还没有完全上升到法律原则,所以,在缺乏法规支撑的情况下,有的人在理解"合法"预期问题上就可能存在着某种困难、会吹毛求疵。比如,李洪雷在与作者的一次交谈中,主张把 legitimate 译成"正当",反对译成"合法"的重要理由之一,就是缺少实在法的支持。但仔细去思考,强调预期的合法性,实际上是和《行政诉讼法》(1989 年)第 2 条规定的"合法权益"一脉相承,④强调的都是受法律保护的必要性。而把 legitimate 翻译成"正当",尽管从英文字典上看,也不为错,legitimate 的确有"合法的""合理的""正统的"等诸多涵义,但却无法完

---

① Cf. Jill Fisch, *"Retroactivity and Legal Change: An Equilibrium Approach"* (1997)110 Harv. L. Rev. 104, 1086. 转自张兴祥:《行政法合法预期保护原则研究》,18 页,北京,北京大学出版社,2006。

② 张兴祥:《行政法合法预期保护原则研究》,18~19 页,北京,北京大学出版社,2006。

③ Cf. Jurgen Schwarze, *European Administrative Law*, Office for Official Publications of the European Communities & Sweet and Maxwell, 1992, p.872.

④ 《行政诉讼法》(1989 年)第 2 条规定:"公民、法人或者其他组织认为行政机关和行政机关工作人员的具体行政行为侵犯其合法权益,有权依照本法向人民法院提起诉讼。"《行政诉讼法》(2017 年)第 2 条第 1 款删除"具体",其余未动。

满地体现出上述法律保护的意境和要求。

对于上述解说,王锡锌教授仍然持有异议,他认为,"为与'合法'(legal)一词相区分,legitimate 当译作'正当'。论者有谓采'合法'一语,或可与《行政诉讼法》(1989 年)第 2 条中'合法权益'的规定一脉相承。其实,所谓'正当',主要包括两个要素:一是法律认可了期待的合理性;二是法律将程序性、实体性和赔偿性的法律后果加诸期待之上。换言之,'正当'在这里是指法律的承认和保护,而不是简单地与法律相符,故译作'合法'不妥。"①但在我看来,王锡锌教授归纳的上述两个要素,实际上是对 Schonberg 上述观点的重述,反而进一步论证了将 Legitimate 译成"合法"更为妥当。

"合法"绝不是"简单地与法律相符",而是能够得到法律的认可,并最终受到法律的保护。从某种程度上讲,"合法预期"是实现实质法治的一个工具,对合法预期的实体性保护中所运用的利益衡量技术已经充分地说明了这一点。在一位英国法官看来,假如行政机关改变初衷的理由不能跳过利益衡量的门槛,不能证明具有压倒一切的公共利益存在,那么,改变初衷就等于滥用职权。这种审查过程恰恰是追求实质法治的过程。

因此,在翻译上最好能够统一译为"合法预期",而不是"正当期望"(或者"正当期待")或是其他。

3. 关于研究体例的交代

关于行政裁量的行使有没有违反相对人的合法预期以及相应救济问题,在英国行政法著述中,是分别放在对行政裁量的实质性审查与程序性审查当中分别介绍的。这样的体例安排与英国法上认为合法预期的保护具有程序性与实体性两个维度有关。但是,英国法当中却缺少像法国那样的赔偿性保护的规定,这也是近年来屡遭学者批评的地方,也是有待进一步完善的地方。

鉴于我国行政法上合法预期的研究还不够深入,体系还处于形成之中,为了更加全面地研究合法预期的保护问题,汲取西方国家的有益经验,我以为,无论是把它放在实质性审查当中,还是放在程序性审查当中去研讨都不妥当,都不足以恰如其分地反映出当今西方国家有关理论与制度的现状和发展动向,且支离破碎,给人凌乱的感觉,不太符合中国人的阅读习惯,最好

---

① 王锡锌:《行政法上的正当期待保护原则述论》,载《东方法学》,2009(1)。

还是做单独的全景描述。Soren J. Schonberg 的作品在编排上比较贴近这种想法,所以,本文结构也受其影响。

为了能够给制度上的最终引进做好理论上的铺垫,在本文中,将首先分析什么是合法预期。然后,则会介绍产生预期的三种情况,以及司法上判断预期是否合法成立的标准,并详细论证之所以要保护合法预期的各种理论根据,将保护合法预期的必要性奠定在坚实的理论基础之上。最后,再集中笔墨,探讨法院能够用来保护合法预期的三种救济方法,并且阐述对我国相关制度建设的基本构想。

在研究中,作者将以英国法上的知识为背景,有选择地汲取欧共体法上的合法预期理论以及德国法中的政府信赖保护,充当参考坐标,拾遗补漏,开拓视野。当然,所有讨论都有着中国问题意识。之所以如此处理,是因为:第一,我国实践与理论相对滞后,移植是必经之路;第二,作者对英国法上的知识有较清晰、系统的梳理与学习。又因文献与语言问题,对欧共体法上的合法预期还不能透彻体悟,且不喜二手文献,痛感我们对德国法上的政府信赖保护研究迄今犹如雾里看花。

二、什么是合法预期

总体来讲,英国和欧共体对行政法上合法预期(legitimate expectation)的关注,时间都不算太长,大约是从 20 世纪 70 年代左右才开始的。澳大利亚、新西兰等其他普通法国家都是从英国那里继受了这个概念,所以时间更晚些。相形之下,欧洲大陆国家,像德国、荷兰、瑞士等对政府信赖保护、合法预期的研究历史可能要稍微更早一些。[①]但是,对于我国来说,迄今为止对这个极其重要的概念依然十分陌生。

1. 溯源

有意思的是,从概念术语的起源看,合法预期是在英国和大陆法国家分别生成的。从英国甚至整个英联邦国家来讲,合法预期(legitimate expectation)的概念最早是丹宁法官(Lord Denning)在 Schmidt v.

[①] 更加详细的介绍,Cf. Jurgen Schwarze, *European Administrative Law*, Office for Official Publications of the European Communities & Sweet and Maxwell, 1992, pp. 874~938.

Secretary of State for Home Affairs(1969)案中使用的。①自该案之后,这个概念在英国和英联邦国家得到了普遍认同,成为进一步拓展自然正义和程序公正适用领域的一个很重要的概念。②

但是,这个概念的出现决不是大陆法影响的结果。当时在与英国仅一海之隔的欧洲大陆国家,特别是德国、荷兰、瑞士行政法中也有一个叫作政府信赖保护的概念。不知因何缘由,在欧洲法院与欧共体法所引用的,以及在欧共体法的英文文献上却变成了合法预期(legitimate expectation)。它被确认为欧共体基本原则之一,是"欧共体法律秩序的组成部分",或者用特莱比西法官(Trabucchi)的话说,是"保护公民的欧共体法律秩序的诸多上位法之一"(one of the superior rules of the Community legal order for the protection of individuals)。③但就欧共体而言,最早引入合法信赖保护原则(the rule of the protection of legitimate confidence)的案件,即 Re Civil Service Salaries 案,出现在英国的 Schmidt 案之后,是汲取德国法的结果,而非对英国法的借鉴。④丹宁自己在写给福赛(C. F. Forsyth)的一封信中也毫不隐晦地说:"(这个概念)纯粹是我自己想出来的,不是出自大陆法或其他什么地方"(he feels "sure it came out of my own head and not from any

---

① 在该案中,原告 Schmidt 是个在英国学习的外国人,并且他的学习时间是有明确限定的。当这个期限快到时,他申请延长,但被内政大臣(Home Secretary)拒绝,当时也没有给他申辩的机会。原告不服,认为应当给他听证。主审法官丹宁认为,"在上述限定的期间内,(原告)有被允许继续逗留的合法预期"(legitimate expectation of being allowed to stay for the permitted time),"(如果)在这个期限之内撤销了其继续逗留的许可,那么,应该给(原告)申辩的机会"[if that permission was "revoked before the time limit expires, (the alien) ought to be given an opportunity of making representations (to the Home Secretary)"]。但是,在本案中,是在上述期限之外允不允许其再延长逗留期限的问题上发生争执,对此,原告不存在"合法预期"。Cf. Patrick Elias, "*Legitimate Expectation and Judicial Review*", Collected in J. L. Jowell (ed.), *New Directions in Judicial Review: Current Legal Problems*, London. Stevens & Son, 1988, p.37. 注意,丹宁说的在签证上注明的、允许逗留的期限内,原告有被允许逗留的"合法预期",这实际上不是我们说的合法预期,而更像是可保护的利益(protectable interests)。关于这个问题,我后面还会提到。

② 关于这个过程的详细介绍,Cf. Robert E. Riggs, "Legitimate Expectation and Procedural Fairness in English Law"(1988) 36 *The American Journal of Comparative Law* 395~436.

③ Cf. Jurgen Schwarze, op. Cit., p.872.

④ Cf. C. F. Forsyth, "*The Provenance and Protection of Legitimate Expectations*" (1988) *Cambridge Law Journal* 242.

continental or other source)。①因此,可以相当肯定地说,英国和欧共体虽然都有一个叫作"legitimate expectation"的东西,所用术语相同,但在起源上,它们之间应该没有什么瓜葛。

并且,不同国家的理解和研究视角也存在着一定的差异,有着各自的特色。在德国行政法上,政府信赖保护观念是与行政行为的效力理论紧密相联的,在有关授益或负担行政行为的撤回、撤销、废止理论之中,细致入微地体现出对信赖的关怀与保护。澳大利亚和新西兰行政法主要是从自然正义和程序公正意义上去研究和保护合法预期,并且发挥到极致。英国法则是从更加宏观的视野上研究合法预期问题,合法预期跨越了可保护利益,深入到行政机关咨询职能与制定政策的领域,而后者是德国和法国法很少涉足的。英国、澳大利亚、新西兰对合法预期的保护,追求行政决定、政策改变过程中的正当性,孕成效于过程中,是基于合理性而主动干预的倾泻(spillover),而德国的信赖保护侧重事后的修修补补,略显消极。

但是,可以肯定地说,英国合法预期概念后来的发展,特别是英国成为欧共体成员国以后,不可能不参考大陆法上的相应概念,不可能不受到后者的影响。正如福赛(C. F. Forsyth)指出的,在这种情况下,似乎没有什么理由为什么合法预期的概念不能够从欧洲大陆的行政法上借鉴过来,或者至少是接受后者的某些影响。最终使现在的英国法中的合法预期(变得更加)适当(来讲,是这样的)(there seems to be no reason why the concept of legitimate expectation should not have been borrowed from or at least influenced by the administrative law of continental Europe. Now, at last, to the English law of legitimate expectation proper)。②而且,由于合法预期已经上升到欧共体法,这个事实犹如架起熔炉,融化着、缩短着欧共体各成员国在彼此概念上的差距。

尽管有着上述相互借鉴的趋势,不同国家在合法预期上各自关注的问题,采取的保护方法,依然有着各自的特色。比如,英国法从传统上就仅仅把合法预期与程序性保护联系在一起,实体性保护只是近年来才发展起来,

---

① Cited from C. F. Forsyth, "*The Provenance and Protection of Legitimate Expectations*" (1988) *Cambridge Law Journal* 241.

② Cf. C. F. Forsyth, "*The Provenance and Protection of Legitimate Expectations*" (1988) *Cambridge Law Journal* 245.

而且可以说是举步维艰。因为有着德国法和法国法比例原则的底子,[①]欧共体法院在接受实体性保护方面丝毫没有障碍。法国在判例上正式承认合法预期保护尽管较晚,[②]但是,类似的问题却一直受到了较为妥善的赔偿性保护,在这一点上却是英国法所不及。[③]

2. 概念

从上述粗线条的梳理中,我们不禁要追问,什么是合法预期?到底在什么意义上、什么层面上引入合法预期及其保护,对我国的制度建设最具参考价值?我们面临着抉择。

那么,什么是合法预期(legitimate expectation)呢?在英国的几个经典判例中,英国法官,无论是Lord Denning,Lord Fraser还是Lord Diplock都没有给出一个清晰的司法界定。英文文献上的表述一般是:合法预期是指因行政机关的先前行为,比如,曾制定过政策,发过通知(告)(circular),作出决定,作出过指导或承诺等,而使相对人产生对行政机关将来活动的某种预期。

与上述概念相关、需要我们去回答的是:第一,预期什么?第二,合法预期要保护的到底是什么?它与权利、可保护利益是什么关系?在传统保护范畴的坐标中处于何种维度?通过这些追问,可以让概念清晰起来,同时也表达了作者的研究立场与视角。

2.1 预期什么?

是否存在预期,预期什么?是一个法律问题(a question of law),需要根据案件的所有法律与事实情境进行客观判断。[④]不同的案件,预期的内容也很不一样。从有关文献看,通说一般认为,这种预期可以是以下任何一种或

---

① 关于比例原则,英国的有关实践和理论争论,以及对我国合理性原则的评价,详见余凌云:《论行政法上的比例原则》,载《法学家》,2002(2)。

② 在法国,合法预期保护是在1994年的Entreprise Transports Freymuth案中正式得到承认的。Cf. L. Neville Brown & John S. Bell, *French Administrative Law*, Clarendon Press. Oxford, 1998, p.235.

③ 这是因为法国法院宁愿给予受害人赔偿,也不愿过多地干预行政过程。Cf. Soren J. Schonberg, *Legitimate Expectations in Administrative Law*, Oxford University Press, 2000, pp. 42~48, 64~104, 233, 237.

④ Cf. Gordon Anthony, *Judicial Review in Northern Ireland*, Hart Publishing, 2008, p. 182.

两种:(1)在作出决定之前履行听证或其他适当的程序。也就是预期着某种形式的程序正义,或者行政机关将采取某种程序。(2)将在未来得到某种有利的决定,或者某种利益(benefit)。对于已得到的利益,将继续享有并不被实质性改变。[①]并且可以要求行政机关将来满足其上述预期,行政机关除非有充分的公共利益理由,原则上不得拒绝。以上(1)(2)在学理上被分别称为"程序性预期"(procedural expectations)和实体性预期(substantive expectations)。

但是,程序性预期和程序性保护是两回事,是不同的概念,实体性预期和实体性保护亦然。它们之间没有绝对的一一对应关系。只有弄清楚预期什么,才能做合法性评价,决定救济的方式。程序性预期只能受程序性保护,而实体性预期的保护稍微复杂些,可能是程序的,也可能是实体的,或者只是赔偿。

(1)程序性预期

行政机关事先向当事人许诺了要履行的程序,当然也会让后者产生预期。这是不言而喻的。但对自然正义顶礼膜拜的英国人愿意走得更远,认同在行政机关的决定过程中只要缺失了某种程序正义,都会产生当事人的预期保护问题。

但也有一些学者对程序性预期不以为然。在他们看来,相对人预期的不是、也不应该是公正的程序,这本该是自然正义与公正行事义务使然,与合法预期本身无关。Dawson J. 在 Att.-Gen. for New South Wales v. Quin 案的判决中指出,"如果说,预期的是公正程序本身,这的确会让合法预期概念成为多余,并让人困惑。这不是说,当预期的只是一个利益时,这个概念就不再有助于要求某些程序,以实现公正之要求。无论何时,行政机关都有义务履行某种程序,这是因为这种情境决定了这么做,才算公正,而不是别的什么原因。毫无疑问,人们在与那些决定其利益的人打交道时总是期望公正,但是,如果说,这就是预期合法之所在,这就是为什么法律要规定遵守程序公正的义务,我觉得,人为拟制的痕迹太重。从根本上讲,这种义务之

---

① Cf. de Smith, Woolf & Jowell, *Judicial Review of Administrative Action*, London. Sweet & Maxwell, 1995, p. 421. Cf. Christopher Forsyth, *"Wednesbury Protection of Substantive Legitimate Expectations"* (1997) *Public Law* 376. Cf. Philip Sales & Karen Steyn, *"Legitimate Expectations in English Public Law: An Analysis"* (2004) *Public Law* 564.

所以产生,是因为这种情境下要求一个公正程序,而不是说,它导致了要求公正程序的合法预期"(It is when the expectation is of a fair procedure itself that the concept of a legitimate expectation is superfluous and confusing. That is not to say that where the legitimate expectation is of an ultimate benefit the concept is not a useful one to assist in establishing whether a particular procedure is in fairness required. But whenever a duty is imposed to accord a particular procedure, it is because the circumstances make it fair to do so and for no other reason. No doubt people expect fairness in their dealings with those who make decisions affecting their interests, but it is to my mind quite artificial to say that this is the reason why, if the expectation is legitimate in the sense of well founded, the law imposes a duty to observe procedural fairness. Such a duty arises, if at all, because the circumstances call for a fair procedure and it adds nothing to say that they also are such as to lead to a legitimate expectation that a fair procedure will be adopted)。Craig 通过对该案的分析,也基本赞成 Dawson J. 提出的"情境决定论"。之所以会有公正程序的保护,通常都由情境(circumstances)产生和决定。"正是因为如此情境,让行政机关必须如此公正行事,而非其他缘故"(it is because the circumstances make it fair to do so and for no other reason)。[1]所以,在他看来,公正程序不是预期的内容或对象,只是起着保证预期实现的工具性作用。

但是,在我看来,上述观点似乎混淆了一般公正程序的要求和特定案件情境下产生的对公正程序的合法预期,它无法解释一个重要的经典案件——1983 年的 A. - G. of Hong Kong v. Ng Yuen Shiu 案。该案中,当事人所预期的只是一个听证机会。当然,Craig 也承认,Ng Yuen Shiu 案是个极其特殊的例外。在这一点上,他比 Dawson J. 有进步。但是,在法律没有规定有关程序要求时,因行政机关的意思表示或者过去实践,相对人当然有理由预期得到公正程序的对待与处理。把它归入合法预期范畴,也不为过。

---

[1] Cf. P. P. Craig, "*Legitimate Expectations: A Conceptual Analysis*" (1992) 108 (JAN) *Law Quarterly Review* 80~85.

(2) 实体性预期

实体性预期一般是指相对人期待获得某种特定的实质结果(a particular substantive outcome)。英国的一系列案件都确认了实体性预期,像 Khan 案、Ruddock 案、CCSU 案、Findlay 案以及 Coughlan 案。但实质结果肯定不是某种程序,否则会与程序性预期拉扯不清。它究竟是什么东西,是某个行政决定、回应抑或某种利益,这必须放在个案情境下分析。其中,甚至可能夹杂着某种政策考虑,比较典型的是 Ex p. Hargreaves 案、Findlay 案。

英国政府采纳 1990 年沃尔夫报告(*the Woolf Report*)的建议,让犯人与监狱签订协议(compact)。Craig Hargreaves 因抢劫和机动车犯罪被判六年监禁。他与里斯雷监狱(H. M. Prison Risley)的监狱长代表监狱签订的协议中有这么一段话:"当其符合探亲请假条件时,监狱将会认真考虑"(The prison promises to provide … consideration for Home Leave when you become eligible)。在入狱时,他接到一个"探亲请假"通知,上面写道,在服满监禁年限 1/3 时,可申请短期探亲假(apply for short home leave after serving one third of the total term of sentenced imprisonment)。他屈指一算,到 1995 年 4 月 12 日就有资格申请了。但是后来,鉴于犯人在探亲假期间实施犯罪、潜逃,以及因犯人被判不久就请假会破坏公众对司法正义的信心,内政大臣(the Home Secretary)修改了上述探亲请假政策。根据新政策,Craig Hargreaves 必须服满刑期一半,才能申请探亲假。他认为这违反了其合法预期,诉至法院。

那么,应该确认当事人预期的是什么呢?Forsyth 认为,很显然,在协议之中,监狱只是答应犯人在其符合条件之后会认真考虑其探亲假申请,并未对其何时才算符合条件做出承诺(it was clear that the prison only promised in the "compact" to consider applications for home leave when the prisoner became "eligible"; it did not make any promise about when he would become eligible)。所以,改变政策,不算违背其在协议中做出的允诺。[①] Philip Sales 和 Karen Steyn 也解释道,国务大臣(the Secretary of State)在制定新的政策之前,他要做的无非是要想到先前的政策,并给予适当的权重,仅此而已。其中的道理是,他没有做了什么、说了什么,让当事人合法地产生需要法院关注的预期(The reason that the

---

[①] Cited from Christopher Forsyth, "*Wednesbury Protection of Substantive Legitimate Expectations*" (1997) *Public Law* 377~379.

Secretary of State was required to do no more than bear in mind his previous policy, giving it such weight as he thought right, but no more, before deciding whether to institute a new policy, was that he had "done nothing and said nothing" which could legitimately have generated the expectation that was advanced to the court).①

该案与另外一个案件，Findlay v. Secretary of State for the Home Department 案类似，后者涉及改变假释政策。Lord Scarman 解释道："那么，什么是他们的合法预期呢？就假释的立法规定之内容与目的而言，一个服刑犯的合法预期至少是，他的情况会根据国务大臣（the Secretary of State）认为恰当的政策而个别地予以考虑，不管是什么样的政策，通常都认为是其合法裁量的结果"(But what was their legitimate expectation? Given the substance and purpose of the legislative provisions governing parole, the most that a convicted prisoner can legitimately expect is that his case will be examined individually in the light of whatever policy the Secretary of State sees fit to adopt, provided always that the adopted policy is a lawful exercise of the discretion conferred upon him by the statute).②

其实，把这两个案子和后面的 Coughlan 案放在一起看，我们不难发现，法官显然选择了苛严狭窄的解释，甚至否认了当事人接到的那个白纸黑字写着"在服满监禁年限 1/3 时，可申请短期探亲假"的"探亲请假"通知可以让当事人产生的合法预期。这竟没招来学者的批判，反而是认同。为何如此？或许只能用政策考虑来解释了。

2.2 保护坐标上的维度

从有关文献看，合法预期似乎有着多义。在不少学者的论述中，合法预期似乎关涉着权利、可保护利益，还有预期利益。这又与合法预期产生的情境或"原因行为"有关。比如，在有些学者看来，授益行政行为撤销时产生的合法预期，自然关涉权利、利益。但也有学者明确指出，它不是一种法律权利（a legal entitlement），不是由成文法或普通法确认的那种意义上的法律权利。它只

---

① Cf. Philip Sales & Karen Steyn, "*Legetimate Expectations in English Public Law：An Analysis*"(2004) *Public Law* 585.

② Cited from Christopher Forsyth, "*Wednesbury Protection of Substantive Legitimate Expectations*"(1997) *Public Law* 377~379.

是一种在某种意义上需要法律保护的预期。①在这宽窄之间,似乎潜伏着一个根本性问题——从终极意义上,合法预期到底保护的是什么东西呢?

在作者看来,很显然,合法预期与权利(rights)不同,因为有的时候,它能不能必定得到法律的保护,特别是获得实现,都还是一个未知数。反过来说,假如权利等同于或者包含着合法预期,那么,我们在权利之外再生造出来一个合法预期,就根本没有意义。所以,可以肯定地说,合法预期不是也不应该(仅仅)是一种权利范畴。它必定是超越权利范畴之外的一个东西。在这一点上应当不存在任何的争议。

但是,比较难理解的,也是很有分歧的是,合法预期与可保护的利益(protectable interests)有没有区别?从普通法的有关文献看,有些学者不加区分,在他们看来,撤销或废止行政行为(决定)(administrative decision),比如,撤销或废止授益行政行为,使相对人已经享有的利益终止或者被实质性改变,也会产生合法预期问题。②但也有学者注意到了其中的差别,比如,在最具权威的司法审查著作中,de Smith 等学者认为,合法预期是由行政机关的行为产生的,而不是产生于建立在行政决定的语境或范围之上的对公正的抽象期待。这种特质是产生于合法预期的听证权和产生于其他利益的听证权之间的本质区别(A legitimate expectation must be induced by the conduct of the decision-maker. It does not flow from any generalised expectation of justice, based upon the scale or context of the decision. This quality is the essence of the distinction between an entitlement to a hearing based upon the legitimate expectation and that based upon other interests)。③

---

① Cf. Philip Sales & Karen Steyn, "*Legetimate Expectations in English Public Law: An Analysis*"(2004) *Public Law* 567.

② Cf. Jurgen Schwarze, op. Cit., Chapter 6. And Cf. Soren J. Schonberg, op. Cit., pp. 167~213.

③ Cf. de Smith, Woolf & Jowell, *Judicial Review of Administrative Action*, London, Sweet & Maxwell, 1995, pp. 422~423. 但是,话又说回来,的确有的时候会出现合法预期与可保护利益相重叠、同时并存的情况,比如,行政机关已经根据城市客流量规定了限制出租车总体数量的政策,并且多次向出租车司机表示,如果改变上述政策,将会事先与后者磋商。现在,如果行政机关决定进一步扩大出租车数量,那么,就肯定会影响到在业司机的利益,这种利益就是一种可保护利益,上述司机有权要求听证(当然,前提是法律上有这样的程序规定),也有权提起诉讼。另外,因为上述政策以及行政机关的意思表示,出租车司机也会产生出租车总量不变或者在改变之前与其磋商的合法预期。

这话说起来很抽象,举个例子就清楚了,比如,对于附期限的许可,在许可期限内的利益显然是一种可保护的利益。在期限届满之前撤销许可,自然也有着合法预期保护问题。但是,许可到期之后,如果想要继续延长许可,就很难说有可保护的利益了。当然,如果行政机关曾表示过可以继续延期,被许可人就可以因为有这样的许诺,而不是因为许可决定,享有继续延期的合法预期。在这里,合法预期和可保护利益之间被很清晰地区分开来。

那么,有别于权利、可保护利益的合法预期到底是什么呢? P. P. Craig 有一个很清晰的表述,也是我很认同的表述,他说:"(合法预期)应该是这样的,法律保护的利益,不能归类为严格意义上的权利,而且,在某些情况下,它要保护的不是、也不应该是请求人已拥有的利益,而应该是其合法预期将要拥有的。"(Now it may well be the case that the current law protects interests which would not be classified as rights stricto sensu, and also that, in some circumstances, it does and should protect interests which the applicant does not presently possess but which he has a legitimate expectation of possessing.)① 也就是说,合法预期保护的可能是一种可预期的利益,尽管尚未到手。

甚至,它还可以走得更远。英国人还认为,合法预期要保护的也可能与权利、利益、可预期利益都没有丝毫关系,纯粹是基于政府的行为而产生的一种信赖。这一点有别于私法。在私法上,只有以合同形式做出的有拘束力的承诺,或者出现禁止反言时,可预期的利益才受法律保护(In private law, such an expectation interest would only fall to be protected by the law where a binding promise had been made in the form of a contract or an estoppel has arisen)。但在公法上,对行政机关的要求显然要更高些。即便预期是基于对行政机关不得专横任意、必须负责任地履行职责的要求而产生的,也将受到保护(in public law, protection may be provided for mere expectations based upon the requirement that public authorities should exercise their functions responsibly and without arbitrariness)。②

---

① Cf. P. P. Craig, "*Legitimate Expectations: A Conceptual Analysis*" (1992) 108 (JAN) *Law Quarterly Review* 81.

② Cf. Philip Sales & Karen Steyn, "*Legetimate Expectations in English Public Law: An Analysis*" (2004) *Public Law* 570.

这在我看来,可以说是终极意义上的。我们可以认为,合法预期要保护的基本内核就是一种信赖,所有附着在其之上或背后的利益得失,包括权利、可保护利益、预期利益,都是表象,都是可以暂时剥离开、不去考虑的。或者反过来说,正是因为保护了当事人的信赖,附着在信赖之上的各种利益、权利才随之得到了救济。

最典型的例证就是 Att.-Gen. of Hong Kong v. Ng Yuen Shiu 一案。对于非法移民而言,梦想的合法滞留,以及与之有关的利益,都无处谈起。本案只是因为政府承诺在作出决定之前要给他们一个听证的机会,才让他们对即将到来的听证充满憧憬与期待。要求听证是合法预期的全部。正如 Elias 准确地捕捉到的,非法移民所处的地位本身根本无法产生要求听证的权利,只能是基于政府的承诺,才让法院有可能代表非法移民进行干预(it was only the legitimate expectation arising from the assurance given by the Government that enabled the court to intervene on behalf of the illegal immigrant; his status as an illegal immigrant would not of itself have created any entitlement to a hearing)。①在这里,核心的问题惟有信赖,而非其他。

那么,信赖要达到什么状态或程度,才值得法院出手呢?法院认为信赖(rely upon)具有强弱两层含义:一是指"知道并确信为真"(be aware of and believe to be true),这是较弱意义上的(the weak sense);二是"据以采取了行动,并遭受到损失"(act upon to one's detriment),这是较强意义上的(the strong sense)。②尽管从经验上看,较强意义上的"信赖"更容易得到法院的支持与保护,但法院只要发现弱意义上的"信赖",原则上也会援之以手。③

2.3 广义和狭义上的合法预期

在我看来,合法预期的概念可以分为广义和狭义两种。广义是个包括

---

① Cf. P. P. Craig, "*Legitimate Expectations: A Conceptual Analysis*" (1992) 108 (JAN) *Law Quarterly Review* 83.

② Cf. Iain Steele, "*Substantive Legitimate Expectations: Striking the Right Balance*"(2005) 121 *Law Quarterly Review* 308~309.

③ Iain Steele 持更为极端的观点,认为,相对人可以不知道政策的细节,甚至可以对先前政策一无所知,基于平等与一致对待的要求,法院也会要求行政机关在改变政策时履行某种程序义务。Cf. Iain Steele, "*Substantive Legitimate Expectations: Striking the Right Balance*"(2005) 121 *Law Quarterly Review* 309.

可保护利益(protectable interest)、甚至权利在内的、并与之纠缠不清的综合维度；狭义是在司法审查传统上所保护的权利(right)和利益之外建立起来的第三维度。它要保护的不是权利，也不是利益，仅仅只是相对人因行政机关的行为而产生的对预期的信赖，以及有时(不是总是)会存在的预期利益。① 我更关注后一种意义上的合法预期，也更愿意从后一种意义上将合法预期概念介绍过来，让行政救济有实质性拓展与飞跃。

因为在我理解起来，可保护的利益实际上是法律已经明确规定要求保护的相对人利益。我们目前在行政诉讼(司法审查)上与原告资格或诉讼地位(standing)有关的利益就是指这种意义上的利益。由于像这样的利益在行政诉讼上已经得到了很好的保护，所以，就没有必要把它放到合法预期范畴。比如，已经向某人发放了开采矿产的许可，某人也已经施工，却又撤销上述许可，这时产生的是继续开工的合法预期呢？还是开采利益？我更愿意把它看作是产生了可保护的利益。关于这类案件的处理，我们在行政诉讼上已经是屡见不鲜、驾轻就熟了。

但是，不履行承诺或改变政策所侵犯的，可能是一种因信任而产生的投入，也可能是一种将来可得的(但不是必然可得的)利益，或者叫作预期利益，甚至也有可能仅仅是引起相对人的窘迫、不便，被辜负信任的哀叹，也许什么损失也没有。② 可以肯定地说，迄今为止，它在司法上受到保护的程度远远不如上述可保护利益，甚至能不能受到司法保护仍然处在争论之中。即使我们承认可以得到司法保护，但具体到什么样的保护，也肯定会和权利、可保护利益有区别。所以，那些坚持狭义说的学者认为合法预期有别于权

---

① 在英国，有些学者认为，之所以会在可保护利益与合法预期上产生混淆，始作俑者仍然是Schmidt案，一开始就在这个问题上搞混了。在Schmidt案中，丹宁说的"合法预期"含义实际上是指"可保护的利益"(protectable interest)，而不是我们现在说的狭义上的合法预期。托马斯(R. Thomas)甚至据此认为，英国法中的合法预期不起源于Schmidt案，但究竟源自何时，也说不清楚。Cf. Robert Thomas, *Legitimate Expectations and Proportionality in Administrative Law*, Oxford. Portland Oregon, Hart Publishing, 2000, pp.48~49. 所以，以后的一些著述中对可保护利益与合法预期也没有很清晰地区别开。通过上述批判性反思，这些主张合法预期与可保护利益之间有区别的学者，在阐述合法预期可能具有的利益时，是很小心地用"benefit"，而不是用"interest"；或者就是用"interest"，也是加上限定词"不是现在具有的"(not presently held)。

② Cf. Gordon Anthony, *Judicial Review in Northern Ireland*, Hart Publishing, 2008, p.183.

利(rights)或利益(interests),①是一个新的司法保护对象。②归根结底,它是保护相对人对政府未来行为的一种信赖或者预期。这的确是有道理的,至少从现行的司法审查制度上看是这样。

3. 基本问题

如果行政机关辜负了相对人的合法预期,很可能会导致相对人将来行为计划的落空,造成其预期利益的丧失或受损。所以,原则上希望行政机关遵守诺言,说话算数,要保持法的确定性。但是,偏偏行政法上又禁止行政机关用自己的行为束缚将来行政裁量的行使。合法性原则要求行政机关在情境变迁的时候,根据需要改变政策目标,作出相应的对策。如此一来,就必然会在行政法上产生对上述预期的保护问题。

所以,合法预期所面临的基本问题,就是要保护个人因行政机关的行为而产生的对预期的信赖(the desire to protect the individual's confidence in expectations raised by administrative conduct),和行政管理者需要改变政策目标(the need for administrators to pursue changing policy objectives)之间的矛盾,③是要尽量调和个人利益与公共利益之间的紧张,在法的确定性原则(the principle of legal certainty)与合法性原则(the principle of legality)之间的冲突中寻求某种妥协。

---

① 那么,权利与利益怎么区别呢? 从我国《行政诉讼法》(1989年)第2条、第41条之规定看,是笼统地把上述两者合拢起来,统称"合法权益"。《最高人民法院关于执行〈中华人民共和国行政诉讼法〉若干问题的解释》(法释〔2000〕8号)第12条也只是在"合法权益"的模子里借助第三人的概念适度地扩大了原告外延。似乎在行政审判上不对权利与利益作仔细的区分,是把两者看成是一回事? 还是我们的理论还不够精细? 在英国,传统的缘故,有些情形,比如,外国人对于内政部(Home Office)而言,就被认为是只有利益,没有严格意义上的权利。所以,在诉讼上就有权利与利益之说。在我看来,尽管权力和利益有时的确是合二为一的,很难严格地区分开来,但也不完全尽然。因此,作适度的区分可能还是必要的,这样可以进一步延伸行政诉讼的射程。比如,随着行政诉讼制度的发展,对人权保障的日益周密,法院或许也会逐渐受理影响反射利益的案件。在这里,反射利益就绝对不是权利。

② 也正是在什么是利益的概念界定上发生了问题,甚至出现根本否定合法预期概念必要性的论调。澳大利亚有些学者就认为,因为在传统上,对侵犯合法利益的行政行为,都可以申请司法审查。因此,要是把利益界定得足够宽,就根本不需要多此一举,再引用合法预期来保护那些预期利益。在他们看来,合法预期概念是多余的,没有必要的。Cf. Mark Aronson & Bruce Dyer, *Judicial Review of Administrative Action*, LBC Information Services, 1996, p.429. 但是,在我看来,这好像是一个概念游戏,因为即使你不要合法预期这个术语,但是,其内容和保护方式依然如此,仍然必须在传统的利益之外构筑适合于保护预期利益的制度,所以,似乎上述建议意义不大。

③ Cf. Robert Thomas, op. Cit., p.41.

三、如何产生

从有关文献看,德国的信赖保护更加关注行政行为的撤销,尤其从授益行政行为的撤销中所产生的信赖利益,不厌其烦地构筑非常精致的撤销规则,详细探讨行政行为的存续力保护,以此作为信赖保护的制度性基础与工具。英国似乎走得更远,只要是政府对外有法律意义的行为,包括行政机关的政策、通知(告)、决定、指导或承诺等都可能产生合法预期,行政机关不遵守(disobey)、改变(change)或者背弃(resile from)先前的意思表示(representation)、政策(policy)或者实践(practice)都可能会产生合法预期保护。

所以,我们可以肯定地说,合法预期只能是基于行政机关的行为而产生,而不能是相对人自己主观的臆想、猜测或希望。行政机关的行为不单限于已经对特定相对人发生法律效力的行政行为,还包括制定政策、回答相对人的咨询、进行指导、作出保证,甚至是相对固定的实践。

首先,我承认,撤销、撤回或废止行政行为的过程中,不能说没有合法预期问题。但以往,我们都是放在行政行为的效力理论上去解决,未见缺失。引入合法预期,不会在救济效果上有所超越,仅为增加了说理性。进步也只是"锦上添花",不是"雪中送炭"。在本文中,因特定情境、案情决定,我还可能从这个意义上去讨论合法预期。

其次,在我看来,之所以要引入合法预期概念,主要是想引导我们去发现新的救济增长点,去关注那些以往我们没有注意到的、被制度建设忽略的领域,而不是那些在行政诉讼制度中已经得到妥善解决的问题。所以,我更关心的是在政策、指导、承诺等过程中所产生的合法预期问题。这是合法预期最核心的价值所在。

能够产生合法预期的情境有哪些呢?尽管有分歧,①但大致包括:(1)因

---

① 不同学者对合法预期产生情况的归类可能不太一样,比如,克莱格就认为合法预期可以有三种产生方式:(1)法院可以裁决,尽管不是现在具有的利益,但这种(预期)利益却十分重要,不能在没有向原告提供某些程序权利的情况下拒绝其获得上述(预期)利益;(2)根据意思表示产生合法预期;(3)行政机关对某领域的政策适用规定了具体的标准,原告也依赖上述标准,但后来行政机关却想适用别的标准。Cf. P. P. Craig, "*Legitimate Expectations: A Conceptual Analysis*"(1992) 108 *The Law Quarterly Review* 82~85. 克莱格也曾根据行政机关的行为进行过划分,Cf. P. P. Craig, *Administrative Law*, Sweet & Maxwell, 1999, p. 613.

意思表示而产生的合法预期;(2)因过去实践而产生的合法预期;(3)因政策改变而产生的合法预期。

1. 因意思表示而产生

英国不像德国人那样固执于行政行为概念,法院对行政机关活动的控制从不以概念出发,而着眼于对当事人权利保护的现实需求。只要行政机关的行为对相对人有意义,法院都不会吝惜它的目光。所以,他们说的意思表示(representation)是从所有行政机关个别性、针对性活动中透露出来的内容、内涵与意味,包括行政机关做出的个别陈述(an individual statement)、决定(decision)、通告(a circular)、报告(a report)或其他官方文件。在英国,有太多的案件与之有关,在本文中也不乏其例。

比较有难度的是,法院是否能够从中发现在法律上能够成立的意思表示。一个共识是,这种意思表示越加清晰、不含糊(clear and unambiguous)、不附带条件,指向的对象越加特定,就越容易让人获得信赖,也愈发值得法律保护。在法院看来,具有特定的、个别化性质的意思表示(the specific and individualized nature of the representation)构成了某种契约性质(the character of a contract),有保护之必要。但是,如果陈述是附条件的,非终局性的,或者是针对一大群人,尤其是暗含着不特定的人群,那么,这种"契约性质"就会丧失(the character of a contract will, in turn, be lost where a statement is conditional, where the statement does not constitute a final opinion, or where the representation is made to a larger group of individuals and/or has implications for an innominate class of persons)。①

2. 因过去实践而产生

遵循先例,非司法独有,在行政上也有适用余地。行政机关长期以来在处理某类问题或案件时形成了相对固定的实践(consistent past practice),② 可构成对未来类似处理的默示的意思表示(constitute an implied

---

① Cf. Gordon Anthony, op. Cit., pp. 182~183.
② 加拿大法院有两种看法:一种是要求这种实践必须在一个延展的时间内经常如此,方可引发合法预期的适用(a practice must be regularly followed over an extended period of time in order to trigger the doctrine)。另一种是只要先前有一个给予听证的例子就足矣(a hearing given on one prior occasion was sufficient)。Cf. David Wright, "*Rethinking the Doctrine of Legitimate Expectation in the Canadian Administrative Law*" (1997) 35 *Osgoode Hall Law Journal* 180~181.

representation as to future treatment),或者是非正式地宣誓行政机关的一贯政策,尽管不像明示的意思表示那样清晰、不含糊(clear and unequivocal),①但只要能够证明该实践的持续存在,就可视为先例或惯例。那么,到了处理某(类)人的案件时,也应该按照这样的惯例办理,否则就违反了当事人的合法预期。

这似乎也是在近年来才逐渐被认可。历史上并非始终如此。比如 Entick v. Carrington(1765) 19 St. Tr. 1029. 就是一个反例。在该案中,原告 Entick 持有一些妨碍治安的材料(seditious material),这当然不构成刑事犯罪。国务大臣(the Secretary of State)签发令状(warrant),授权官员强行进入原告住宅,扣押了这些材料。原告控告后者侵权。被告辩解道,以前曾签发过很多同样的令状,无人对其合法性有过质疑,因此,法院应认可其合法。Lord Camden C.J. 却拒绝接受这样的辩解。他指出,对个人自由的干预必须有法律授权,并要求被告拿出相关授权的法律。显然,被告无法举证,因而败诉。②

近期的例子,当属 Unilever 案,在英文文献中引用率颇高。它是关于 Unilever 及其下属公司有关交易亏损的退税问题。根据1988年的收入与企业税法规定,除非税务机关同意,相对人应在两年内申请退税。但因 Unilever 纳税情况太过复杂,所以,20多年来都没有照此办理,而是按照其与税务机关(the revenue)达成的默契,分"两步走"(two stage procedure)。首先,由 Unilever 提交会计年度内集团下属每个公司的盈利或亏损估价表(a schedule listing an estimate of profit or loss for each company in the group),但不做具体的退税申请,税务机关根据上述估价表核定应缴纳税额。其次,通常几年后,Unilever 才呈送税务机关每个公司的账目(the accounts for each company)以及详细的税收核算(the detailed tax computation),并申请退税(relief)。经税务机关审核,对其纳税做必要调整。

---

① Cf. Philip Sales & Karen Steyn, "*Legitimate Expectations in English Public Law: An Analysis*" (2004) *Public Law* 566. Cf. Daphne Barak-Erez, "*The Doctrine of Legitimate Expectations and the Distinction between the Reliance and Expectation Interests*"(2005)11 *European Public Law* 594.

② Cf. Dawn Oliver, "*A Negative Aspect to Legitimate Expectations*" (1998) *Public Law* 561~562.

长期以来,税务机关虽无明确同意,更无认可的书面材料,但也没有表示异议,并每次都办理了退税。在 1989 年 9 月 13 日,Unilever 将 1988 年的估价表报送税务机关。到 1992 年 3 月 31 日进入第二步骤时,税务机关却拒绝退税。这意味着 Unilever 多缴了 170 万英镑税款。由此引发诉讼。

在该案中,当事人持有的是实体性预期,就是预期税务机关继续遵从先前的实践,对其退税申请做出类似的回应。法院认为,尽管在本案中没有清晰的、明确的、不附加条件的意思表示,但是,基于长期的实践,也可产生合法预期(Where the legitimate expectation is, however, founded upon a course of practice there is no clear, unambiguous and unqualified representation)。不继续遵从先前的实践,就是滥用职权。①

3. 因政策改变而产生

对相对人来说,政策发生变换有两种情形:一是以一种新的政策代替(replace)原先的政策;二是偏不适用或偏离适用(departure from)已知的政策。在这来回变换之中,能否产生合法预期保护问题呢?在英国有争议。普遍的看法是比较困难,因为它涉及不特定群体,涉及政治,涉及公众参与以及开放的程序。但也绝非没有。尤其是在原先政策执行过程中,行政机关曾对当事人有过清晰的、不含混的意思表示,将会对其适用该政策,那么,法院多半会确认存在着应予保护的预期(the court will recognize the expectation as having its greatest weight)。②

比如,在 Hamble Fisheries 案中,Sedley J. 就强烈主张其中有着实体性合法预期。该案中,原告购买了两艘小渔船,想将这两艘小渔船上的捕鱼许可(fishing licences)转至(transferring)其公司已有的一艘大渔船上。这在当时,也就是购买小渔船之时,农渔业和食品部(the Ministry of Agriculture, Fisheries and Food)的有关政策是允许的。但是,购买之后,有关政策却发生了变化。原告认为违反了其合法预期,诉至法院。Sedley J. 认为,政策能够产生由行政法保护的合法预期。对政策变化之合法性审查,不单是依据合理性审查标准,只要是预期之合法性超过了政策选择,法院就

---

① Cf. Christopher Forsyth, *"Wednesbury Protection of Substantive Legitimate Expectations"* (1997) *Public Law* 382~383.

② Cf. Gordon Anthony, *Judicial Review in Northern Ireland*, Hart Publishing, 2008, p. 184.

有权干预(The courts would intervene if, in all the circumstances of a case, the expectation "has a legitimacy which in fairness outtops the policy choice")。①

但是,如果政策的变化早已为当事人所知悉,那么将不产生合法预期的保护问题。比如 National & Provincial Building Society v. United Kingdom 案就是一个例子。该案发生的背景,是起因于另外一个案件——Woolwich Equitable Building Society v. IRC.。在 Woolwich 案中,原告是一个建房互助协会,税务机关要求它交纳一笔税款。原告虽缴纳了,却认为有关规章(regulations)越权,申请法院审查,并为法院确认。在诉讼中,该规章也因别的一些与本案无关的技术原因(technical grounds)被撤销了。税务机关返还了原告税款以及判决之日起的利息。但原告认为,利息应从缴纳税款之日起计算,又提起诉讼。在后一判决下达前一年,另外一些建房互助协会(Building Societies)也要求返还按照上述规章已缴纳的税款。于是乎,便出现了 National & Provincial Building Society v. United Kingdom 案。但是,就在法院受理后面的案件之前,政府已经宣布要激活先前的规章,让它们重新发生效力(the Government had announced its intention to legislate to validate the original regulations)。这也应为后来的诉讼者所知悉。所以,当有关立法动议提交给议会,获得通过,并具有了溯及效力,全国和省级建房互助协会尽管坚持其有与 Woolwich 案同样处理的合法预期,却没有得到法院的支持。②

在讨论上述三种情况的时候,还可以把讨论问题的前提分成行政机关作出的政策、意见或实践本身是在其权限范围之内(intra vires)、合法的,还是权限之外(ultra vires)、违法的等两种情形。

其意义在于保护的方式不太一样。权限之内的、合法的政策、意见或实践,对行政机关可以产生有效的约束力,法院有可能要求行政机关继续执行。但是,对于权限之外的、违法的政策、意见或实践,情况稍微复杂些。一方面,上述活动本身就越权无效,不产生约束力,但是另一方面,如果相对人

---

① Cf. Soren Schønberg & Paul Craig, "*Substantive Legitimate Expectations after Coughlan*" (2000) *Public Law* 687.

② [1997] S. T. C. 1466, ECHR. Cf. Dawn Oliver, "*A Negative Aspect to Legitimate Expectations*" (1998) *Public Law* 558~559.

是无辜的,且对错综复杂的行政权力,无法判断行政活动是否在其权限之外,那么,就要谨慎地协调(reconciling)上述两方面关系,审慎地找寻妥善的解决办法。一种解决方案是赔偿;另一种可以考虑的方案是权衡两种损害的大小,即确认无效将对善意相对人造成的损害,反之,维持行政活动有效将对公共利益造成的损害,孰轻孰重? 舍轻求重,且符合合法性要求。

在以下对合法预期的程序性和实体性保护的讨论中,都是以行政机关的行为是合法的、是在权限之内的为讨论问题的前提,只是在讨论赔偿性保护时才涉及上述两种情况。

四、判断标准

探讨这个问题的意义在于,为司法审查提供若干标准,来判断在具体案件中到底有没有合法预期问题。这关系到能不能获得,以及在多大程度上能够获得司法上的保护,获得什么样的保护等问题。

上面我们分析了政府的哪些行为可以产生合法预期,但是,有了这些行为,是否就足以产生合法预期呢? 其中情形十分复杂,要详加拷问。在英国法院看来,这只要分析证据就可解决,不会引发法理问题(a question of analysing the evidence—it poses no jurisprudential problems)。但他们又愿意将合法性问题贯穿其中,通常这也是恰当的(it is "generally appropriate to allocate the issue of legitimacy to this initial question")。[1]这可以瞻前顾后,一并思考与解决后面的是否保护以及怎样保护问题。

如果发现行政机关在上述行为中形成了某种承诺(Committed),具有了某种契约性,那就表明行政机关担负着某种程度的道义责任去兑现之,当事人也就具有了相应的道义资格要求践行之(some degree of moral obligation on the part of the body to fulfil its promise and of corresponding moral entitlement on the part of the individual to receive what was promised)。[2]法院也将断定存在着某种信赖。

---

[1] Cf. Iain Steele, "*Substantive Legitimate Expectations: Striking the Right Balance*"(2005) 121 *Law Quarterly Review* 304.

[2] Cf. Iain Steele, "*Substantive Legitimate Expectations: Striking the Right Balance*"(2005) 121 *Law Quarterly Review* 304.

1. 必须符合的条件

要想产生合理预期,并获得法律上的保护,必须符合以下一些条件:

(1)行政机关清晰无误的意思表示

行政机关在上述意见或政策中所表达出的意思(representation)必须是清晰的(clear)、不会产生歧义的(unambiguous)、没有有关限定的(条件)(devoid of relevant qualification)。① 通过这些明明白白的意思表示,能够使相对人有理由相信,最重要的是能够让法院也认为,将来行政机关一定会按照它所承诺的那样去做。比如,行政机关某高级公务员曾鼓励私人公司购买国营公司富余的食油,并写信给上述私人公司表示,现行规章保证食油价格的稳定。这么肯定的意思表示当然让人确信无疑。但后来的食油价格却放开了。

但是,在极其例外情况下,即使没有明确的意思表示,也不影响合法预期的产生。一个典型的例子就是行政机关长期相对固定的实践或行为。如果行政机关在相当长的时间内对同样的问题总是这么处理,并因多次重复而形成了惯例,那么,即便没有清晰的意思表示,也能够产生相对人的预期,因为他相信"到我这儿,(行政机关)也会这么处理"。② 上述看法可以高度地浓缩在佛拉瑟法官(Lord Fraser)一句非常精辟的话中:"合法或合理预期的产生,可以是因为行政机关做出了明确承诺,也可以是因为存在着一贯的实践,原告能够合理地预期这样的实践(到他这儿)还会照样继续下去。"③ 在 R. (on the application of Association of British Civilian Internees-Far East Region) [ABCIFER] v Secretary of State for Defence 案中,上诉法院阐述了其中的道理,"这是因为在这种极少的案件中,虽然缺少意思表示,但我们可以说,行政机关如此行事显然不公正,等同于滥用职权。"(That is because it will only be in a rare case where, absent such a representation, it can be said that a decision-maker will have acted with conspicuous unfairness such as to amount to an abuse of power.)④

---

① Cf. Soren J. Schonberg, op. Cit., p.51.
② Cf. P. P. Craig, op. Cit., pp.618~619.
③ Cited from Robert Thomas, op. Cit., p.54.
④ Cf. Philip Sales & Karen Steyn, "*Legitimate Expectations in English Public Law: An Analysis*"(2004) *Public Law* 574.

(2) 行政机关有权作出上述意思表示

上述行政机关的意思表示应该是由行政机关的实际上(actual)或者表面上(ostensible)有权的人作出的。①因为行政机关内部结构复杂、权限多样，我们不能苛求相对人必须了如指掌，不能要求上述意思表示必须在行政机关的权限之内。

对此，司法上可以采取非常简洁的判断标准，也就是，只要某人具有一定的行政职位、与公众接触、并被认为可能有权做出上述意思表示，就足以认定这种情况下可以产生合法预期。但是，如果行政机关已经明确规定了只有某工作人员有权做出上述意思表示，而且原告也知道或者应当知道，那么，就不产生合法预期问题。②

荷兰在判例法中做了一些有益的区分。首先，要看是以公务资格(an official capacity)还是私人资格(a private capacity)作出的。比如，在出外购物(out shopping)时给出的承诺(promise)，比在行政机关的办公室里给出的承诺，价值上要差多了(less value)。其次，对于公务员给出的承诺，要看是否超出其权限(exceed their mandate)。在权限内，行政机关应受拘束。超出权限，要视情况而定。比如，对于超出权限承诺要给予相对人许可或补助金的，行政法院一般倾向于行政机关不受拘束。又比如，当事人因某行为要受到处罚时，当事人辩称，他之所以这么做，是因为从某官员那儿获得的承诺或信息，是允许他这么做的，而该官员之所以会误用权限，又是因为不清晰的授权，这时就应该撤销处罚决定。③最后，要看是一般公务员作出的，还是领导作出的。一个市政高级官员(alderman)作出的承诺，其分量显然比只

---

① 荷兰在1995年1月30日有一个判决，某咖啡店将毒品卖给未满18岁的年轻人，该市市长以该行为违反软毒品政策(soft drug policy)为由，下令关闭该咖啡店。店主辩称，警察曾向其许诺，按照政策，向接近18岁的年轻人销售毒品，不会招致关闭后果。而该警察是代表市长行使对咖啡店的监督权，执行贩卖毒品的可容忍标准(tolerance criteria)。法院认为，这个许诺将限制市长的裁量权，对市长有拘束力。Cf. J. G. Brouwer & A. E. Schilder, *A survey of Dutch administrative law*, Ars Aequi Libri, Nijmegen, 1998, p.31.

② Cf. Rabinder Singh, "*Making Legitimate Use of Legitimate Expectation*" (1994) *New Law Journal* 1216.

③ Cf. J. B. J. M. ten Berge & R. J. G. M. Widdershoven, *The principle of legitimate expectations in Dutch constitutional and administrative law*, in Netherlands reports to the fifteenth international congress of comparative law (E. H. Hondius ed., 1998), p.446.

做接待工作的公务员作出的要大得多(more weighty)。①

(3)使相对人产生合理预期

行政机关的上述意思表示会使相对人产生合理的预期,也就是说,相对人是坦诚的(put all his cards face upwards on the table),的确是寻求并依赖行政机关的决定,②而且对自己的行为做出了安排和筹划,期望获得或继续得到某种利益,但现在这些预期却因为行政机关改变初衷而落空。

在审判中,判断究竟是不是合理地产生预期,要结合意思表示作出的具体方式、内容和情境,以及凭当事人的知识与经历,会不会产生误解等因素来综合地分析。比如,行政机关工作人员曾以书面方式向一个公司保证会向后者提供一笔财政资助,建设高尔夫球场,还鼓励后者尽早投资和动工建设。这时我们就认为会产生合理的预期。

另外,英国还有一个重要经验,就是受领行政机关意思表示的相对人范围。人数越少,他们的利益越一致,越容易让法院断定会产生合法预期。③因为人数越多,利益越杂,越容易滑向一般的政策范畴。而改变政策(policy change)能否产生合法预期,较难断定。Iain Steele 还补充了一个理由,他认为,对特定个人做出的意思表示具有更大的道德力量(a greater moral force),其预期的某种结果如不能获得,将使其愈发愤愤不平(feel more aggrieved),而保护其预期,对行政机关也不致引发太过激烈的后果(less dramatic consequences)。④

(4)相对人的预期利益、既得利益受损,或者遭遇困难、窘迫或不便

如前所述,合法预期保护的是一种信赖。相对人出于信赖,会安排、从

---

① Cf. J. G. Brouwer & A. E. Schilder, *A survey of Dutch administrative law*, Ars Aequi Libri, Nijmegen, 1998, p.44.

② Cf. P. P. Craig, "*Legitimate Expectations: A Conceptual Analysis*" (1992) 108 (JAN) *Law Quarterly Review* 91～92. 加拿大法院在 Furey 案中甚至进一步提出更严格的要求,原告要确信该政策对行政机关具有拘束力(the court went one step further and suggested that the plaintiff must also have a belief that the policy was binding on the agency). Cf. David Wright, "*Rethinking the Doctrine of Legitimate Expectation in the Canadian Administrative Law*" (1997) 35 *Osgoode Hall Law Journal* 180.

③ Cf. Ashley Underwood QC, "*Legitimate Expectation: Current Issues*" (2006) *Judicial Review* 295.

④ Cf. Iain Steele, "*Substantive Legitimate Expectations: Striking the Right Balance*" (2005) 121 *Law Quarterly Review* 302～303.

事有关的交易、生产、生活,通过投入、支出,怀揣着想要获得的利益。所以,在信赖背后可能会蕴藏着某种利益,包括既得利益和预期利益。如果预期落空,会使得上述预期利益、既得利益受损,或者使相对人遭遇困难、窘迫或不便。所有这些不是臆想或者虚幻,应该都是明明白白地存在着,而且与信赖有着直接因果关系。换句话说,就是,如果没有对行政机关的合法预期,当事人将不会采取上述行动,也不会遭遇如此问题。

因此,在判断是否应当保护当事人的合法预期时,一个重要的标准就是,因为行政机关的改变行为,使得相对人上述利益受到了损害,或者遇到了困难,比如,原先的计划落空了,先期的投资收不到应有的效益,财产上蒙受损失,等等。从荷兰的经验看,这一点极其重要,它使得当事人在诉诸合法预期原则时占据了强有力的地位(stand in a stronger position)。① 遇到的损失或麻烦越大,就越可能受到合法预期的保护。②

不过,话又说回来,上述规律或许更适用于实体性保护和赔偿(补偿)性保护。对于程序性保护,就不必过分苛求预期利益或者既得利益。或许,只

---

① Cf. J. G. Brouwer & A. E. Schilder, *A survey of Dutch administrative law*, Ars Aequi Libri, Nijmegen, 1998, p.45.

② 在德国行政法的信赖保护理论中,也有类似的要求,德国学者把它表述为"信赖事实的存在"(Der Vertrauenstatbestand)。那么,这种"信赖事实"是否需要一定的"信赖行为"或者"信赖表现"(Vertrauensbetätigung)作为证明呢? 学者意见分歧,有肯定说、否定说和折中说三种观点:(1)肯定说认为,必须在法律上要有某种意义的、能将当事人内心的信赖客观地形诸于外的行为(Objektivierung des Vertrauens),不论是当事人在其中所投入的是财产、时间或者人力。单纯的"失望",而没有基于"信赖"采取任何具体的开展行为,是不能够产生信赖保护的。理由是,不要求"信赖表现"作为保护的要件,将在个案中面临"难以证明当事人是否果真对于信赖基础有所信赖"的难题。(2)否定说认为,无须有外显的实行信赖行为,只要有实质的信赖,即可主张信赖保护。(3)折中说认为,信赖行为的欠缺并不能一概排除受益人的信赖,但受益人的信赖事实在任何情况下都应外化到外界可以认知的程度。在正式制度上,"肯定说"胜出。德国《联邦行政程序法》第48条第2款第2句明确列举了两种原则上信赖应受保护的情形:一是受益人已进行消费或是给付使用(Verbrauch);二是做成不能回复或只能在遭受不合理的不利之下回复原状的财产处置(Vermögensdisposition)。林三钦:《法令变迁、信赖保护与法令溯及适用》,5~9页,台北,新学林出版股份有限公司,2008。赵宏:《法治国下的行政行为存续力》,166~168页,北京,法律出版社,2007。在我看来,其中的肯定说比较接近英国法上对合法预期的认识。对于"信赖表现",林三钦博士有两点补充解释,我以为十分必要。一是"信赖表现"可以是基于信赖而实施的积极作为,比如,某考生因信赖现行《考试办法》而积极"准备考试",也可以是基于信赖而实施的消极不作为,比如,因信赖某项优惠政策而打消移民的念头,不移民。二是"表现"必须与信赖之间要有着直接因果关系,"人民之行为若与公权力举措无关,就不能被认为是'信赖表现'"。林三钦:《法令变迁、信赖保护与法令溯及适用》,11页,台北,新学林出版股份有限公司,2008。

要行政机关的背弃行为引起了当事人的窘迫、不便,就足以让法官下决心为后者提供程序性保护。英国大量判例也表明,对于涉及合法预期的司法审查,是否有"足够利益"(sufficient interest)与诉讼资格(locus standi)无关。① 英国上诉法院在 Bibi 案中也指出,即便信赖(亦即信任)受损害的程度无法测度,也不能不公正地放弃对合法预期的保护(it does not follow that reliance (that is, credence) without measurable detriment cannot render it unfair to thwart a legitimate expectation)。②

当然,如果行政机关的改变行为根本就不会对相对人产生什么影响,或者预期只是停留在主观上的内心期望,那么也就不存在什么合法预期问题,或者说,就根本没有保护的必要。比如,我们生活在社会中,在我们的身边每天都可能会发生这样或那样的政策变化,但作为学生或高校教师,国家某项对外贸易政策发生改变,跟我能有什么(法律利害)关系?

2. 不产生合法预期的情形

存在以下情形时,将不会产生合法预期。

(1)如果相对人能够预见到行政机关的上述意思表示在将来是很可能会改变的,比如,行政机关制定政策时就已经说清楚这是临时性的、暂时性的,或者媒体已经披露出政府正在讨论修改某项政策,那么,相对人的预期就有可能不是合理的、合法的。③至于个案中的预期是否是合理、合法的,就

---

① Cf. C. F. Forsyth, "*The Provenance and Protection of Legitimate Expectations*"(1988) 47 *Cambridge Law Journal* 259.

② Cf. Iain Steele, "*Substantive Legitimate Expectations: Striking the Right Balance*"(2005) 121 *Law Quarterly Review* 310.

③ 荷兰行政法上,这方面的判例比较少,还不足以形成精细的理论,但可供参考。比如,捕捞鳕鱼的渔民认为,实施捕捞限额(quotas on catches)违反了他们的合法预期,但是,这个主张被国务院司法部(the Judicial Division (Afdeling rechtspraak) of the State Council)拒绝了,理由是由于过度捕捞,这两年都比较早的结束捕捞期,所以,渔民能够预见到(foreseeable)会采取限额捕捞的措施。ARRvS 4 December 1990, tB/S 1990, no. 150, with note by Vermeulen. 又比如,荷兰最高法院认为,在一个市政税收条例(a municipal tax bye-law)制定税率(tariffs)时,因为市政府没有足够的信息据以确定一个永久性的税率,就在该条例中明确说明以后将会实施新的税率,所以,该税率仅具有临时性质,纳税人应该能够预见到(foreseeable)税率的改变。后来,出台的新税率对纳税人来说,没有旧税率优惠,但纳税人不能主张其违反了他们的合法预期。Cf. J. B. J. M. ten Berge & R. J. G. M. Widdershoven, *The principle of legitimate expectations in Dutch constitutional and administrative law*, in Netherlands reports to the fifteenth international congress of comparative law (E. H. Hondius ed., 1998), pp. 432~433.

需要考虑政策实施的时间长短、政策赖以存在的环境条件是否发生变化、相对人是否也已得知政策即将改变等因素,来综合地判断。强调这一点很重要,它可以限制预期无限制地扩大、膨胀。

(2)相对人预期的内容必须是合法的,违法的预期是不可能得到司法保护的。而且,预期还必须是合理的(reasonable),是在上述行政机关意思表示基础上合理地做出来的,或计划出来的,如果行政机关不改变上述意思表示,是能够实现的。

(3)如果相对人明知或应当知道行政机关的行为是违法越权的,或者行政机关行为是在相对人贿赂、欺诈、胁迫,或者是当事人提供不齐备的资料或伪造、隐瞒有关情况,那么也不会产生任何的预期保护问题。

(4)行政机关是在当事人严重不正确、不完整的陈述等情况下做出决定的,其对未来裁量的处分是在不充分信息下做出的,进而也不会对其产生拘束作用。[1]

(5)如果按照预期实施的结果与法律规定相悖,那么,行政机关也不受预期的拘束。[2]

(6)因相对人未履行附条件的行政行为中所要求相对人履行的义务,且该附加条件是合法的,行政机关撤回行政行为,不产生合法预期保护问题。

(7)行政机关改变政策,目的在于填平法律漏洞,防止当事人投机获利。[3]对此,当事人不得引用合法预期来对抗。

五、保护的妥当性之拷问

原则上讲,行政机关对于立法授予的裁量权,可以根据时势的发展以及行政的需要灵活地运用,不受成例、过去的决定以及实践模式的约束,这就是行政法上所说的裁量权"不受拘束原则"(the principle of non-fettering,

---

[1] Cf. Philip Sales & Karen Steyn, "*Legetimate Expectations in English Public Law: An Analysis*"(2004) *Public Law* 576.

[2] Cf. J. B. J. M. ten Berge & R. J. G. M. Widdershoven, *The principle of legitimate expectations in Dutch constitutional and administrative law*, in Netherlands reports to the fifteenth international congress of comparative law (E. H. Hondius ed., 1998), p.447.

[3] 以上(5)、(6),在欧共体法中都有类似的实践。张兴祥:《行政法合法预期保护原则研究》,11页,北京,北京大学出版社,2006。

non-fettering doctrine)。如果行政机关现在说过的话、作出的决定都将限制其将来的一举一动的话,那么,实际上就变成了行政机关自己来规定自己的权限范围(to set the limits of its own powerssuo moto),这显然与"行政权的范围由立法决定"之宪政思想不符,也与行政裁量的授权目的不符。单纯地从这一点看问题,就构成了一个绝好的反对合法预期的理由。

但是,问题绝对没有这么简单。不是说行政机关说过的话,许过的愿都可以随便不作数。另外,也不能把上述裁量权"不受拘束原则"片面地无限制地放大,否则就会像变形镜一样照得事物全都变了样。

行政法的任务本来就是要同时推进与实现一系列价值,其中,甚至是很多可能会彼此发生冲突的价值。比如,合法预期与裁量权"不受拘束原则"之间就是一对相互矛盾,但又需要同时保护的关系。而且,现代行政法理论在越来越多的场合强调双赢的思想。比如,在合法预期的保护上就体现得很明显,在下面的论述中我们会不断地看到这样解决问题的指导思想:对合法预期的保护实质上并不会约束行政自由裁量权的行使,只要有着充分的公共利益(the overriding public interest)的理由,行政机关改变初衷的行为并不会实质性地受到法院的责难,只是视个案情况在程序上或者损失赔偿上给予相对人一定的救济。

那么,我们在详细讨论各种可能的救济方法之前,为了使合法预期概念得以最终成立,为了使对合法预期的保护具有更加坚实的理论基础,我们必须首先充分地回答:当行政裁量的行使偏离了原来向相对人许诺过的"轨道",为什么会产生对相对人合法预期的法律保护的问题。有关这方面的理论根据主要有:

1. 信赖保护(the protection of trust, Vertrauenschutz)

信赖保护观念(the concept of Vertrauenschutz, the reliance theory, the protection of trust),无论在公法还是私法上都极其重要,是社会秩序的重要基础,是交易安全的重要保障。[①]

生活在瞬息万变、错综复杂、形态万千的现代社会中,人们要想有效地经济交易、安排生活,就必须对行政机关要有起码的信赖感,行政机关也应

---

① 关于私法上,特别是合同法上的信赖利益,Cf. B. A. Misztal, *Trust in Modern Societies: The Search for the Bases of Social Order*, Cambridge. Polity Press, 1996.

该给他们这样的信赖感。正如 Soren Schønberg 和 Paul Craig 所指出的,信赖是极具价值的,因为假如他们感觉行政机关是值得信赖的,就更可能参与到行政决策中来,进行富有创造性的合作,服从行政机关所建议的规制。因此,尊重合法预期,不仅是对个人的公正,对行政权的控制,也是实现行政效益的有效方式(Trust is highly valuable because individuals are more likely to participate in decision-making processes, to co-operate with initiatives, and to comply with regulations devised by authorities which are perceived as trustworthy.［FN4］Respect for legitimate expectations is, therefore, not only about fairness to the individual and control of administrative power, it is also a powerful means to administrative efficacy)。①

我们之所以要在司法保护的意义上造出合法预期概念,主要目的之一就是要减轻由此带来的不公平,②要求行政机关是值得信赖的。所以,英国和德国行政法中都存在着信赖保护观念,以及与此密切相关的原则与实践,尽管适用的范围和内涵不完全一样,但都是为了限制行政机关任意撤销、撤回、废止其已经生效并且已经公之于众的承诺或政策。

因此,如果行政机关已经对相对人发布政策或作出意思表示,并且使后者对此产生了信赖,就显然(prima facie)有义务兑现上述承诺,不能因为辜负这个信赖而使相对人蒙受不必要的损失。③但这绝对不是说行政机关不可以改变自己的决定或政策,而是说,除非有充分的公共利益的理由,或者为合法履行行政职责所必需,行政机关一般应继续执行原先的承诺或政策。

2. 法治(the rule of law)

引用法治来论证合法预期保护的必要性,主要从两个角度进行,一是法的确定性和可预测性;另一个是平等对待。

首先,法治要求政府权力必须以一种可知的、可预测的方式行使。只有这样,才能给相对人行为提供规范和指导,相对人也才有可能对自己将来的行为进行筹划、安排和控制,整个社会才能有条不紊地维系在良好的秩序当中。因

---

① Cf. Soren Schønberg & Paul Craig, "*Substantive Legitimate Expectations after Coughlan*" (2000) *Public Law* 697.
② Cf. Mark Aronson & Bruce Dyer, op. Cit., pp.414~415.
③ Cf. Soren J. Schonberg, op. Cit., pp.9~11.

此，必须要求行政机关原则上要遵守自己发布的政策、信守自己的诺言。① 换句话说，就是由于预期是个人生活自治和安排的核心（expectations are central to autonomy and planning of one's life），因而需要得到法律的妥善保护。

这一点在行政裁量问题上尤其显得重要。由于自由裁量的授权条款在语言上是不确定的，还有那些相对人通常不清楚的、非正式的操作规则以及其他限制因素影响着裁量权的实际行使，所以相对人很难预知裁量权将会怎样行使（Individuals cannot easily predict how discretionary powers will be exercised because the provisions conferring such powers are linguistically indeterminate and because informal working rules and other constrains, of which individuals are not normally aware, affect their exercise in practice）。② 如果行政机关的意思表示让当事人对其未来行使裁量权的方式产生了预期，那么，保护这种预期，要求行政机关遵守诺言、执行已告知相对人的政策，就显得更加必要，而且意义重大了。这可以使得上述法治的理念能够最大程度地实现，可以大大地增加行政裁量行使的可预测性。从这个意义上讲，保护合法预期，实际上是对根植于法治之中的可预测性要求的一种重述（a way of giving expression to the requirements of predictability inherent in the rule of law）。③

其次，就是从形式平等、平等对待的角度上讲，也有着上述必要。政策观念本身能够在行政裁量领域保护平等对待原则，一般政策存在的本身就是一个强有力的平衡砝码，保证行政机关不滥用裁量权，不对相同的案件采取不正当的歧视。所以，我们要求行政机关原则上要受到自己颁布的政策的约束。④

当然，上述理论也不是"一路凯歌"，也受到了内在和外在的批评（internal and external criticism）。但是，似乎这些批评都不够有力，还达不

---

① Cf. Yoav Dotan, "*Why Administrators Should be Bound by their Policies*" (1997) 17 *Oxford Journal of Legal Studies* 28.

② Cf. Soren J. Schonberg, op. Cit., p.13.

③ Cf. Soren Schønberg & Paul Craig, "*Substantive Legitimate Expectations after Coughlan*" (2000) *Public Law* 697.

④ Cf. Yoav Dotan, "*Why Administrator Should be Bound by their Policies*" (1997) 17 *Oxford Journal of Legal Studies* 28.

到摧毁上述理论的效果。概而言之：①

(1)内在批评的要点是,保护合法预期,非但没有增加,反而减少了法的确定性。具体理由有四点：

第一,所谓"合理"或"合法"预期,从语言角度看,本身就是不清晰的标准。那么,如果行政机关、相对人、甚至连法院都不能准确无误地说出什么是合法预期来,实际上暗中增加了法的不可预测性和不确定性。对这个批评的回应是,概念创新总不可避免地会有这样或那样的不确定,但是,随着时间的推移,以及法院的不断运用,判例累积的结果会使这种不确定性相对减少。

第二,在政策需要改变的时候,如果要保护合法预期,就得制定过渡性政策,而过渡政策的内在复杂性,又导致了不确定性。这样的批评显然与实践不符。因为从实践的情况看,在上述情况下,一般都必须制定过渡性政策,承认合法预期,只是让政策制定者在起草上述规定时要适当地考虑预期问题。

第三,如果承认合法预期的保护问题,那么对行政机关就会产生"不寒而栗"的效应(chilling effect)。行政机关就很可能因为害怕将来担责任,而不愿意制定政策、提供非正式的咨询意见。如此一来,相对人也会因为得不到充分的信息,而无法有效地筹划自己的行为,其结果是法的确定性受到损害。但这样的批评似乎缺少实证的证据,因为像德国、法国、英国、美国等都保护合法预期,也没见行政机关有上述剧烈的反应。

第四,如果承认合法预期,将会导致要求司法审查的案件大量涌来,加剧司法资源的紧张。但这样的担忧似乎也不成其为问题,一方面,我们可以通过限定期限、简化司法审查程序、增加多种解决纠纷的机制等来解决案件增加问题；另一方面,承认合法预期与案件数的增加之间事实上不存在直接的因果关系。

(2)外在的批评是,现代宪法和行政法的理论不仅仅是奠基在自治和经济自由价值之上的,而后者却恰好是合法预期之所以要得到保护的根源(the values of autonomy and economic freedom, from which it proceeds, are not an adequate foundation for a modern theory of constitutional and administrative law)。也就是说,过于单一的基础与考虑,未必能够充分地、让人信服地说明现代行政法必须保护合法预期的合理性、正当性与必要性。

---

① 有关这方面更加详细的讨论,Cf. Soren J. Schonberg, op. Cit., pp.17～23.

这样的批评说服力仍然不强,因为之所以要保护合法预期,其理论视角是多方面的,不仅仅是法治的需要,或者说保护个人自治和经济自由的需要。

3. 良好行政(good administration)

近年来,英格兰和威尔士上诉法院表示,在所有有关合法预期的案件中,法院的任务就是确保良好行政的实现,要求行政机关应当坦诚、始终如一地对待公众(the Court of Appeal in England and Wales has recently stated that the task for the courts in all legitimate expectation cases is to safeguard the "requirement of good administration by which public bodies ought to deal straightforwardly and consistently with the public")。①佛拉瑟法官(Lord Fraser)也指出,基于良好行政的考虑,行政机关也要尊重其行为所产生的合法预期。②为什么呢?③

第一,如果行政机关随便地出尔反尔,那么就不值得信赖,其代价就是会增加行政的成本。但是,如果合法预期得到了很好的保护,那么就能够"取信于民",增加相对人对行政机关的信任和信心,反过来,又会促进相对人积极参与行政、协助行政、服从行政,形成良好的互动关系。

第二,承认合法预期,会促使行政机关更加谨慎从事,提供高质量的信息。如果相对人能够不断得到高质量、可信赖的信息,那么也将有助于其接受和顺从行政政策。因为人们之所以抵触某些行政政策或措施,实际上与不能向公众提供这方面的充分信息,进而取得公众的理解有关。

第三,保护合法预期要求行政政策不能朝令夕改,即便是在必须改变的时候,也要周全地、妥善地考虑和对待相对人已经产生的预期,要履行正当的程序,如事先通知相对人听证,或者采取过渡性措施(transitional measures)。这样可以让相对人逐渐熟悉和适应新的政策,取得他们的合作与遵守。

第四,最为关键的是,从下面的论述中我们也会进一步看到,保护合法

---

① Cf. Gordon Anthony, *Judicial Review in Northern Ireland*, Hart Publishing, 2008, p. 187.

② Cf. Soren J. Schonberg, op. Cit., p. 25.

③ 更加详细的分析,Cf. Soren J. Schonberg, op. Cit., pp. 25~26. Cf. Christopher Forsyth & Rebecca Williams, "*Closing Chapter in the Immigrant Children Saga: Substantive Legitimate Expectations and Administrative Justice in Hong Kong*"(unpublished paper). 当我告诉福赛我正在研究合法预期时,他慷慨地将他和威廉姆斯刚刚合作完成的、即将发表的这篇论文提供给我参考,在此致谢。

预期并不会实质性妨碍我们获得良好的行政,不会实质性地约束行政裁量权的行使。因此,从根本上讲不会影响到行政效率,相反,会因为上述的种种情形促进行政效率。

4. 经济效率(economic efficiency)

从经济的角度看,正如韦伯(Max Weber)指出的,法的稳定性是资本主义经济的理性交易的前提(legal certainty is a prerequisite for rational enterprise in a capitalist economy)。经济行为只有在行为人可以依赖什么东西的时候才能得以实施。而在这个变幻不拘的世界之中,法律是人们应该能够,而且是最大程度上能够依赖的东西。①从经济分析的角度看,如果法律能够保护合法预期,那么将会对交易的成本与效益产生影响。当然,究竟是什么样的影响?正面的,还是负面的?学者的观点不太一致,甚至是截然相反的。②

有的学者认为,保护合法预期能够提高效益。这是因为经济人(economic operators)能够安全地依赖行政机关的意思表示,并且知道由此产生的预期是会受到法律保护的,那么,就能够降低收集信息的成本,更加有效地分配资源。

但是,也有学者认为,如果行政机关知道其所说的一切将会对其产生约束的话,那么,它们就不太乐意提供意见、发布政策。其结果是,由于经济人不能得到充分的信息,将增加交易成本,导致资源分配的无效率。

究竟孰是孰非呢?纯粹从理论上是无法分析出来的,必须要有实证的调查。正像前面已指出的,迄今还缺少有力的事实证明后一种观点。

六、保护合法预期的方式(Ⅰ):程序性保护

1. 程序性保护(procedural protection)是最基本、最没有争议的保护方式

从历史分析的角度看,合法预期一开始就是在自然正义理念下发展起来的,通过它,能够产生符合自然正义(natural justice)和公正行事义务(the duty to act fairly)的程序要求。比如,在 CCSU 案中,迪普洛克法官(Lord

---

① Cf. Soren J. Schonberg, op. Cit., pp. 12~13.
② Cf. Soren J. Schonberg, op. Cit., pp. 28~29.

Diplock)就认为合法预期是一种听证或其他什么样的东西。罗斯齐尔法官(Lord Roskill)也说:"合法预期和听证权密切相关"(the legitimate expectation principle is closely connected with a right to be heard)。[①]

这样一种思想,一种观念,沿着新西兰和澳大利亚得到了进一步的发扬光大,甚至变得绝对化、唯一化。后者对合法预期的保护,基本体现在程序方面。澳大利亚甚至根本就不接受实体性保护的说法。[②]其最基本的理由,简明扼要地讲,就是合法预期不应"打开锁闭法院审查(行政决定)优劣的大门"(legitimate expectations ought not to unlock the gate which shuts the court out of review on the merits),法院不能非法侵入行政自治的禁区。但有意思的是,英国近些年的理论兴趣和法院实践恰好是转向了实体性保护。

但不管怎么说,不管后来的发展路径在不同的国家中有着怎样的分歧,不可否认的是,合法预期作为发展自然正义的程序性理念的一个工具,大大地延展了自然正义和公正行事义务(the duty to act fairly)之程序保障的射程范围,使那些原本并没有这方面程序要求的行政机关行为也被赋予了程序保障的意义,以此来减轻行政机关行为对相对人可能造成的不利影响程度。当然,程序公正要求的具体内容,可以因案而异、因时而异。[③]

之所以合法预期的保护首先的也是最主要的是表现在程序方面,而且,在普通法国家都普遍得到认同,没有发生任何的争议,在我看来,很可能是因为这比较符合普通法上对法官作用与角色的归属,把法官的主要职责定位在判断行政决定是否公正之上。众所周知,在现代行政法中,行政程序主要是用来促进公正实现的工具,无论是从实体正义还是程序正义上说,都是这样。因此,在判断行政机关行为到底有没有侵犯相对人的合法预期,与其实施的程序是很有关系的。行政机关虽然有权改变政策,但是,在这过程中有没有给可能受到影响的相对人一个听证的机会?有没有对具有合法预期的相对人予以特别的考虑?如果没有达到最起码的公正程序的要求,法院当然有权干预。所以,从传统上看,英国法院的司法审查就一直关注着行

[①] Cited from C. F. Forsyth, "*The Provenance and Protection of Legitimate Expectations*" (1988) *Cambridge Law Journal* 246.

[②] Cf. Mark Aronson & Bruce Dyer, op. Cit., pp.426~428.

[③] Cf. Simon France, "*Legitimate Expectations in New Zealand*" (1990) 14 *New Zealand Universities Law Review* 142. Cf. Mark Aronson & Bruce Dyer, *Judicial Review of Administrative Action*, Sydney. LBC Information Services, 1996, p.413.

政决定作出的过程。

与此有关的另一方面原因是,对相对人提供程序性保护,并不会约束行政机关裁量权的行使。也就是说,即使法院判决要求行政机关重新作出决定,行政机关也有可能在履行了所要求的程序之后,仍然作出与引起争议的决定相同的决定。因此,不会产生司法权不当干预行政权的问题。

2. 什么时候会产生程序性保护?

正像克莱格(P. P. Craig)指出的,并不是因为原告的(预期)利益本身能够产生程序性保护,而是行政机关通过其意思表示所表现出的行为造就了程序性保护的基础。①所以,从行政机关的行为所表达出来的意思看,可能对合法预期产生程序性保护的情形大概有两种:

一种情形是行政机关明确向相对人表示它将遵循某种程序,相对人因此也就产生行政机关肯定会遵守上述程序的预期,从而产生法律上的保护问题。

目前,欧共体、英国和我国香港特别行政区都认为,既然行政机关自愿主动提出将实施某种程序,因此,即便该程序不是法律所要求的,行政机关也得履行,否则就违反了合法预期保护原则和平等对待原则。②比如像 A. G. of Hong Kong v. Ng Yuen Shiu 案,在该案中,香港移民局一位高级官员曾公开对当事人(非法移民)表示,将挨个面谈,根据具体情况,决定其去留。因此,尽管当事人原本无权要求听证,但因为有上述表示,而使得政府必须要给他们一个表达意见的机会。

另一种情形是行政机关作出过实质性(substantive)表示,比如将给某人发放最低生活保障费,或者将把某地区开发成以 IT 为主的高新技术产业区,并向国内外客商热情招商引资。但现在却改变了主意。

之所以在后一种情况下也会产生程序性保护问题,并不是因为对实质内容的预期本身,而是因为行政机关的意思表示,或决定的范围与语境(the scale or context of the decision)。③既然先前存在着行政机关的承诺(undertaking),就应该信守诺言,但是,行政机关又必须按照其认为最妥当的方式行使权力。因此,就出现了公平对待的原则(the principle of fair

---

① Cf. P. P. Craig, op. Cit., p. 414.
② Cf. Soren J. Schonberg, op. Cit., p. 60. Also Cf. de Smith, Woolf & Jowell, op. Cit., p. 428.
③ Cf. Soren J. Schonberg, op. Cit., pp. 37~38.

treatment)和公法原则(the principle of public law)之间的冲突。要走出这样的冲突,其间就要有某种妥协。也就是要求行政机关在放弃原先的承诺的时候,要给相对人一个听证的机会,要事先通知相对人,要说明理由,要允许相对人对此种改变提起诉讼。① 只有这样,才算公平,才符合自然正义的要求。也只有这样,才有助于增进对行政的信赖,形成相对人与行政机关之间的良好互动合作关系。

3. 怎么保护?

如何认真审慎地对待合法预期呢? Philip Sales 和 Karen Steyn 编辑了一般流程:(1)应将先前做出的承诺作为相关考虑因素予以考量(has to have regard to the assurance that it gave as a relevant factor to be taken into account);(2)背弃先前的承诺,必须有充分的理由(has good reason for departing from the assurance given);(3)应事先通知当事人,并解释缘由,要给当事人陈述辩解的机会(puts the individual on notice that the assurance may be departed from, giving an indication of the reasons why, and affording the individual an opportunity to make representations as to why the assurance should nonetheless be adhered to);(4)作出决定时要说明理由(gives reasons when the decision is taken, to explain any departure from the assurance)。② 当然,就个案而言,不见得都千篇一律,烦琐如斯,可视预期之重要性,可删可减。

那么,在个案中究竟要不要提供程序性保护?提供什么样的程序保护,是听证,还是说明理由呢?最初的判断权当然是在行政机关手中。但是,如果当事人不服,诉诸法院,法院有权做二次判断。从这个意义上说,法院是"创造者和唯一的裁判者"(author and sole judge)。

但是,法院也不是随随便便就做出决定的,而是要权衡一系列因素,包括辜负相对人预期会不会给其造成有意义的负面影响?影响的大小?提供程序性保护的成本如何?情况是否紧急?是否涉及机密和国家安全?是否

---

① Cf. D. J. Galligan, *Due Process and Fair Procedures: A Study of Administrative Procedures*, Oxford. Clarendon Press, 1996, p. 321.

② Cf. Philip Sales & Karen Steyn, "*Legitimate Expectations in English Public Law: An Analysis*"(2004) *Public Law* 578~579.

与行政职责相抵触等,以决定是否值得保护,提供什么样的保护。①一般而言,只有在行政机关的行为会对相对人产生有意义的不利影响,而且要求行政机关遵守某些程序并不会对公共利益带来很大的损害,不会妨碍行政机关职责时,法院才会要求行政机关遵守某些程序,对相对人的预期进行保护。但是,以下两种情形,法院一般不会提供保护:一是具有充分的公共利益理由排除程序性保护,比如国家安全考虑;二是如果就是要求行政机关遵守这些程序对相对人也不会产生什么实质性意义,没有什么用处的话,法院也不会提供这样的程序保护。

一旦法院认为应该对相对人的预期提供一定的程序保护的话,如果行政机关当时没有履行这些程序,比如,不能够说出充分的理由为什么要改变原来的决定,或者没有给当事人一个听证的机会,将会导致其后来做出的改变决定被法院撤销。

此时此刻,行政机关不能用法律上没有规定上述程序为由进行辩护,因为它自己的许诺、自己的行为表示本身已经足以产生上述程序的要求,并被视为是一种对现有法律规定框架的补充(a supplement to the statutory scheme),除非法律有明确的相反规定,比如,有禁止实施上述程序的规定。②

4. 在我国可能会遇到的问题

在我国行政诉讼法和有关的司法解释中已经确认,当法律或行政机关的内部规则有关于行政程序的规定时,法院可以要求行政机关遵守上述程序规定。但是,如果没有这方面的程序规定,在像上述我们讨论的那种情况下,光凭行政机关的许诺,或者依据自然正义,法院能不能直接要求行政机关必须为相对人提供程序性保护,比如,必须给当事人听证或陈述意见的机会?似乎不太可能,因为信赖保护迄今在我国还没有成为一项法律原则,又因为目前的宪政制度下法官仍然不具有像英美国家法官那样的"造法"能力。

但是,如果我们细细地体察我国司法制度的运作与功能,就会发现也不是完全没有可能。因为从《行政诉讼法》(1989 年)实施以来,最高人民法院

---

① Cf. Soren J. Schonberg, op. Cit., pp. 50~53.
② Cf. de Smith, Woolf & Jowell, *Judicial Review of Administrative Action*, London. Sweet & Maxwell, 1995, p. 410.

先后两次发布的关于执行行政诉讼法的司法解释情况看,①实际上在上述司法解释中具有某种创制法律的作用,某种类似于西方法官"造法"的功能。只不过我们不是通过作为个人的法官实现的,而是通过最高人民法院实现的。比如,《最高人民法院关于执行〈中华人民共和国行政诉讼法〉若干问题的解释》(法释〔2000〕8号)中规定的驳回诉讼请求以及确认判决,都是行政诉讼法里所没有的。既然如此,我们为什么不可以直接在司法解释中完成对合法预期的程序性保护的要求呢?特别是考虑到目前行政程序并不十分完善,比如,据我所知,很多关于行政许可的法律中都没有规定在拒绝许可时必须说明理由,采取上述的处理方法似乎很有必要。

七、保护合法预期的方式(Ⅱ):实体性保护

1. 围绕着可行性的争论

由于程序性保护有时会因为成本和耗时而变得不可行,因为要听证,要拿出必须保护预期的充分理由,就需要信息、专家、时间和金钱,然而,我们又不可能保证能够充分地获得这些资源。而且,如果相对人的合法预期是某种优惠(boon)或利益(benefit)的话,单单从程序上提供保护是否就是充分的呢?恐怕未必见得。比如说,像在 R. v. Secretary of State for the Home Department, ex parte Kahn 案中给原告一个听证实际上没有什么价值,原告要的是行政机关履行其在通知中作出的承诺。②或者像在 R. v. Secretary of State for the Home Department, ex parte Ruddock 案中,事先

---

① 一次是最高人民法院1991年6月11日公布的《关于贯彻执行〈中华人民共和国行政诉讼法〉若干问题的意见(试行)》。另一次就是前面提到的《最高人民法院关于执行〈中华人民共和国行政诉讼法〉若干问题的解释》(法释〔2000〕8号)。

② 该案中原告和他的妻子都定居在英国,想收养一个巴基斯坦的孩子。他去有关部门咨询时,对方给了他一个内部的通知,里面很清楚地规定:对于想要收养但又无权进入英国的孩子,在例外的情况下,如果满足某些条件,国务大臣也可以行使裁量权,作出有利于该孩子的决定。原告和他妻子就按照上述条件办了,并以为国务大臣会像他们所预期的那样作出决定。但是,国务大臣却以另外完全不同的条件为由拒绝批准该儿童入境。Cf. C. F. Forsyth, "The Provenance and Protection of Legitimate Expectations" (1988) Cambridge Law Journal 247~248.

的通知和听证会破坏决定之目的,因而根本就不可能。①更为关键的是,程序本身并不能够百分百地保证结果的正当性。②因此,对于因为行政机关改变原先的承诺或政策而使相对人的预期落空,就存在着要不要提供实体性保护(substantive protection)的问题？也就是说,法院能不能直接支持原告获得其预期利益,要求行政机关不得改变,必须继续执行原先的承诺或政策？

反对论者的理由主要有两点,其一,如果承认实体性保护,将会不适当地束缚行政机关,让其无法根据公共利益的要求以及自己的职责改变政策,也就是说违反了行政法上的禁止束缚裁量权原则;其二,将使法官不得不去判断个案中公共利益是否足以否定个人预期,这实际上是让法官去审查行政机关的行为优劣问题(merits),是非法干预行政决定。③

但支持论者对上述的回应是,首先,上述反对论的第一个理由实际上只考虑了合法性原则(the principle of legality)的要求,也就是如果行政机关自我约束了将来裁量权的行使,就违反了合法性要求。但是,这样单视角的考虑问题是有缺陷的,因为它忘了另外一个同样重要的法原则,即法的确定性原则(the principle of legal certainty)。如果我们从两方面都进行考虑的话,我们得出的结论应该是,不适当地约束行政机关改变政策的权力是不对的。但是,与此同时,也应该承认存在着法的确定性价值。对于那些在行政机关政策选择的基础上产生合法预期的相对人,当政策发生改变时,应当给他们一定的保护。其间,因为两方面权衡的结果,就应该有实体性保护的考虑余地。④其次,法官只是在行政机关的改变决定极其不合理,或者改变决定(手段)并不是公共利益所必需时才去干预,因而司法的干预是适度的。最后,在这种情况下,虽然也可以考虑用赔偿或补偿的方法,来换取改变政策的自由,但是,由于赔偿资源是十分稀缺的,而且金钱性赔偿也不总是行之有效

---

① 该案中,国务大臣签署了一项令状,授权有关机关对某些人(原告就是其中之一)进行电话窃听。但是,不符合原先颁布的有关允许窃听的条件,因此,原告不服。但是,在做出该决定的过程中,根本不可能给当事人什么听证,一丁点儿都不能让当事人知道,否则的话,还怎么能够窃听?！Cf. C. F. Forsyth, "*The Provenance and Protection of Legitimate Expectations*"（1988）*Cambridge Law Journal* 248~249.

② Cf. Soren J. Schonberg, op. Cit., pp. 62~63.

③ Cf. Robert Thomas, op. Cit., p. 59. Cf. P. P. Craig, "*Substantive Legitimate Expectations in Domestic and Community Law*"(1996) *Cambridge Law Journal* 292.

④ Cf. P. P. Craig, "*Substantive Legitimate Expectations in Domestic and Community law*" (1996) *Cambridge Law Journal* 299.

的解决办法,所以,也应该考虑实体性保护。①

从实证和判例的角度看,合法预期的实体性保护实际上在英国和欧共体已经得到确认,比如,英国上诉法院对 R. v. North and East Devon Health Authority, ex p. Coughlan 案的判决,就是一个例子。②只是在英国,始终存在着审查标准的争论。比如,一种看法是,坚持传统的 Wednesbury 审查标准,只有当行政机关改变行为极不合理时,法院才干预。另一种看法是,由法院来权衡合法性与法的确定性之间、相对人合法预期的保护与公共利益之间的价值冲突,以决定公共利益是不是更加值得保护,允不允许行政机关改变原先的承诺或政策。③

在这方面欧盟似乎走得更远,比如,在很出名的 Mulder v. Council and Commission 案中,原告 Mulder 是个农民,当时行政机关为控制牛奶产量鼓励牛奶生产者暂停生产牛奶,原告同意停止生产五年,并受得奖励。五年后他想恢复生产时,却遭到拒绝。因为这时欧盟规章(E. U. regulations)上规定,只有在上年度生产牛奶的生产者才能获得牛奶配额。原告主张有继续生产的合法预期。欧洲法院认为,在修订的牛奶配额规定中所体现的公共利益,不足以否定原告继续生产的合法预期。判决下达之后,欧盟理事会(the council)又通过了一个新的规定,允许像 Mulder 同样情况的农民生产,但生产配额只能是其停止生产那年的产量的 60%。原告不服,又提起诉讼。法院判决 60%的配额太低,该规定违法。所以,后来又通过了一个给农民更高配额的规定。④在后一个判决中,配额的高低,如果用普通法的 Wednesbury 标准来衡量,不属于司法判断的问题,但是,欧洲法院仍然干

---

① Cf. Paul Craig and Soren Schønberg, "*Substantive Legitimate Expectations after Coughlan*"(2000) *Public Law* 696.

② 在该案中,Pamela Coughlan 在 1971 年一次交通事故中受了重伤,长期住在 Newcourt 医院。1993 年卫生部将她和其他几位病人转送到新建的 Mardon House,并向他们保证这儿将是他们终身的家,他们愿意住多久都行。但是,到了 1998 年卫生部门却作出决定,关闭上述 Mardon House。法院认为,卫生部门的关闭理由不充分,判决撤销关闭决定。

③ 关于这方面的讨论,Cf. Mark Elliott, "*Coughlan: Substantive Protection of Legitimate Expectations Revisited*" (2000) *Judicial Review* 27～32. Paul Craig and Soren Schønberg, "*Substantive Legitimate Expectations after Coughlan*" (2000) *Public Law* 687. C. F. Forsyth, "*Wednesbury protection of substantive legitimate expectations*"(1997) *Public Law* 380.

④ Cf. C. F. Forsyth, "*Wednesbury protection of substantive legitimate expectations*"(1997) *Public Law* 380～381.

预了。

之所以会产生这样的差异,主要是因为欧洲法院把法律用作是推进欧共体政策目标及其对个人影响理性化的手段(the European Court has been able to use law as a means of advancing the policy objectives of the Community andrationalising their impact on individuals)。欧洲公法之中,又有着一个宽泛的、由诸原则集合而成的良好行政原则(a range of principles of good administration),其中的很多原则,如行政决定一致性、与行政交往的信赖权利(the right to confidentiality in dealings with government),蕴含着与行政及其活动品质相关的规范价值(normative values)。这些法律原则构建的维度,渗透着对行政决定过程或者决定本身优劣的关注,让欧洲法在传统上所采取的审查深度就远甚于英国的司法审查。[1]法院所关心的是,怎么样才能在公共目的事实上有可能获得实现的情况下(尽可能地)满足个人的预期,所以,也就没有必要去区分这样的保护是程序的还是实体的。而且,因为法院已经很注意保护行政机关目标获得实现,也就不存在实质性审查会干预行政决定优劣的危险。相形之下,英国法院因为传统上主要关注行政决定的过程,因为害怕干预行政政策的内容,所以,在实质性审查上就显得不那么自信,显得有些畏首畏尾。正是因为英国法院不能提供充分的实体保护,有学者批评道,英国法院限制了个人对政府信赖的保护,没能增进个人与国家之间的更加密切的合作关系。[2]

但是,欧洲法院的上述审理方法将对英国产生实质性影响,恐怕是迟早的。英国已经有学者按照比例原则的路数提出这样的见解,法院不能够用自己对政策目标的看法代替行政机关的看法,但是,法院能够审查让相对人的预期落空是不是取得政策目标所必需的。如果行政机关可以采取其他的手段,同样能够实现上述目标,并且还能够满足相对人的预期的话,那么,法院将确认上述预期是合法的。[3]换句话说,就是法院并不想,也不能够约束行政权的行使,但是,法院可以通过合法预期来限定行政权行使的条件。[4]

---

[1] Cf. Matthew Groves, "*Substantive Legitimate Expectations in Australian Administrative Law*" (2008) *Melbourne University Law Review* 481~482.

[2] Cf. Robert Thomas, op. Cit., p. 61.

[3] Cf. Robert Thomas, op. Cit., p. 60.

[4] Cf. Rabinder Singh, "*Making Legitimate Use of Legitimate Expectation*" (1994) *New Law Journal* 1215.

2. 对我国相关制度的构想

实体性保护在我国可能面临的最大问题,不在于法院会不会受到宪政体制的约束,而在于上述争议能不能进入行政诉讼上来。也就是说,如果像行政指导、行政规范性文件这样的行为一旦能够被法院受理,①那么,在人民代表大会制下法院对行政机关的制约和监督关系应该能够容纳像实体性保护这样的司法措施,因为在现有的行政诉讼制度中早已允许法院对行政权的实质内容进行适度的干预,比如,对显失公正的行政处罚,法院有权直接变更;对行政机关不履行法律职责,法院有权判决责令在限定时间内履行,而不仅仅是确认违法。同样,如果需要对合法预期进行实体性保护的话,只要通过撤销行政机关后来的改变行为,就可以达到目的。

当然,就像我在别的地方表述过的,②我们也要努力扭转长期以来部门法研究与宪法之间的脱节,克服那种在具体问题的研究上自觉或不自觉地脱离宪法价值体系与理论框架的倾向。具体到实体性保护问题上,对其把握的深浅显然对宪政体制下的分权关系十分敏感,必须在不会实质性改变分权关系的前提下去划定其适用的条件。

因此,为了避免实质性干预行政权力、妨碍行政裁量权的正当行使,实体性保护必须有所限制。在我看来,要满足如下条件。

第一,行政机关曾对特定的相对人许诺过将给予其某种实质性利益或优惠,或者相对人基于行政机关的政策或承诺而合理地产生获得某种利益或优惠的预期,但是,后来因为行政机关改变了上述意思表示而使上述预期落空。这种落空会让当事人遭受实质性损害(significant detriment)。用 Philip Sales 和 Karen Steyn 的话说,就是"个人利益在行政机关践行承诺之中如此巨大,达到了如果不满足预期就是不公正和滥用权力的程度"(the individual's interest in performance of the assurance is very strong, to the extent that it would be unfair and an abuse of power for the decision-maker

---

① 关于行政诉讼上能否受理有关行政指导和行政规范性文件的争议,是近年来我国行政法理论上探讨的热点问题,我是极力主张受理的。皮纯协、张成福主编:《行政法学》,北京,中国人民大学出版社,2002,"行政指导"一章。余凌云:《警察行政权力的规范与救济——警察行政法若干前沿性问题研究》,北京,中国人民公安大学出版社,2002,"行政侵权责任论"部分。《行政诉讼法》(2014年)第53条已经明确规定,允许对行政规范性文件提出附带审查。但是,仍然不允许直接起诉行政规范性文件。

② 余凌云:《警察调查权之法律控制》,载《南京大学法律评论》,2002(春季刊)。

to fail to satisfy his expectation)。①

第二,上述行政机关的意思表示是合法的。要求行政机关在作出先前的承诺时,必须掌握具体精确的信息,必须已对作出的承诺之意义有着全面、充分和准确的判断。②否则,如果是违法的,那么因为其对行政机关不产生拘束力,不可能要求行政机关继续受其约束,只会产生对善意当事人的赔偿保护问题。③

第三,对上述预期,仅仅提供程序性保护仍然不够。而且,赔偿性保护也不足以弥补当事人的损失,或者因为当事人根本没有财产上的损失,所以,也谈不上赔偿问题。但是,预期的实现对于他仍然非常有意义。

第四,行政机关改变原先承诺或政策不具有充分的公共利益的理由(overriding public interest)。这是实体性保护的最基本、最重要的前提。因为没有充分的公共利益理由,也就意味着没有什么必要去改变原来的意思表示,而且,意味着这样的改变对当事人造成的损害远远超过了公共利益的受益,法院也就有可能要求行政机关继续执行原先的意思表示。但是,如果是具有明显的、充分的公共利益要求,就没有理由阻止行政机关改变,这时对受害人的救济就是后面要谈到的赔偿性保护。

八、保护合法预期的方式(Ⅲ):赔偿(补偿)性保护

如果行政机关先前作出的承诺或政策是违法的、错误的,或者虽然是合法的,但是实际上却没有去执行,那么,对于那些因合理信赖上述意思表示,

---

① Cf. Philip Sales & Karen Steyn, "*Legitimate Expectations in English Public Law: An Analysis*"(2004) *Public Law* 580.

② Cf. Philip Sales & Karen Steyn, "*Legitimate Expectations in English Public Law: An Analysis*"(2004) *Public Law* 580.

③ 但是,在德国行政法上却承认有例外,比如,在1956年德国高等行政法院的一个判决中,一个寡妇得到行政机关的一个通知,上面说肯定能给她享有某种社会福利金,于是,她就从东德移居到西柏林。但在发放了一段时间福利金之后,行政机关发现这个决定是错误的,于是就停止了发放,并要求她退还已发放的福利金。法院在该案的判决上就面临着行政合法性原则(the principle of the legality of the administration)与法的确定性原则(the principle of legal certainty)之间的冲突。法院在解决上述冲突上,是首先承认这两个原则都构成宪政秩序的要素,然后权衡行政合法性中的公共利益是不是大于信赖保护的需要,如果不是,那么行政机关的决定就是违法的。最后法院作出了有利于该寡妇的判决,要求行政机关继续发给该寡妇福利金。Cf. C. F. Forsyth, "*The Provenance and Protection of Legitimate Expectations*"(1988) *Cambridge Law Journal* 243~244.

并且已经作出和实施自己行为计划的无辜相对人来说(注意,我们讨论问题的前提),很可能会陷入尴尬,甚至造成已投入的财产没有效益,不能得到预期的财产利益。那么,在这种情况下,要不要为当事人提供赔偿(补偿)性保护(compensatory protection)? 也就是要不要行政机关承担由此产生的国家赔偿(补偿)责任呢? 还是采取其他的救济方式?

1. 撤销违法意思表示造成损害的救济:平衡方法? 还是赔偿?

行政机关先前作出的意思表示是违法的、错误的,有可能是在三个意义上说的,一是行政机关是在其权限范围之外作出上述意思表示;二是虽然是在行政机关的权限之内,但却是由没有这方面权限的公务员作出的;①三是意思表示是违反法律规定的,或者是错误的,起误导作用。

对于上述违法的意思表示,由于行政权及其法律规定的复杂性,当事人当时也搞不清楚行政机关的上述意思表示是违法的、错误的,而且,对于相对人来讲,行政机关无疑是行政上的专家,容易获得信赖,"不信他,信谁!"在这种情况下,相对人对自己的行为作出了安排。现在,如果又以违法或错误为由不按照上述意思表示办事,那么,就很可能会对当事人造成损失。对于这种情况,现在无论是在英国、法国、德国、荷兰、美国、加拿大还是欧共体都已明确行政机关应当承担法律责任。但是,以什么样的方式来承担法律责任? 是让行政机关继续受自己言行的约束呢? 还是给予赔偿? 在这个问题上存在着不同的见解。

(1)平衡方法

一种办法就是像美国和加拿大法院采用的,在具体个案中由法院来权衡两方面的利害轻重:一个是,如果不按上述意思表示办,可能会对当事人造成的损害;另一个是,如果行政机关遵守上述意思表示,可能会对公共利益造成的损害。如果前者大于后者,那么,法院可以判决,背离上述意思表示属于滥用裁量,要求行政机关遵守原先的意思表示。②在这里,我们仍然可以看到实体性保护的可能。

但是,这样的做法却遭到了反对,甚至根本否定存在任何的责任。其理由是,在这里根本就不存在"合法"预期问题,相对人只是基于一种"非

---

① Cf. P. P. Craig, *Administrative Law*, London. Sweet & Maxwell, 1999, p.638.
② Cf. P. P. Craig, "*Legitimate Expectations: A Conceptual Analysis*"(1992) 108 *The Law Quarterly Review* 89.

法"的预期要求行政机关执行越权的意思表示,因此,这样的要求不能支持。①此其一。其二,如果硬要行政机关遵守诺言,用禁止反言(estoppel)约束行政机关,那么无疑会不恰当地扩大行政机关的权限,把越权的行为当作权限内的行为来对待。这也违反了权力机关要求行政机关依法行政的授权目的。其三,如果让上述意思表示具有约束力,那么很可能会影响到第三人的利益。

在我看来,我们的确不能简单地全盘否定上述平衡方法的合理性。这种合理性实际上仍然蕴含在法的确定性原则(the principle of legal certainty)与合法性原则(the principle of legality)之间必要的调和上。是因为国家的终极目的是保护个人权利,公共利益的实现,不能以过分牺牲个人利益为代价。因此,上述方法实际上是用利益平衡的观念来获得合宪性。也就是回避了上述反对意见,而是从另外一个路径去论证上述平衡方法的合宪性。

话又说回来,我们也不得不承认,上述反对意见的确铿锵有力,很难驳倒,这就给上述平衡方法带来了抹不掉的理论瑕疵。特别是考虑到禁止反言的结果很可能造成公共利益的损失,尽管比起在相反情况下对当事人造成的损失要小些,但毕竟是一种损失,而且,还有可能造成第三人的损害,因此,上述平衡方法未必就是一个比较妥当的、理想的方法。但是,如果据此提出行政机关绝对没有责任的话,那么,就会像有的学者讥讽的那样,"是逻辑上的完美,但却是丑陋的不公正"(the beauty of logic and the ugliness of injustice)。②因此,我们还必须另外去寻找更加可行的救济方法。

(2)赔偿

第二种解决办法就是给予赔偿。其理论上的根据是,首先,如果我们选择了允许行政机关改变自己先前的意思表示,那么,实际上是以公共利益优先为置重的,这肯定是无可厚非的。但是,从公共负担平等的角度讲,在其他绝大多数社会成员享受因改变意思表示带来的好处的同时,却让特定人单独承担非正常的损失(abnormal loss),或者说,特别的牺牲,显然是不适宜的,因此,应当考虑赔偿。其次,对于行政机关先前的违法行为造成的损害,

---

① Cf. P. P. Craig, op. Cit., p. 644, especially note 60.
② Cf. P. P. Craig, op. Cit., pp. 637~648.

以赔偿的方式来承担责任,也比较符合国家赔偿的基本原理。再次,从某种意义上我们可以这么认为,是充分地利用赔偿的功效,来换取行政机关改变意思表示的可能性,从而达到双赢的效果。最后,也避免了前一种方法可能引来的诸多关于合宪性的争论。因此,相形之下,赔偿的方法更加简洁,更加妥当。

这方面的实践尤其以法国为典型。在法国,只要是行政官员对事实、法律或意愿作出不正确的意思表示,相对人照此行事,却遭受了损失,并且没有可归咎于相对人的过错,那么,行政机关就要对这种公务过错承担责任。当然,承担责任的前提是要有直接的因果关系(direct causation)、特定的损害(certain damage)和可归咎的过错(contributory fault)。[1]同样,在英国也采取类似方法。对于行政机关越权的意思表示,允许其撤销,否则就违反了立法至上原则(the doctrine of legislative supremacy)与法治(the rule of law),但可以赔偿当事人因此遭受的损失。如果不能赔偿的话,当事人也可以就行政机关的误述过失(negligent misstatement)寻求救济。[2]

在德国,《联邦行政程序法》也有类似做法。对于某些违法的授益行政行为,行政机关可以基于公共利益的原因而予以撤销,但应对相对人的信赖利益给予适当的财产补偿。但这种方法也受到质疑,批评的要点有:首先,在某些情形下,相对人的信赖利益很难用财产进行估量;其次,财产补偿对于相对人而言并非其所预想的最佳的保护方式,因为行政行为仍被撤销,相对人的信赖基础仍然受到破坏。[3]

但是,对于行政机关履行法定咨询职能过程中出现的错误意思表示,英国法不太乐意加诸其法律责任。[4]欧共体法在这方面也是持谨慎的态度。其中的缘由,主要是考虑到行政机关向相对人提供各种咨询意见和指导是行政机关很大一部分日常工作,再加上现代行政的复杂性,要想做到每个意见

---

[1] Cf. Soren J. Schonberg, op. Cit., pp.220~232.
[2] Cf. Gordon Anthony, *Judicial Review in Northern Ireland*, Hart Publishing, 2008, pp.188~189.
[3] 赵宏:《法治国下的行政行为存续力》,133页,北京,法律出版社,2007。
[4] 但是要注意,英国法中实际上还有着其他的救济途径,比如,英国议会行政委员会委员(Parliamentary Commissioner for Administration)和地方政府监督专员(Local Government Ombudsmen),就有可能为那些受错误行政指导之害的受害者提供救济,使后者获得一定的赔偿。当然,由于这些救济的效果并不理想,所以,英国法在欠缺有效的赔偿性保护方面受到了学者的批判。Cf. Soren J. Schonberg, op. Cit., pp.233,234.

或者指导都准确无误,恐怕不太可能,其间错误在所难免。如果对所有的错误意见都可以要求赔偿的话,一方面会妨碍行政机关履行上述职能,另一方面,会造成大量的索赔案件,造成国库和法院资源的紧张。

(3)对我国相关制度的思考

在我国,对于政策失误造成的损害,因为缺少抽象行政行为的赔偿规定,索赔无据。对于政府咨询、指导错误,因为该意见"仅供参考",是当事人自愿实施的,所以,很难获赔。然而,这种付之阙如,把因为行政机关的过失而造成的损失完全加在受害人身上,显然有失公平,而且,不利于加强行政机关工作人员的工作责任心,让其恪尽职守、尽职尽责。

但是,在赔偿问题上又必须特别慎重,特别是考虑到当前各地行政机关都在搞"错案追究制""一票否决制",基层工作人员的总体素质又不是非常高,在这个问题上更要慎重。因此,必须严格限定赔偿的条件,具体地讲,就是:

第一,行政机关必须个别地、清楚地向相对人作出上述意思表示,使相对人能够合理地产生预期。从欧共体和法国等经验看,愈是通过比较具体的方式,比如,电传、书信等,向特定相对人作出上述意思表示,也就愈容易被确认为存在着合理的预期。这不论是对于现在正在讨论之中的违法的意思表示,还是下面将要讨论的合法意思表示,都是这样的。

第二,上述行政机关的意思表示是违法的。

第三,相对人是无辜的,不知道上述行政机关的意思表示是违法的。

第四,改变上述意思表示会给相对人造成损失。这种损失最主要地表现在先期的投入资本,以及肯定能够获得的预期利润。

第五,违法意思表示与相对人的损失有着直接的、内在的、必然的因果关系。在因果关系上要求比较严格,也是出于上述行政复杂性的考虑,而且,也是法国和欧共体采取的基本策略。[①]

2. 撤销合法意思表示造成损害的补偿

如果行政机关先前制定的政策或者提供的意见没有问题,是正确的,但后来在执行时却背离了上述意思表示,给相对人造成了实际的损害,那么,

---

① 在法国,这样的因果关系严成什么程度呢? 比如,在法国 Caladou 案中,因为行政机关告诉原告的期限是错误的,致使原告错过了要求战争损害赔偿的机会,原告因此要求赔偿。但法国行政法院却认为,上述错误的指导与原告的损失没有事实上的因果关系,行政机关不承担责任。因为有关期限的获悉途径是很多的,比如,可以询问周围同样情况的其他人、新闻媒体的报道等。

承不承担赔偿责任,或者按照我国行政法理论的习惯说法,补偿责任呢(在英文中是不区分的,都用 compensation)?

在英国法上,原则上不会,除非存在着裁量过失(negligence in discretionary decision-making)。但是,要想证明后一点实际上是很困难的,因为条件很苛刻。① 其结果是英国法在这方面的赔偿门槛很高,当事人很难跳过去,所以,迄今为止都没出现成功的索赔案件。欧共体法对上述情况是采用违反合法预期过错责任(fault liability for breach of legitimate expectations)来解决的。但是,欧洲法院在衡量合理预期与公共政策上力度显然比英国法强。法国行政法院认为,如果行政机关已经(正确地)宣布了要采取某项政策或者某种行为,但后来却没有这么做,那么,就要承担违反非契约承诺之过错责任(fault liability for breach of non-contractual promise, promesse non-contractuelle)。

目前,我国行政法的关注点主要集中在行政行为上,行政行为的效力理论就是用来解决诸如合法的行政行为能不能撤销等问题。但是,对于行政机关改变原先合法作出的政策或者指导、咨询意见等行为,因为不是直接对特定相对人发生法律效力的行政行为,所以,不在上述行政行为效力理论的射程之内。又因为行政补偿理论的不发达,特别是法定补偿的立法不完善,更是加剧了解决上述问题的迫切性。因此,实在有必要在行政补偿理论上补足这方面的内容。

同样,为了保证不实质性限制行政裁量权的行使,不会造成补偿的泛化,过分加重国库的负担。补偿的条件必须受到严格的限制:

第一,行政机关对特定的相对人作出过个别的、清晰的、不附带任何条件的、肯定无疑的意思表示,使后者产生合理的预期。

第二,上述行政机关的意思表示是合法的。

第三,造成了相对人的财产损失。在法国和欧共体法中,因预期落空造成相对人的不便(inconvenience)或焦躁不安(anxiety)也有可能获得赔偿。②

---

① 首先,对于信赖行政机关意思表示的相对人,行政机关负有注意义务(duty of care);其次,使预期落空的决定存在着 Wednesbury 不合理;再次,行政机关的意思表示必须非常清晰、不附加条件,能够产生合理预期;最后,行政机关在预期与政策之间的权衡上存在严重的不均衡。Cf. Soren J. Schonberg, op. Cit., p. 223.

② Cf. Soren J. Schonberg, op. Cit., p. 226.

但是,从我国目前的实际情况看,特别是考虑到国家赔偿与补偿制度的有关规定,还不宜把损害的范围扩得这么宽。

第四,因预期落空造成的损害与行政机关的意思表示有着直接的、内在的、必然的因果关系。

第五,在改变上述意思表示之前,没有采取足够的保护性措施,比如,事先通知受影响的当事人,给后者留有一段适应的时间,或者采取了某些过渡性政策。如果采取了,原则上就不产生补偿问题。

第六,上述情况下的改变不属于国家行为。如果改变行为是一种国家行为,比如,外交政策的变化导致原先的意思表示不能执行,在目前的行政法理论上,这只能算是相对人在社会生活中应当承担的忍受义务,不能要求赔偿或者补偿。除此之外,就应该考虑补偿问题。

第七,具有充分的公共利益理由。在欧共体法和法国法中认为,如果行政机关让相对人预期落空的决定具有充足的理由,那么就不存在责任问题,或者损害赔偿也会明显地减少。[1]对此我不太赞同。我认为,正是因为具有充分的公共利益理由,我们才允许行政机关改变原先的承诺或政策,也才产生对预期落空造成相对人的损失的补偿问题。如果行政机关没有充分的公共利益理由,那么就可能会选择前面的实体性保护方式。

九、结束语

总之,对合法预期的保护程度与具体方法,是法院权衡相对人预期的保护价值与公共利益的结果。在法院的手中掌握着程序性的、实体性的和赔偿性的保护武器,随时可以根据个案的具体需要使用它们。但在这过程中,法院的基本任务不是去阻止行政裁量权的行使,去阻拦行政机关改变原先的政策或承诺,而是在实质性保证上述行政机关的自由不被约束的前提下,尽可能地协调合法性原则与法的确定性原则之间、相对人预期与公共利益之间的冲突,以维护基本的公平。

从功效上看,合法预期也的确是一个非常精妙的工具。通过它,法院可以在保证行政机关的公共利益目标不受到实质性影响的前提下,最大限

---

[1] Cf. Soren J. Schonberg, op. Cit., p. 225.

度地保护相对人的预期,促进良好行政关系的形成,实现经济效率。因此,如果我们将这个概念糅合到我国的行政自由裁量理论与行政诉讼审查技术上,应当能够解决当前我们在落实 WTO 规则和行政诉讼上遇到的很多棘手问题。而且,从制度建设上说,通过它,还能够进一步促使我们对行政程序、行政诉讼、行政指导、行政政策、行政赔偿和补偿等一系列制度进行再思考与再构造。从更加深远的意义上说,引进这样的概念,对于促进法治国与依法行政在我国的落实,将信赖保护与诚实信用上升到行政法基本原则的高度,形成良好有序的宪政秩序,都能够起到积极有益的、推波助澜的作用。

从西方国家行政法理论上看,通过法院的不懈努力,以及学者的不断反思、批判和总结,合法预期理论已经变得越来越精致,越来越具有司法上的可操作性。因此,单纯从理论的成熟角度说,把它介绍和引进我国,已经是时候了。

第 二 编

对行政许可法第八条的批判性思考*
——以九江市丽景湾项目纠纷案为素材

目　次

一、引言　/ 114
二、辜负了合法预期　/ 115
三、还想听证吗？　/ 118
四、被"算计"了的行政救济　/ 126
五、预期很低的补偿　/ 129
六、结束语　/ 132

---

* 本文是我主持的国家社科基金项目（一般项目，批准号 07BFX023）"行政法上的合法预期制度"的阶段性成果，也获得了 2007 年教育部"新世纪优秀人才支持计划"资助。在九江市丽景湾项目纠纷案的论证中，王家福、应松年、姜明安、马怀德、张卫平等教授的观点也给了我很大的启发。在此致谢。本文曾提交给南京大学法学院和中德法学研究所于 2007 年 10 月 25 日举办的"市场经济中的行政程序法———个法律的比较"国际研讨会。本文的主要内容发表在《清华法学》2007 年第 4 期，并被中国人民大学书报资料中心复印报刊资料《宪法学、行政法学》（D411）2008 年第 3 期全文转载。

一、引 言

时光流逝,当我们回顾我国行政法治发展的历程时,我们会说,《行政许可法》(2003 年)的突出成就之一是初步确立了合法预期(legitimate expectation)制度。①仔细品味第 8 条,我们会发现,其中所蕴涵的保护方式,不像是有意识地仿效西方的设计作品,更多的是"土生土长",散发着浓郁的泥土芳香,表达出中国立法者的务实的经验、认识与智慧,但却与西方的合法预期保护方式有某些不约而同的偶合。

那么,在英国、澳大利亚、新西兰等普通法国家和欧共体所流行的合法预期制度是什么样子的呢?至少从我已经阅读到的、为数不少的有关合法预期的英文文献看,对合法预期的保护方式也大致不外乎程序性保护、实质性保护和赔偿(补偿)性保护。而且,在一些权威的英国行政法教科书中,基本上都是在司法审查(judicial review)情境之中介绍合法预期的保护问题,只不过是具体摆放的位置有些差异。②当然,就保护实现的可得性来讲,这些保护可能会向前延伸到行政过程之中,不需要都等到诉讼阶段再提供。我也在不断思考如何从上述角度入手,进一步整合与完善我国已有救济方式。在本文中,我也倾向于从合法预期的角度去解构《行政许可法》(2003 年)第 8 条规定。

但是,最近,我碰到一个关涉《行政许可法》(2003 年)第 8 条的行政纠纷案件——九江市丽景湾项目纠纷案,却面临着程序性和赔偿(补偿)性保护的全面失灵,甚至是连行政救济都无从寻求、无济于事,使得实质性保护也成为"空中楼阁"。

大概案情是,2004 年 1 月,横店集团九江东磁房地产有限公司(以下简

---

① 合法预期这个术语对于中国学者来说,似乎还比较陌生,我们更加熟悉的可能是"政府信赖保护",但我却更加愿意采用和推介"合法预期"。其中的理由,参见余凌云:《政府信赖保护、正当期望和合法预期》,载《厦门大学法律评论》,2007(第 12 辑)。关于合法预期,参见余凌云:《行政法上合法预期之保护》,载《中国社会科学》,2003(3)。

② 有的是放在与程序违法一起介绍,比如,阿玛丽的《行政法:对行政行为的法律挑战》(Carl Emery, *Administrative Law: Legal Challenges to Official Action*, London. Sweet & Maxwell, 1999);有的是在行政裁量中予以介绍,比如,克莱格的《行政法》(P. P. Craig, *Administrative Law*, Sweet & Maxwell, 2003);或者是兼而有之,比如,韦德和福赛的《行政法》(H. W. R. Wade & C. F. Forsyth, *Administrative Law*, Oxford University Press, 2004)。

称"东磁公司")①依法成功竞购位于九江市长虹大道北侧、火车站外广场两侧商住用地,进行房地产开发,项目命名为"丽景湾花园"。竞购地块成功后,东磁公司依法履行项目所需各种手续,包括但不限于:签订国有土地出让合同、缴纳土地出让金、取得《国有土地使用证》、办理项目规划、设计、建设、施工等行政许可手续。项目于2006年11月11日正式动工,截至2007年4月30日,东磁公司已实际投入项目资金13500多万元。

正当该项目在按计划如期实施时,九江市建设局突然于2007年4月30日通知东磁公司,要求暂停"丽景湾"工程施工;2007年6月20日,九江市规划局、九江市国土资源局、九江市建设局又联合下发《关于对停建"丽景湾"建设项目及善后处理意见的告知书》;2007年6月22日,九江市规划局作出《撤回项目选址、用地规划、工程规划许可的决定》;同日,九江市建设局作出《撤回施工许可的决定》。至此,"丽景湾"建设工程项目被迫全面停工。

本案的争议焦点是撤回许可是否违反了《行政许可法》(2003年)第8条第2款规定,在我看来,九江市政府与有关主管部门的撤回行政许可的举动的确辜负了当事人的合法预期。对此分析过后,我将重点思考:第一,在本案中,为什么政府可以很坦然自信、甚至是满不在乎地问当事人"还想要听证吗",对听证仿佛闲庭漫步,对结果已稳操胜券?第二,为什么撤回行政许可的决定书中告知的救济,对当事人来说,形式意义胜于实质意义?第三,如果撤回行政许可,补偿能够解决问题吗?

我之所以会接触到本案,是应横店集团之邀参加该案的论证。为了避免让人感到我先入为主、偏袒企业,也为了使我的研究所依赖的事实尽可能客观、真实、全面,我将尽量使用九江市政府和主管部门作出的正式决定的法律文本。而且,我的研究不想纠缠于本案的是是非非,而是想尽可能超越本案,深入对制度层面的思考。

二、辜负了合法预期

本案中,东磁公司按照政府的招投标方式,竞购位于九江市长虹大道北侧、火车站外广场两侧商住用地。并依法取得了建设用地规划许可证、建设

---

① 东磁公司是横店集团下属的一个公司。邀请我们参加该案论证的是横店集团。

工程规划许可证和建设工程施工许可证。对于上述竞标、许可活动的合法性,九江市政府和有关主管部门在正式的法律文本当中都没有予以否认。

2006年11月11日,丽景湾项目正式开工。2007年2月12日,A区工程桩完成施工;2007年4月30日,A区1#楼承台、底板完成施工。所有这些动工与工程进度,意味着该公司已为"丽景湾"建设项目投入了大量的资金,与诸多原材料供应商之间签订的合同也已经开始履行,也预示着项目完成之后将可能获得一定的利润。

东磁公司之所以敢于投资,并盘算预期的利益,当然是基于对政府许可行为的信赖。也就是说,只要东磁公司不违反法律,九江市政府主管部门就不会撤销有关许可。东磁公司也有理由相信,一个诚信的政府一定会保护这种信赖以及由此产生的信赖利益。因此,在本案中,显然产生了也存在着合理的、应当受到法律保护的合法预期。

这种寻求合法保护的诉求,在《行政许可法》(2003年)第8条中得到回应。第8条的核心思想就是防止行政机关擅自改变已经生效的行政许可,切实保护相对人依法取得的行政许可。按照大家通常的理解,第8条规定了补偿性保护。但其实,《行政许可法》(2003年)第8条第2款也蕴涵着一种实体性保护。也就是,通过具体界定行使撤回或者变更权的条件来控制行政权力,不符合者,不允许变更或撤回许可。这种立法技术,是我国立法者尤其擅长的,它集中体现了立法者的睿智,老道而成熟。通过它,对合法预期的实质性保护将变得更为实在,具有更加客观的可衡量性。根据该条款规定,[①]只有符合以下条件之一的,才可以依法变更或者撤回行政许可:

(1)行政许可所依据的法律、法规、规章修改或者废止,为了公共利益的需要,行政机关可以依法变更或者撤回已经生效的行政许可。其中,法规范变化与行政许可之间应当有着内在联系,比如,许可条件发生实质改变。

(2)准予行政许可所依据的客观情况发生重大变化的,为了公共利益的需要,行政机关可以依法变更或者撤回已经生效的行政许可。

---

① 《行政许可法》(2003年)第8条规定:"公民、法人或者其他组织依法取得的行政许可受法律保护,行政机关不得擅自改变已经生效的行政许可。行政许可所依据的法律、法规、规章修改或者废止,或者准予行政许可所依据的客观情况发生重大变化的,为了公共利益的需要,行政机关可以依法变更或者撤回已经生效的行政许可。由此给公民、法人或者其他组织造成财产损失的,行政机关应当依法给予补偿。"

而且,从正确适用的角度看,不是只要存在公共利益,无论大小、多寡,都允许变更或者撤回,而是必须符合比例原则的要求,要求公共利益与相对人的合法权益相比,更加重要、更为巨大;相对人因此受到的损害比起公共利益来讲,要小得多,是相对人可以合理忍受的程度。

因此,如果需要变更或者撤销已经生效的行政许可,主管机关必须说明是否是国家法律、法规、规章发生变化,或者发生重大情势变迁,必须撤回已批准的许可证;必须说明该项目已经达到了必须撤回许可的程度,不撤回、不停建,不足以有效保护公共利益;必须充分论证撤回许可证,获得的公共利益将远远大于为此可能导致的当事人的损失。

但是,从九江市建设局《关于暂停丽景湾工程施工的通知》、九江市规划局、九江市国土资源局、九江市建设局《关于对停建"丽景湾"建设项目及善后处理意见的告知书》、九江市规划局《关于撤回 2005X0201077~078 号〈建设项目选址意见书〉、2005Y0201056~057 号〈建设用地规划许可证〉、2006G0201364~367 号〈建设工程规划许可证〉的决定》〈九规决字〔2007〕01号〉以及九江市建设局《关于撤回 3604032006102501/3604032006102502 01号施工许可证的决定》〈九建决字〔2007〕1 号〉中,我们并没有发现据以颁发行政许可的法律、法规、规章被修改或者废止,也没有发现客观情况发生重大变化。至少,上述法律文书之中,没有认真、详细阐述和解释"哪些据以颁发行政许可的法律、法规、规章被修改或者废止了? 客观情况发生了怎样的重大变化"。用行政法术语来讲,就是说明理由不清楚、不充分。

从上述法律文书的字里行间,以及横店集团法律顾问与我们的交谈之中,似乎"公共利益"(public interest)也就是根据群众的反映和人大代表的意见,该项目的地段不适宜建筑,必须改为大片"绿地",是九江市政府和有关主管部门撤回行政许可的唯一理由。

但是,这个理由似乎很难说服当事人。因为丽景湾项目所处的地界的确十分重要,位于火车站对面,政府对东磁公司的设计也给予了极大的重视。希望该项目建成之后,能够形成"城市之门"的布局,成为火车站广场的标志性建筑,凸显九江城市的历史文化底蕴与形象,与这座历史文化名城相辉映,和周边的山水生态相吻合,体现出一种很高的品位与意念。所以,项目地块规划设计按照政府意见多次增删,几易其稿,经过六次论证方才定稿。九江市规划局在通过有关规划许可及其建设方案之前,还专门组织召开了城市规划行政许可听证会,全面征求了政府、人大、专家、市民代表和其他有关单位的意见。在当事人看来,丽景湾项目从规划、设计到建设方案的确定、许可,处处可见政府的身影,而且征求了各有关方面的意见(包括事后发难的人大常委会的意见),这充分说明了该项目决策本身就非常审慎、严谨和科学,已经充分考虑了项目与周边环境景观的协调一致,具有合法正当性,充分体现了公共利益的要求。

另外,丽景湾项目实际投入项目资金已达13500多万元。如果撤回许可证,意味着政府要付出一大笔补偿金,除了上述已经实际投入的资金,还有因停工造成的经济损失、付给供应商的违约金以及项目完成之后可以获得的合理利润,总数额据公司估算将高达上亿元。这些补偿金都是纳税人的钱,无疑也是公共利益之所在。难道政府要付出双倍的公共利益去换取所谓的绿地所体现的公共利益?

因此,不要说当事人,就连我在阅读了有关卷宗之后也感到,九江市政府与有关主管部门似乎不能有说服力地解释其撤回许可行为符合《行政许可法》(2003年)第8条第2款之中的任何一种条件,更无法让人信服地感受到存在着客观的、巨大的、必须通过撤回才能妥善保护的公共利益。这种失之草率的撤回行为自然也就辜负了当事人的合法预期。

三、还想听证吗?

我们观察本案中行政决定的形成过程,大致分为几个阶段:

(1)九江市建设局于2007年4月30日给东磁公司一个《关于暂停丽景湾工程施工的通知》(九建办字〔2007〕57号),内容是"丽景湾工程由于社会反映大,市人大即将对该工程进行专题视察,请贵公司暂停施工"。

(2)2007年6月20日,九江市规划局、国土资源局、建设局联合发出《关于对停建"丽景湾"建设项目及善后处理意见的告知书》,文中对作出停建决定的程序也作了一些交代,即"丽景湾项目取得各项行政许可手续后,人民群众提出了异议,为此,市人大组织部分省市人大代表对该项目进行重点视察,并组织由工程院院士参加的权威规划设计专家进行了论证。根据人民群众的意愿、人大代表视察的建议和专家论证的意见……"

(3)2007年6月22日,九江市规划局《关于撤回2005X0201077~078号

〈建设项目选址意见书〉、2005Y0201056～057号〈建设用地规划许可证〉、2006G0201364～367号〈建设工程规划许可证〉的决定》(九规决字〔2007〕01号);同日,九江市建设局作出《关于撤回360403200610250101/360403200610250201号施工许可证的决定》(九建决字〔2007〕1号)。

从上述正式文本的表述中可以看出,促成上述决定作出的主要环节与依据包括接到人民群众反映、人大代表视察、规划设计专家论证,只字未提是否曾向当事人说明理由、听取意见或者举行听证。据横店集团的工作人员介绍,在作出决定之前没有听取东磁公司的意见,更不用说听证了。从发出告知书到撤销许可证之间,仅隔2日,的确也很难想象会在这么短的时间内举行什么听证活动。

当然,东磁公司出于自身利益的考虑,也许会通过各种"关系"去打探消息,也可能会动员各种"力量"去影响、阻止有关决定的作出。但是,这只是中国人司空见惯、习以为常的一种"自力救济",全然不是参与行政所说的那种"参与",也谈不上受到正当程序的保障。

当然,从纯粹的法律规定上,从形式意义上,我们还无法强烈指责这种行政决定的不合法。因为,《行政许可法》(2003年)第8条第2款就根本没有为当事人提供任何程序上的保护;第46条、第47条,[①]从行文表述以及立法原意上看,都只是对作出行政许可之前的听证要求。像本案这样,行政许可颁发生效之后,如果要撤销,是否需要听证,在《行政许可法》(2003年)中付之阙如。这种制度性的严重缺失给东磁公司带来了极大的不利。

但是,至少我们有两个依据说明九江市政府主管部门的决定在程序上是违法了,而且,一旦诉诸法院,将会遭致撤销。一个依据是,国务院2004年3月22日颁布实施的《全面推进依法行政实施纲要》中对程序正当作了总体要求,"行政机关实施行政管理,除涉及国家秘密和依法受到保护的商业秘密、个人隐私的外,应当公开,注意听取公民、法人和其他组织的意见;要严格遵循法定程序,依法保障行政管理相对人、利害关系人的知情权、参与权

[①] 《行政许可法》(2003年)第46条规定:"法律、法规、规章规定实施行政许可应当听证的事项,或者行政机关认为需要听证的其他涉及公共利益的重大行政许可事项,行政机关应当向社会公告,并举行听证。"第47条规定:"行政许可直接涉及申请人与他人之间重大利益关系的,行政机关在作出行政许可决定前,应当告知申请人、利害关系人享有要求听证的权利;申请人、利害关系人在被告知听证权利之日起五日内提出听证申请的,行政机关应当在二十日内组织听证。申请人、利害关系人不承担行政机关组织听证的费用。"

和救济权。"在政府眼里,该实施纲要是一个由国务院发布的"红头文件",效力丝毫不亚于法律。

另外一个依据是,《最高人民法院公报》收录的案例,不少是直接依据正当程序作出判决,以弥补实体法在程序规定上的缺失。比如,在"兰州常德物资开发部不服兰州市人民政府收回土地使用权批复案"(2000年第4期)、"宋莉莉诉宿迁市建设局房屋拆迁补偿安置裁决案"(2004年第8期)、"张成银诉徐州市人民政府房屋登记案"(2005年第3期)中,都是在没有法律明确规定的情况下,直接确认了原告应当享有告知、听取辩解和陈述等程序权利。

因此,我们可以非常有把握地说,在本案中,由于停止施工和撤回许可证将对东磁公司的重大利益产生影响,要事先告知当事人,并应当认真听取当事人的意见,必要时还应该召开听证会,征求当事人和有关利害关系人的意见。但是,九江市人民政府和有关主管部门在作出决定时却没有履行上述程序,违反了正当程序的基本要求。

而且,像本案这样的程序违法,其后果应该比较严重。正如普通法的传统理论所认为的那样,违反自然正义规则的行为,就像越权行为一样,将导致行政决定无效。因为公正行事的义务,就像合理行事的义务一样,被当作默示的法律要求来执行。因此,不遵守之,就意味着行政行为是在法定权限之外做出的,是不合法的,进而是越权、无效的。[①]因此,违反听证的行政行为,会实质性地损害正当程序理念和要求,自然也就是越权、无效的。[②]

据说,当横店集团与九江市政府有关领导交涉,并提出这种程序瑕疵时,政府领导并不避讳,反而直截了当地答复道:"你要听证吗?我们可以组织。"这种主动愿意补办听证手续的态度,对当事人来讲,应该算是一个"福音"。因为土地开发具有持续性和可接续性,所以,即使在作出撤回行政许可决定之后再举行听证会,只要结果有利,仍然可以"亡羊补牢"。但是,政府的"坦然"却使东磁公司更加忐忑不安,因为他们从中读出了政府的强硬态度——"即使给了你听证,也绝对不可能改变已作出的决定",东磁公司显

---

① Cf. H. W. R. Wade & C. F. Forsyth, *Administrative Law*, Clarendon Press. Oxford, 1994, p. 516.

② Cf. P. P. Craig, *Administrative Law*, Sweet & Maxwell, 1999, pp. 671~672. Cf. H. W. R. Wade, "*Unlawful Administrative Action: Void or Voidable?*"(Part II) (1968) 84 *The Law Quarterly Review* 101~103.

然对听证的结果丧失了信心,也不再坚持要求这项程序性保护。

显然,单纯的程序性保护不能满足当事人要求继续开发丽景湾项目的预期。而且,程序本身也的确不能真正满足当事人对实体内容的预期,因为程序正义对于实质正义的实现只起辅助性、助成性作用。所以,程序性保护的"强弩之末",便是实质性保护开始的原点。英国的 *R. v. Secretary of State for the Home Department, ex parte Kahn* 案早就例证了这一点。[①]

但是,我想追问的却是,为什么本案中当事人会对听证失去信心?为什么在我国,听证会像价格规制中所揭示的"逢涨必听、逢听必涨"那样带有一定普遍性的"失灵"?是不是听证制度本身存在着瑕疵?还是在中国特有的情境之下,听证还需要别的什么元素?或者是现有的一些元素还权重、强化得不够?

可以说,经过这么多年的学术研究与积累,我们对西方的听证制度已经有了比较深入的了解。我们以英国的听证为样本,遴选、提炼出其中对行政决定有实质性影响的要素,[②]把它们大致整理、归纳为以下几点(见表3-1):

表3-1 英国正当程序要素

知情的权利	应告知有关对象,告诉处理的内容,公布有关材料
他人代理	除非有禁止规定,允许他人(包括律师)代理
禁止单方接触或私下调查	如果存在利益冲突的当事人,禁止行政机构与任何一方当事人单独接触。 行政机构私下调查取证,如果没有给当事人充分知情和发表意见的机会,同样违反自然正义。
听证的合理安排	要给当事人足够的准备时间

---

① 该案中原告和他的妻子都定居在英国,想收养一个巴基斯坦的孩子。他去有关部门咨询时,对方给了他一个内政部的通知,里面很清楚地规定:对于想要收养、但又无权进入英国的孩子,在例外的情况下,如果满足某些条件,国务大臣也可以行使裁量权,作出有利于该孩子的决定。原告和他妻子就按照上述条件办了,并以为国务大臣会像他们所预期的那样作出决定。但是,国务大臣却以另外完全不同的条件为由拒绝批准该儿童入境。福赛(C. Forsyth)在分析这个案件时就指出,单纯的程序性保护根本无法满足本案当事人的预期,所以,对合法预期的保护必然要延伸到实质性保护。Cf. C. F. Forsyth, "*The Provenance and Protection of Legitimate Expectations*" (1988) *Cambridge Law Journal* 247~248.

② 对英国为代表的普通法国家的听证元素的归纳与整理,主要依据以下文献:P. P. Craig, *Administrative Law*, London. Sweet & Maxwell, 1999, p. 438, pp. 428~429, pp. 671~672. H. W. R. Wade & C. F. Forsyth, op. Cit., pp. 516, 531. 何海波:《英国行政法上的听证》,载《中国法学》,2006(4)。

续表

质证与听取意见	在采信行政机关提供的有证明价值的证据之前,应当向申请人出示,并且听取其意见。在某些案件中,还必须对证人证言进行质证。
采信标准	主持听证的裁判所对证据的要求和采信标准要比法院来得低。
案卷排他主义	听证结束后,行政机关原则上不得接受新的证据。

引入听证的两个最重要的文本是《行政处罚法》(1996年)和《行政许可法》(2003年)。梳理其中的听证规定,(当然,本案涉及的不是行政处罚问题,也不适用《行政许可法》(2003年)上的听证,但是,制度的比较是能够发现问题的),我们会发现,基本的因素并不缺失,制度的模仿似乎已惟妙惟肖。那么,为什么实践的运转仍然让当事人信心不足?似乎这里更多的是中国情境下的问题了,需要我们耐住性子、沉下心来认真观察和分析我国的实践。在这方面,朱芒对上海市行政处罚听证制度的实施状况所作的实证分析及其结论强烈地吸引着我。在我看来,有两点是至关重要的:

(1) 某些要素存在着进一步内化,需要立足本土的分析与重构

以"案卷排他主义"为例。在引进之初,在《行政处罚法》(1996年)上似乎存在着一个明显的制度"硬伤",就是没有规定"案卷排他主义",[①]这自然很容易使得实践上的听证流于形式,"你说你的,我干我的",使得行政机关有可能在听证之后依据未经质辩的证据作出行政决定。所以,《行政许可法》(2003年)很快就纠正了这个错误,在第48条第2款明确规定,"行政机关应当根据听证笔录,作出行政许可决定。"但这是不是就很契合中国人的需要呢?

朱芒在研究中发现,在我国,"当事人不仅仅将行政听证程序作为(从证明或确认合法性要件是否存在的角度)依法维护自身权益的途径,还常常将此作为一种可以向相应行政机关呈情或表达愿望的机会",把听证作为一种解决纠纷的机制。[②]因此,当事人很可能会在"要件—效果"关联框架之外提出一些他自认为"合情合理"、要求行政机关考虑采纳的证据或者方案(比如企业亏损、实际承受能力、行政机关是否有责任、争议持续的风

[①] 《行政处罚法》(2021年)补充规定了"案卷排他主义",第65条规定,"听证结束后,行政机关应当根据听证笔录,依照本法第五十七条的规定,作出决定"。

[②] 朱芒:《行政处罚听证程序制度的功能——以上海行政处罚听证制度的实施现状为分析对象》,收入其著:《功能视角中的行政法》,16、20~28页,北京,北京大学出版社,2004。

险等)。一旦行政机关"认真考虑甚至接受",就能够很顺利地解决问题,实现息讼止纷。因为"当这些理由或意见被采纳时,当事人自然对听证制度愈加认同,对听证程序的满意度愈加提高,由此导致使用事后救济程序的可能性降低"。①

因此,朱芒认为,严格的"案件排他主义"会桎梏、妨碍上述实践,不利于纠纷的顺利解决。因为"案卷排他主义"意味着必须将与听证内容无关的事实、情节、证据与规范经过整理之后统统排除出去,不作为影响行政决定作出的相关因素。很显然,上述上海实践中当事人提出的很多意见和证据都在排除之列。而且,朱芒观察到,行政机关为了顺利解决争议,一般也不会自觉地选择"惟一论"来进行自我约束。也就是说,"案件排他主义"建立起来的"惟一论"在行政实务中也没有得到支持。②

我赞赏朱芒细致入微的观察与分析,但却不太同意他的解释。在我看来,不是"惟一论"的"案件排他主义"出了错,而是行政裁量的考量体系有问题。相关考虑因素仅限于法定相关因素,过分狭窄,不周全、不科学。因此,在"要件-效果"关联框架之内应汲取更多的酌定相关因素,应当做适当的延展。实际上,上海听证中当事人提出的很多理由与意见都属于可以考虑的酌定相关因素。当然,行政机关在听证中可以考量的因素也是有限度的,必须只能是法定因素以及合理延伸的酌定因素,③不能无限制扩大。

这种对《行政许可法》(2003年)第48条第2款的重新认识与解读,就有可能把整个听证过程转化为一种在摸清当事人的预期基础之上的双方博弈与沟通的"合意"过程,从而在法律允许的框架之内尽可能地做到息事宁人。

(2)行政机关有无诚意至关重要

根据朱芒的研究,以及我与他之间的交谈,行政机关对通过听证来解决纠纷的诚意是极其关键的因素。否则,由于法律之中不可避免地存在着的大量的不确定法律概念;法律规定或许存在着不尽科学之处,有漏洞可钻;以及语言文字表述永远做不到完全精确,从而会产生理解上的歧异,等等,

---

① 朱芒:《行政处罚听证程序制度的功能——以上海行政处罚听证制度的实施现状为分析对象》,收入其著:《功能视角中的行政法》,16、20~28页,北京,北京大学出版社,2004。
② 朱芒:《行政处罚听证程序制度的功能——以上海行政处罚听证制度的实施现状为分析对象》,收入其著:《功能视角中的行政法》,22页,注23,北京,北京大学出版社,2004。
③ 关于行政裁量的相关考虑,参见余凌云:《论对行政裁量相关考虑的审查》,载《中外法学》,2003(6)。

行政机关很容易找到形式上合法的或者看上去像那么回事的理由。

以本案为例，《行政许可法》(2003年)第8条第2款允许撤回行政许可的规定之中，有一种情形是"准予行政许可所依据的客观情况发生重大变化的，为了公共利益的需要，行政机关可以依法变更或者撤回已经生效的行政许可"。其中，"客观情况发生重大变化"，以及"公共利益"，也是很能够"做手脚"的地方。第一，行政机关可以根据事后的群众反映以及人大代表的意见，或者再组织程序化一些，由人大常委会出具一个正式的意见，然后，名正言顺地修改该地段的城市分区规划或者城市详细规划。根据《城市规划法》(1989年)第21条第7、8款的规定，城市分区规划和城市详细规划只需报城市人民政府审批。程序非常简便，一切尽在掌控之中。假如规划发生了变化，许可焉能不变？当然，这仅限于一种假设，九江市政府并没有这么做。但这却恰好是横店集团最担心今后会发生的事情。假如将来会发生这种情况，那么，现在再怎么努力打赢这个官司，将来也会"竹篮打水一场空"。第二，面对"公共利益"这个似乎说不清楚的不确定法律概念（undefined legal concept)，你也很难有力地驳斥大片绿地不是"公共利益"的体现？

因此，解决主持听证人员的中立性、独立性固然重要，[①]但是，在我看来，是否想给当事人解决问题？是否真正把听证作为消弭纠纷的一次重要机会？行政机关的诚意就显得尤其重要。在英国，法官也认为，听取意见的关键在于真心诚意地邀请人家发表意见，并真心诚意地考虑人家的意见。[②]由于得益于长期市场经济熏陶之下形成的个人诚信，以及民主宪政发达之后对行政权形成的发散型、多元的、网络状的有效监督机制，使得政府诚信在英国那里有着良好的约束，所以，对此几乎是轻描淡写地一笔带过。但在我看来，在中国情境之下，这或许是一个非常本质性的东西，对听证的效果尤为至关重要。

[①] 我不想循着这个思路去进一步思考，因为这个问题早已被我们发现。北大—耶鲁法律与公共政策联合研究中心、耶鲁大学中国法律中心和国家行政学院行政法研究中心于2007年7月23日专门召开了"行政争议协调解决制度国际研讨会"，邀请美国专家 Jamie P. Horsley, Jeffrey Lubbers, John Vittone 和 Janice B. Deshais 重点介绍"行政法法官"(administrative law judge)制度，就是一种积极借鉴美国经验解决我国听证主持人的中立性的姿态与努力。而且，在我看来，解决好听证主持人的中立性、独立性问题，的确能够使行政机关不得不拿出解决问题的诚意来。

[②] R. v. Secretary of State for Social Services, ex parte Association of Metropolitan Authorities [1986] 1 WLR 1, at 4. 转引自何海波：《英国行政法上的听证》，载《中国法学》，2006(4)。

我们所说的"诚意",不是道德层面的东西,而是指解决问题的意愿与诚心。从我对实践的观察上看,行政机关之所以会有诚意,甚至表现出比当事人还要迫切地希望及时解决有关争议,主要原因可能有:

第一,的确出自良好行政的愿望,有错必纠,切实落实执法为民的要求。

第二,惧怕当事人上访,将事态闹大,引起上级机关的关注、不满与压力。最终不但得去解决问题,还落得个领导对其印象不佳。

第三,担心当事人提起行政复议或者行政诉讼之后,要付出更多的行政成本,包括:为应付行政复议、诉讼或者上访而支出的人力、物力、财力与精力;因败诉而年底考评扣分、当不上先进等。"得不偿失"。

对上述原因进行研究,我们会发现,类似西方的那种辅助性制度与情境,对我们来讲,有的正在建立与形成之中,比如,信用体系的建设与公众媒体的监督,但不可能一蹴而就,也不太可能立刻就形成良好有序的辅助运转机制。在目前,或许我们可以做的是,加强对行政机关的执法考评,适当地把上访率与诉讼败诉率作为考量的因素,作为年底"打分"的一项标准和内容,也许是有益的。这能够迫使行政机关真正拿出解决问题的诚意来,而不是敷衍了事、麻木不仁。

当然,我也注意到了,当前执法考评也的确产生了一些负面的效应,个别行政机关怕被扣分,反而变本加厉地阻挠、压制当事人寻求救济,变得更加没有解决问题的诚意。①我也承认,上访率和诉讼败诉率的高低不能完全说明行政执法的质量问题,但却能从一定程度上反映出执法问题。所有这些都会一定程度地动摇和否定上述我的制度设想。但是,我还是坚持认为,只要在执法质量考评指标体系之中有所体现,并给予恰当的权重,还是可以起到一定的督促和激励作用的。因为,政府解决问题的诚意有无和多少在上访率与败诉率之中是可以得到一定的反映。而且,对于实践中出现的那些偏差,可以有针对性地去预防和纠正。

---

① 以信访为例,群众的上访已经使某些地方政府患上了"信访综合征"。这种"信访综合征",一方面助长了个别当事人的一种心理——"大闹大解决,小闹小解决","只要闹,就能解决"。这显然不利于给社会传递一种正确的法律意识、权利义务观念;另一方面,不管信访案件是否存在问题,行政机关的处理是否有违法情况,上级政府一律要求引发矛盾的行政机关立刻解决,只要当事人不闹就行。基层行政机关因为害怕上级机关的考评、责任倒查等,对信访也成惊弓之鸟,在处理信访案件上也出现了不依法办事、"出卖公权力"的现象,只求息事宁人。蒋安杰、张学锋、张亮、李磊、刘显刚、王进文:《一石激起千层浪——"信访责任倒查"机制的法理评析》,载《法制日报》,2007-08-26。

四、被"算计"了的行政救济

在九江市规划局《关于撤回 2005X0201077~078 号〈建设项目选址意见书〉、2005Y0201056~057 号〈建设用地规划许可证〉、2006G0201364~367 号〈建设工程规划许可证〉的决定》(九规决字〔2007〕01 号)以及九江市建设局《关于撤回 360403200610250101/360403200610250201 号施工许可证的决定》(九建决字〔2007〕1 号)中,都同样规定:"如不服本决定,可在接到本决定之日起 60 日内依法向江西省建设厅和九江市人民政府申请行政复议,或 3 个月内直接向九江市浔阳区人民法院提起行政诉讼。"

从表面上看,上述撤回决定中对行政救济的告知简直是完美无缺、无懈可击,对行政复议和行政诉讼的受理机关与期限都规定得十分清楚,完全符合法律规定。但是,从横店集团与九江市政府的汇报、交涉情况看,上述规划局和建设局的撤回决定实际上是在执行市政府、市委的决策。这就使得上述告知的救济只是一个"美丽的神话",一个被"算计"了的、无法兑现的"期票"。或许这种"算计"不是出于有关政府部门的本意,而是因为《行政诉讼法》(1989 年)、《行政复议法》(1999 年)本身规定使然。但就结果而论,的确是把当事人给"算计"了。

因为,上述撤回决定本身代表了市政府、市委的意见,这使"向九江市人民政府申请行政复议"变得毫无意义。"自己做自己案件的法官",复议结果可想而知。而向"浔阳区人民法院提起行政诉讼",意味着两审都将在九江市境内进行,九江市区人民法院和市中级人民法院能够撤销上述代表着市政府、市委态度的行政决定吗?

但是,假如东磁公司无法有效寻求行政救济,那么,一旦与九江市政府和有关主管部门谈判失败,就根本无法获得司法的实质性保护。或者退一步说,假如撤回行政许可已成定局、不可挽回,在补偿问题上双方无法达成协议,需要由法院来居中裁断,东磁公司能够得到满意的判决吗?

这是当前行政诉讼普遍遇到的问题。从法院的实践看,比较有针对性的,也是正在推广实施的解决办法有两个:一是异地交叉管辖;二是指定管辖,提高审级。这两种做法都得到了最高人民法院的首肯。最高人民法院院长肖扬在第五次全国行政审判工作会议上说:"要积极推进行政案件管辖制度的改革和完善,通过加大指定管辖、异地审理的力度,防止和排除地方非法干预,为人民法院依法独立公正审理行政案件提供制度保障。""行政案件管辖制度的改革,可以起到以较小的代价,解决长期困扰行政审判问题的作用,对于保证人民法院公正审判意义重大。"①

最具有创新意味的是行政诉讼"异地交叉管辖",它始于2002年台州市中级人民法院,取得较显著的成效之后,由浙江省高级人民法院向全省推广。②但它在实践者看来还是有点"打'擦边球'的意思",因为它要连续运用《行政诉讼法》(1989年)第23条规定,③"一收一放"。就是先将有审判困难的案件的审理权收到上级法院,然后又将审理权下放给另外一个下级法院。而按照对第23条规定的正常理解,应该只是单向性、一次性的——要么收上来、要么放下去。但是,这种实践受到浙江省高级人民法院和最高人民法院认可之后,也就自然克服了这种法律依据上的瑕疵,成为法院发展行政法的一个创新举措,取得了合法正当性。

但是,行政诉讼"异地交叉管辖"迄今只限于中级人民法院以下。从台州的实践看,是针对可能受到干预的行政案件,告诉原告直接到台州市中院起诉,再由中院指定其他基层法院审理。在2006年4月形成的台州市中院规范性文件当中,上述实践的层次格局没有改变,只是将异地管辖案件的范围拓展到所有行政诉讼案件,并赋予原告是否要求异地管辖的选择权。④这

---

① http://bbs.edu1488.com/dv_rss.asp?s=xhtml&boardid=4&id=1784&page=19;或者 http://zhoudz198611.blog.163.com/blog/static/1057550200731562613302/,2007年8月5日最后访问。

② 据台州中院统计,2002年7月至2003年6月,一审结被告为县级政府的行政案件72件,政府败诉45件,败诉率62.5%。此前一年,台州市一审结同类案件107件,政府败诉14件,败诉率为13.1%。顾春:《调查:"民告官异地审"管用吗?》,载《人民日报》,2007-05-14,第10版。http://cpc.people.com.cn/GB/64093/82429/83083/5724427.html,2006年12月21日最后访问。

③ 《行政诉讼法》(1989年)第23条规定:"上级人民法院有权审判下级人民法院管辖的第一审行政案件,也可以把自己管辖的第一审行政案件移交下级人民法院审判。下级人民法院对其管辖的第一审行政案件,认为需要由上级人民法院审判的,可以报请上级人民法院决定。"《行政诉讼法》(2017年)调整为第24条,内容不变。

④ 顾春:《调查:"民告官异地审"管用吗?》,载《人民日报》,2007-05-14,第10版。http://cpc.people.com.cn/GB/64093/82429/83083/5724427.html,2006年12月21日最后访问。

种异地交叉管辖模式也在全国第五次行政审判工作会议上得到了肯定。①

所以,横店集团如果要尝试"异地交叉管辖",只能在九江市之内的基层法院之间交换案件的审理权,这对当事人没有实质意义。如果要跳出九江市,由其他市的中级法院审理,似乎又超出了目前全国法院系统实验的格局,没有先例和政策支撑。

提高审级,或许是能够考虑的另外一个方案。横店集团能不能尝试着说服九江市法院,本案纠纷涉及的数额巨大,对社会、对外地投资商的影响较大,属于《行政诉讼法》(1989年)第14条第(三)项规定的"本辖区内重大、复杂的案件",要求一审直接由九江市中级人民法院审理?

但是,第14条第(三)项之规定是典型的不确定法律概念。尽管最高人民法院在《关于执行〈中华人民共和国行政诉讼法〉若干问题的解释》(法释〔2000〕8号)第8条专门对该项做了解释,试图进一步明确上述不确定法律概念的内涵,②但是,不幸的是,本案的情形在第8条解释之中依然没有被解释到,又被再次打入第8条第(四)项的不确定法律概念之中。这意味着九江市中级人民法院对该案是否要提高审级、是否要直接受理该案具有绝对的裁量权,享有最终的话语权。但是,面对着九江市政府与市委,九江市中级人民法院会肯迈出有利于当事人的这一步吗?

横店集团也比较敏锐地预见到了这一点,所以,试图向江西省高级人民法院提出提高一审审级的要求,由九江市中级人民法院负责一审,二审自然就可以跳出九江市,由省高级人民法院受理。

但是,根据《行政诉讼法》(1989年)第23条规定,指定管辖提起的主体都是法院,要么是有一审管辖权的法院提出,要么是由上级人民法院决定。假如我们把"上级人民法院"仅理解为"上一级人民法院",那么,在本案中会

---

① 有管辖权的基层人民法院不适宜管辖的第一审行政案件,经原告申请、基层人民法院提请或者中级人民法院决定,可以由中级人民法院将案件指定到本辖区内其他基层人民法院管辖审理,实行异地管辖。http://bbs.edu1488.com/dv_rss.asp?s=xhtml&boardid=4&id=1784&page=19;或者 http://zhoudz198611.blog.163.com/blog/static/105755020073152613302/,2006年12月21日最后访问。

② 《最高人民法院关于适用〈中华人民共和国行政诉讼法〉的解释》(法释〔2000〕8号)第8条规定:"有下列情形之一的,属于行政诉讼法第十四条第(三)项规定的'本辖区内重大、复杂的案件':(一)被告为县级以上人民政府,且基层人民法院不适宜审理的案件;(二)社会影响重大的共同诉讼、集团诉讼案件;(三)重大涉外或者涉及香港特别行政区、澳门特别行政区、台湾地区的案件;(四)其他重大、复杂案件。"

出现两种很尴尬的情形：一是有管辖权的九江市浔阳区人民法院可能不会主动表示对该案的审理存在着困难，并报请九江市中级人民法院决定，由后者直接一审；二是九江市中级人民法院也很可能不会主动依据职权将浔阳区人民法院受理的一审案件收上来，由自己来审理。理由都是一样的，不愿意因此开罪九江市政府、市委。

那么，第23条中的"上级人民法院"能否理解为有一审管辖权的法院之上的所有法院，包括九江市中级人民法院、江西省高级人民法院，甚至最高人民法院？至少目前没有明确的司法解释。从行政法理论与行政审判实践中，我也没有找到有力的依据与先例。

因此，从本案中，我们发现，未来行政诉讼法的修改，要特别注意为当事人规定启动或者申请管辖变更方面的权利。① 我们可以进一步总结实践上可能影响管辖法院公正审判的各种情形，以此为判断前提：首先，由本地法院审理案件可能会受到被告权力干预的，允许当事人就此向省高院申请，改由外地法院审理；其次，由本省法院审理案件都可能会受到被告权力不当影响的，当事人可以向最高人民法院提出申请，要求由外省法院管辖。其中的机理无非是，管辖法院应当不在行政机关的权力射程之内，当事人只有对管辖法院公正裁判有信心，才可能服判息讼。

五、预期很低的补偿

九江市政府与有关主管部门也知道如此处理是会产生补偿责任的，而且，也都不回避补偿问题。九江市规划局、国土资源局和建设局在《关于对停建"丽景湾"建设项目及善后处理意见的告知书》中专门用一个标题说明了要"依法给予项目开发单位合理补偿"，全文是"我们将依法依规妥善处理丽景湾项目善后事宜，既要努力把损失降到最低限度，又要对因停建丽景湾项目给被许可人横店集团九江东磁房地产有限公司造成的财产损失，依法

---

① 让人高兴的是，这个问题在2008年初得到了初步解决。《最高人民法院关于行政案件管辖若干问题的规定》（法释〔2008〕1号）第2条规定："当事人以案件重大复杂为由或者认为有管辖权的基层人民法院不宜行使管辖权，直接向中级人民法院起诉，中级人民法院应当根据不同情况在7日内分别作出以下处理：（一）指定本辖区其他基层人民法院管辖；（二）决定自己审理；（三）书面告知当事人向有管辖权的基层人民法院起诉。"但是，在我看来，这还不够彻底。当事人如果认为中级人民法院也不宜管辖，是否可以直接向省高级人民法院起诉呢？比如，本案就面临这个问题。

给予合理补偿"。在撤销许可证的两个行政决定中,九江市规划局和建设局又再次表示"对因停建丽景湾建设项目给被许可人横店集团九江东磁房地产有限公司造成的财产损失,我们将依法给予补偿。"

我们假定九江市行政主管部门的撤回许可证行为是合法的,根据《行政许可法》(2003年)第8条第2款的规定,当然要承担补偿责任。这是由法律明确规定的合法行政行为引起的补偿,是对信赖许可而产生的合法预期的一种补偿性保护。

对这种补偿的正当性,可以从两个角度去理解。一种是"公共负担平等"(equality before public burdens)。这是法国人所提倡的一种理论。由于深受集体主义(collectivist)或者社会主义(socialist)观念的影响,法国允许行政机关为追求其所认为的更大的利益而改变行政行为,法院也不轻易去拘束行政机关的自由,但是,对于相对人作出的特别牺牲(special sacrifice),也就是非正常的(abnormal)、特别的损失,行政机关要给予补偿(compensation)。

在法国有一个很典型的案件——Rigal case,一个叫 Rigal 的放射科私人医生使用铯源进行治疗,并拥有相应的执照,十年来他也从中获益。但是,主管部门考虑到低强度放射治疗的副作用与低效率,撤销了该执照。Rigal 因此就得关闭诊所或者投资引进更加昂贵的新设备。行政法院认为,全法国180个放射科私人医生中的30个受到了部长的这个新政策的影响,他们为了公共利益遭受了严重损失,因此,应根据平等原则对他们的损失给予补偿。① 因为在 Rigal case 中,当事人付出了非正常的、特别的损失,不属于行政活动中应当由社会一般公众都承受或者容忍的不便或者损害,所以,必须通过要求行政机关承担无过错责任(no-fault liability)来解决公共负担的失衡问题。

本案的情形也大致如此。东磁公司在开工之后被迫叫停,公司本身没有任何的过错与过失,却要为政府追求的"公共利益"付出巨大的经济代价,自然属于一种特别牺牲,只有充分的补偿才能填补公共负担上的失衡。

另外一种理解是通过补偿换取行政的自由。这实际上是把补偿理解为一种交易,一种"对价",行政机关就可以合法的"食言",换取其本不该有的

---

① Cf. Soren J. Schonberg, *Legitimate Expectations in Administrative Law*, Oxford University Press, 2000, pp.175~176.

权力。①持这种理论的,比如英国。英国尽管没有类似于法国的公共负担平等原则,法院也回避发展风险或者平等责任,但是,却允许由行政机关自己根据个案(ad hoc)来作出对等(优惠)的补偿(equitable (ex gratia) compensation),以减少行政实施的困难。②尽管实际补偿的事例在英国实践中还是比较少见,但是,这中间似乎已经透露出某种交换的意味。

我也比较倾向用这种理论来解释补偿。撤回行政许可的补偿,实质就是说服性的权力(利)等价交换。既然是一种换取行政自由的"对价",补偿就决不应该只是象征性的、抚慰性的,而应该是充分的补偿。充分不是要满足当事人的"漫天要价",因为有着公共利益的因素。但是,充分却应当是合理的、足够的,是一般有理性的第三人都能够接受和认同的。③

明确这一点很重要。因为充分的补偿,意味着政府行使变更或者撤回行政许可的权力必须支付比较大的成本,这反过来,能构成一种对权力的制约,从经济成本上让政府知难而返,使政府更加理性地决断。所以,尽管英国、法国还有欧共体都认为,行政责任的主要目的是通过赔偿(补偿)实际损失来对行政错误进行救济,但是,与此同时,也都不否认,其具有一个很重要的从属(ancillary)的目的,就是阻止行政机关和个人固执己见、一意孤行。④

在本案中,横店集团九江东磁房地产有限公司依法获得商住用地以及有关许可证之后,项目于 2006 年 11 月 11 日正式开工,历时近半年,实际投入项目资金已达 13500 多万元。项目被迫停工后,每天直接经济损失多达 10 多万元。再加上取消项目而导致的违约,必须给合同相对方支付的违约金、赔偿金等,据公司估计,总数额将高达上亿元。但是,从东磁公司与九江市政府和主管部门的交涉情况看,谈判似乎比较艰难。

政府的补偿预期显然没有这么高,至少是东磁公司与其他供应商之间

---

① 其实,上述法国的"公共负担平等"实际上也包含了权力(利)交换的意思。

② 很有意思的是,在英国,法律一般不规定对合法撤回的补偿问题,但是,对于撤回规划许可(planning permission),法律却明确规定对因信赖许可而产生的损失(expenses incurred in reliance on the permission)必须予以补偿,这似乎是英国现行成文法中仅有的一个例外。Cf. Soren J. Schonberg, op. Cit., p.172, 174.

③ 在法国,因为信赖许可而产生的损失通常能够得到补偿,纯粹的经济损失(pure economic loss),包括利润的损失(loss of profit),原则上也能够得到补偿,但是,要有因果关系。Cf. Soren J. Schonberg, op. Cit., p.177, and footnote 72.

④ Cf. Soren J. Schonberg, op. Cit., p.172.

发生的连锁违约责任要支付的违约金和赔偿金,以及按照目前房地产市场行情与未来走势,丽景湾项目开发之后可能获得的合理利润,都不太可能纳入政府考虑的补偿范围之内。作为一个欠发达的地级市,要凑出几百万或者一、两千万或许还是可能的,但是,要它一下子拿出上亿元的资金作为补偿,就是为了换回一片绿地,这简直不可想象。对于九江市政府方面提出的其他一些解决方案,比如,置换其他地块,东磁公司考虑成本与利润,又觉得不能接受,很不划算,"无(少)利可图"。协商似乎是一条没有结果、徒耗精力的"马拉松"。

这显然暴露出《行政许可法》(2003 年)第 8 条第 2 款规定的内在缺陷。正如很多学者批判的,该条款的补偿缺少具体的标准、程序与期限。实践中只能靠个案中双方的谈判与磋商。但是,像本案这样,异地投资,栖息于"他人屋檐下"。政府单方意思表示,就能撤回许可证。东磁公司却不能不停工。东磁公司明显缺少能够有效牵制对方、讨价还价的"砝码"。补偿多少、怎么补偿很大程度上由政府说了算。那么,我们凭什么来保证协商的公正,保证通过协商就能消弭纷争呢?

因此,问题的关键就变成,首先,应当由法律明确规定补偿的标准,这非常重要且必要,它能够提供考量的客观标准,划定补偿的底线,减少纷争。其次,应当明确补偿的程序与期限,这也十分必要,它可以有效防止行政机关通过"拖延战术"让当事人身心疲惫,使问题不了了之。

六、结束语

以英国、欧共体的合法预期制度为参照,《行政许可法》(2003 年)第 8 条的设计可以说有得有失。有得之处在于对实质性保护的规定,充分体现了中国立法者的聪明睿智,显现了中国式的保护路径更加务实、客观。有失之处在于程序性保护杳无踪迹、补偿性保护失之抽象。

更为重要的是,通过九江市丽景湾项目纠纷案的研讨,我们发现,《行政许可法》(2003 年)第 8 条在实践中的诸多非立法所能预期的缺失和不足。这种发现,对于丽景湾项目的当事人来说,是不幸的。但是,对于制度的完善来讲,却又是十分有益的、值得庆幸的,它让我们能够充分、透彻地认识到第 8 条立法与实践的不足,为下一步完善提供了路径与方向,使引进的合法预期能够真正在社会中扎根。

　　讨论本案,还不能忽略一个很重要的情节,那就是政府与党委的换届。纠纷产生之时主政的市长和市委书记,都不是原来审批并作出决定的那任市长与市委书记。"人存政举,人亡政息。"在我国,必须特别警惕在换届之间的行政不连续、政策不连贯。政策的传承抑或突变,关系政府的诚信、百姓的信赖。

蕴育在法院判决之中的合法预期*

目　次

一、引言　/ 135

二、存在合法预期吗？　/ 139

三、什么是信赖利益？　/ 146

四、是判决的依据还是注脚？　/ 153

五、延伸的分析：另外两个案件　/ 162

六、余论　/ 165

＊ 本文是我主持的国家社科基金项目（一般项目，批准号07BFX023）"行政法上的合法预期制度"的阶段性成果，也是2007年教育部"新世纪优秀人才支持计划"项目的成果。管君帮助收集了《最高人民法院公报》刊登的所有行政案件，陈鹏检索并提供了从"北大法律信息网"上收集的有关案例，在此致谢。本文的主要内容发表在《中国法学》2011年第5期。

一、引　言

追溯制度的发展史,我们会发现,早于当下流行的政府信赖保护(Vertrauensschutz)、合法预期(legitimate expectations)进入我国行政法学者眼帘的,是诚实信用原则或者诚信原则,这甚至可以追溯至20世纪90年代初。①这显然是受私法长期熏陶的自然流露,或许也受到当时流入大陆的一些我国台湾地区行政法作品的影响。德日行政法上早有诚信原则的讨论,我国台湾地区行政法理论与实务也多受侵染。

最先走入行政审判,走进法官判词的,也是"诚信"或者"诚实信用"。②或许是受到私法的强烈影响,法官们在判决中会不由自主地援引这个术语,尤其是遇到那些行政法律关系和民事法律关系交织的案件,公法与私法交叉的领域,更是如此。③也许是因为诚信原则在行政法上多流于宏观叙述,不能提供具体的方法、技术与规则,因此,在我们见到的案例中,也仅限于阐释性的注脚式运用,没有成为行政判决的直接依据。

相形之下,我国学者对政府信赖保护和合法预期的关注较晚,教科书或者论文中出现"信赖保护"术语与介绍大约是在2000年前后,对合法预期的系统研究要再晚两三年。引用政府信赖保护和合法预期的案例十分罕见。在浏览最高人民法院公报从1985年创刊至2009年(截至第10期)所有75

---

① 比较早的作品,比如,戚渊:《试论我国行政法援引诚信原则之意义》,载《法学》,1993(4)。之后,偶尔有零星作品问世。比较集中的研究出现在刘莘教授主编的《诚信政府研究》(北京,北京大学出版社,2007)以及闫尔宝的《行政法诚实信用原则研究》(北京,人民出版社,2008)。

② 比如,"福州三福钢架制品有限公司诉长乐市国土资源局解除土地使用合同案",在该案审判中,法院认为:"上诉人关于'合同在征地审批前应全部无效'的诉讼理由与其作为一级人民政府的土地管理职能部门应当恪守的政府信誉极不相称,且不能解释其代表政府与外商投资企业三福签订'外商投资企业土地使用合同'时履行了行政法上的诚信义务,故该理由不能成立。"载国家法官学院、中国人民大学法学院编:《中国审判案例要览》(2003年行政审判案例卷),46页,北京,中国人民大学出版社、人民法院出版社,2004。

③ 在"北大法宝"的司法案例库中,选择"行政案例"类别,以"诚实信用"为关键词检索全部案例,可得到437个条目;以"诚信"为关键词检索,可得175个条目。但陈鹏的检索结果是,涉及"诚实信用"的有440个条目,除一个是民事判决误放入之外,应该为439个。据他的研读,这些案例大致可分为三类:(1)涉及商标、专利领域的行政裁决与行政许可;(2)涉及不动产权属方面的行政裁决与行政登记;(3)反不正当竞争领域的行政处罚。其中,出现在判决说理或者案例解说中的"诚实信用""诚信",绝大部分是对当事人民事活动的要求,直接用来规范行政权的,少之又少。

起行政案件中,我没有发现一个判决提及"合法预期"(legitimate expectation),也没有发现一个判决直接依据了"政府信赖保护"。但是,这决不意味着我国法院根本就与这些重要的行政法原则没有机缘。"益民公司诉河南省周口市政府等行政行为违法案"(以下简称"益民公司案")就是一例。①该案本该成为一个经典,却似乎没有在学界激起太多的涟漪。②我想通过本文重新唤起学人的关注。

为了讨论方便,我先把案情简要勾勒一下。

益民公司经工商注册成立于1999年4月,但未取得燃气经营资格。2000年7月7日,根据原周口地区建设局以周地建城(2000)10号文对益民公司作出《关于对周口市益民燃气有限责任公司为"周口市管道燃气专营单位"的批复》,益民公司成为周口城市管道燃气专营单位。益民公司取得该文后,又先后取得了燃气站《建设用地规划许可证》,周口市(现周口市川汇区)大庆路、八一路等路段的燃气管网铺设《建设工程规划许可证》和《建设工程施工许可证》等批准文件。已在周口市川汇区建成燃气调压站,并在该区的主要街道和部分小区实际铺设了一些燃气管道。

2002年9月23日。周口市规划管理局通知益民公司停止铺设管道工作。

2003年4月26日,市计委向亿星公司、益民公司等13家企业发出邀标函,着手组织周口市天然气城市管网项目法人招标。6月19日,市计委依据评标结果和考察情况向亿星公司下发了《中标通知书》。6月20日,市政府作出周政(2003)54号《关于河南亿星实业集团有限公司独家经营周口市规划区域内城市管网燃气工程的通知》(以下简称54号文)。54号文送达后,亿星公司办理了天然气管网的有关项目用地手续,购置了输气管道等管网设施,于2003年11月与中国石油天然气股份有限公司西气东输管道分公司(以下简称中石油公司)签订了"照付不议"用气协议,并开始动工开展管网

---

① 载《最高人民法院公报》,2005(8)。

② 针对该案的文章似乎不多,我从百度上只搜到了两篇。一篇是从信赖保护角度的案例点评,《论法院与行政信赖利益的保护》,http://miaoshou.fyzc.cn/blog/miaoshou/index.aspx?blogid=130405,2010年12月3日最后访问;另一篇仅是列举,王贵松:《论行政法原则的司法适用——以诚实信用和信赖保护原则为例》,http://www.studa.net/xingzhengfa/080312/09423736.html,2010年12月3日最后访问。在我的印象中,例举该案的信赖利益或保护的文章似乎还有一些,但肯定不多。

项目建设。

益民公司认为,市计委、市政府作出的《招标方案》《中标通知》和54号文违反了法律规定,并侵犯了其依法享有的管道燃气经营权,向河南省高级人民法院提起行政诉讼。后又向最高人民法院提起上诉(见表4—1)。

表4—1 本案的一些重要事实(按照时间顺序列表)

时间	事实
1999年4月	益民公司经工商注册成立,(未取得燃气经营资格),经营范围为管道燃气、燃气具、高新技术和房地产。
2000年7月7日	原周口地区建设局以周地建城(2000)10号文对益民公司作出《关于对周口市益民燃气有限责任公司为"周口市管道燃气专营单位"的批复》,批准益民公司为周口城市管道燃气专营单位。
2000年至2002年	益民公司先后取得了燃气站《建设用地规划许可证》,周口市(现周口市川汇区)大庆路、八一路等路段的燃气管网铺设《建设工程规划许可证》和《建设工程施工许可证》等批准文件。到一审判决为止,益民公司已在周口市川汇区建成燃气调压站并在该区的主要街道和部分小区实际铺设了一些燃气管道。
2002年9月20日	针对周口市两个燃气公司即益民公司和周口市燃气有限公司(由周口市政府与北京中燃公司联合组建,后来解散)并存的状况,市政府常务会议作出决议称:"不管什么情况,在没弄清问题之前,益民公司铺设管道工作必须停止,此事由市规划管理局负责落实"。
2002年9月23日	周口市规划管理局作出了通知,其中称:"根据《河南省〈城市规划法〉实施办法》第三十三条'在城市规划区内新建、扩建、改建建筑物、构筑物、道路、管线和其他工程设施,城市规划行政主管部门应提供规划设计条件,建设单位和个人必须取得建设工程规划许可证'的规定和周口市人民政府常务会议纪要(2002)5号要求,不管什么情况,在没有弄清问题之前,益民公司铺设管道工作必须停止"。
2003年4月26日	市计委向亿星公司、益民公司等13家企业发出邀标函,着手组织周口市天然气城市管网项目法人招标。

续表

时 间	事 实
2003年5月2日	发出《周口市天然气城市管网项目法人招标方案》。
2003年5月12日	正式举行招标。
2003年6月19日	市计委依据评标结果和考察情况向亿星公司下发了《中标通知书》。
2003年6月20日	市政府作出周政(2003)54号《关于河南亿星实业集团有限公司独家经营周口市规划区域内城市管网燃气工程的通知》(以下简称54号文),其中称:"由河南亿星实业集团公司独家经营周口市规划区域内城市天然气管网工程"。
2003年11月9日	周口市建设委员会作出周建城(2003)39号文,以原周口地区建设局周地建城(2000)10号文授予益民公司管道燃气专营单位资格缺少法律依据,不符合有关规章和规范性文件,属越权审批为由废止了该文。

该案被最高人民法院公报选登出来的,不是一审判决,而是由最高人民法院受理的上诉案件。在二审判决中,交相辉映着诚信与信赖。其中,至少有4处提到"信赖利益",有1处提到"政府诚信原则",有2处提到"基于信赖"(基于对被诉行政行为的信赖)。在"裁判摘要"中还特别指出"被诉具体行政行为违反了法律规定,且损害了相对人的信赖利益"。

我有一个很强烈的猜想,这是学者和法官的一次成功"合谋"。本案中,被上诉人周口市人民政府和周口市发展计划委员会的委托代理人分别是应松年、张树义和马怀德教授,原审第三人河南亿星实业集团有限公司的委托代理人之一是宋雅芳教授。上诉案件又由与行政法学界有着较为密切联系的最高人民法院行政庭法官审理。因为上述学者的介入,并将行政法上的诚信、信赖保护带入了法庭辩论之中,得到法官应合,让这些尚未被法律规定的术语出现在法院的判词之中。

或许,人们在看到"益民公司案"的这些判词时,比较容易联想到的是德国法上的政府信赖保护。这丝毫不奇怪。法官、律师和学者交谈的就是德国法上的知识。按常理,对本案的研究,也应该采用德国法上的信赖保护这一种理论分析工具。但我更想做的却是,援引与之形同神似的英国、澳大利亚、新西兰等普通法国家和欧共体的合法预期,作为参照物,作为整个研究的基本参数与坐标,进一步审视和评判。其间,为比对效果与异同,偶尔也会涉及信赖保护,但更多的时候会干脆把信赖保护放到一边,直接从合法预期去分析,期望在目光往返之间寻觅到新的智识、新的发现。

在文中,我将追问:法官多次提到的"信赖"从何而来?法官心目中的"信赖利益"是什么?是否有着超越《行政诉讼法》(1989年)第2条所说的"合法权益"、《国家赔偿法》(1994年)规定的可赔范围之外的新奇涵义?我更想拷问的是,判词中出现的"诚信""信赖利益",对判决结果有着怎样的影响?是判决的直接依据、唯一依据,还是判决理由的一个注脚?换句话说,即便判决之中不引入这些"辞藻",现有的法院救济是否也足以应付自如、左右逢源?这实际上是在做着一种测试,我想检测出本案的意义到底是语义上的还是实质上的,是阐释上的还是结果上的。

二、存在合法预期吗?

在"益民公司案"之前,甚至之后,在可供公开查阅的法院判决文献中,目光所及,我们几乎寻觅不见合法预期或者政府信赖保护的踪迹。所以,我们还无法从以往的审判经验中获取法官是如何判断信赖或合法预期的存在。在"益民公司案"中,法院在判决书中多次谈到了益民公司有"信赖"和"信赖利益",这是毋庸置疑的认可,但上下文之间却没有德国法所崇尚的精细推导,更缺少英国法的说理,似乎过于直率和粗糙,仿佛从石头缝里一下子蹦出来。而据我们阅读获知,德国、英国有关理论之中,对于是否存在信赖或合法预期的判断,牵涉很复杂的标准。所以,我们还必须帮助法官补上这个功课。

在该案中,交织着益民公司与亿星公司的权益纠纷,它们共同关注的都是政府的第54号文是否合法?是否会被撤销?而益民公司还多了一道关注,就是先前给它的10号批文还作数吗?这是我们讨论合法预期是否存在的基本情境。

1. 益民公司有合法预期吗?

无论是德国法的信赖保护,还是英国法的合法预期,都必定产生于行政机关的行为,但各自指称的术语不同,德国称之为"信赖基础"(Vertrauensgrundlage),英国称作行政机关的"意思表示"(representation)。

在个案中是否有着这样的"信赖基础"或者意思表示,是判断是否存在信赖、预期的第一个核心标准。

在"益民公司案"中,我们很容易就能找到这个"基础"和"意思表示"。原周口地区建设局在《关于对周口市益民燃气有限责任公司为"周口市管道燃气专营单位"的批复[周地建城〔2000〕10号文](以下简称10号批文)中以明确无疑的文字写道:"根据设计方案及专家论证,该项目既能近期满足工业与民用对燃气的需要,又能与天然气西气东输工程接轨。经审查,批准你公司为周口城市管道燃气专营单位。"

在一位英国法官看来,这个批文针对的对象绝不是宽泛的,而是直接针对且仅针对益民公司。意思表示也极其清晰、不含糊(clear and unequivocal representation)、不附带条件(unconditional)。这显然具有了某种契约性质,能够让益民公司产生合法预期,而且是一个实体性预期(substantive expectations),它将一直具有"周口城市管道燃气专营单位"的资格,不会被随意剥夺。这其中显然也潜藏着一种经营并长期获取的利益。同样,在一位德国法官读来,这个批文显然构成了一个"信赖基础",是一个有效表示国家意思的"法的外貌"(Rechtsschein),一个足以引起信赖的事实或行为,且与行政机关有关,是行政机关所为。

但是,光有行政机关的上述行为与意思表示还是不够的,根据德国的信赖保护理论,当事人还要有"信赖表现"。这是判断是否存在着信赖的另外一个核心标准。也就是说,要寻求信赖保护,必定要有外化的盘算、投入等信赖表现。[①]看上去,这似乎有别于英国。

从英国的判例法看,只要是对个人的清晰的、不含糊的意思表示(representation)或者承诺(promise),就足以产生合法预期,不取决于是否存在信赖,或者信赖受损(detrimental reliance)。Craig就曾说过,"信赖,尽管在多数案件中有潜在关系,但却不是必不可少的"(reliance, though potentially relevant in most cases, is not essential)。[②]在英格兰和威尔士有过这样的判例,即便当事人事先对有关政策一无所知,也有着这样的合法预期,行政机关在执行政策时

[①] 吴坤城:《公法上的信赖保护原则初探》,载城仲模主编:《行政法之一般法律原则(二)》,239~240页,台北,三民书局,1997。

[②] Cited from Daphne Barak-Erez, *"The Doctrine of Legitimate Expectations and the Distinction between the Reliance and Expectation Interests"* (2005)11 *European Public Law* 589.

必须一视同仁,同等对待。在决定对其不适用该政策时,必须说明理由。①

但其实不然。根据 Daphne Barak-Erez 的研究,仅有纯粹意义上的预期(expectations in the "pure" sense)而不涉及信赖,法院就予以保护的情形极罕见。②在英国的诉讼中,作为一个事实问题,通常还是要证明存在着信赖,假若没有,那么,将会影响到要不要保护预期(such reliance will, as a matter of fact, typically be present and, where it is not, this may sound on whether the expectation should be protected)。③唯有如此论证一番,当事人才能主张行政机关食言是违法的,法院也才能判断出当事人是否有"足够利益"(sufficient interest)。在法院看来,信赖受损,不总是金钱上的,还可以是道义形态(where there is detrimental reliance, this need not always be monetary but may be moral in form)。④尽管损害是否存在及大小,不会左右法院的态度,⑤但要是存在损害,损害愈明显,程度愈深,也愈容易得到保护。⑥

在"益民公司案"中,法院也特别关注到益民公司已经开展的经营活动,并有一定投入的事实。这个事实是客观存在的。我还找到一篇有关该案的新闻报道,记者详细地描述了投入的规模,他写道:"1999 年,益民公司从周口市建设局拿到了燃气管道专营许可,并已经为二百多户居民供气。周口市益民燃气公司副经理马峰也表示'主干线已经形成环状铺设整个城市了,

---

① Cf. Gordon Anthony, *Judicial Review in Northern Ireland*, Hart Publishing, 2008, pp. 183-184.

② 只有当行政决定仅影响一个有限的人群(a limited group),且法院干预不会妨碍行政机关行使裁量权时,方有可能。Cf. Daphne Barak-Erez, "*The Doctrine of Legitimate Expectations and the Distinction between the Reliance and Expectation Interests*"(2005)11 *European Public Law* 601.

③ Cf. Gordon Anthony, *op. Cit.*, p.183,186.

④ Cf. Gordon Anthony, *op. Cit.*, p.183.

⑤ Cf. C. F. Forsyth, "*The Provenance and Protection of Legitimate Expectations*"(1988) 47 *Cambridge Law Journal* 259. Cf. Iain Steele, "*Substantive Legitimate Expectations: Striking the Right Balance*"(2005) 121 *Law Quarterly Review* 310.

⑥ 荷兰的经验也表明,具有值得保护的信赖事实,这一点很重要。假如没有这种预期,当事人就不会实施这种行为,其状况也不会因此发生某种程度的改变。如果不满足这种预期,那么他必将受到损害。如果不是后来行政机关有了新的处理决定,他的利益也不会变得如此举足轻重(If no disposition has yet occurred, the interests of the person in whose mind the legitimate expectations have been created weigh less strong). Cf. J. B. J. M. ten Berge & R. J. G. M. Widdershoven, *The principle of legitimate expectations in Dutch constitutional and administrative law*, in *Netherlands reports to the fifteenth international congress of comparative law* (E. H. Hondius ed., 1998), pp. 422, 442, 447.

支线和主要干道都已经铺设完毕了'。"①上述事实表明,益民公司的确因10号文而产生了预期,而不是"完全潜藏于内心、而未有任何显现其信赖的期望"。②

在本案的审理中,一审、二审法院显然都充分考虑了益民公司的投入事实以及遭受的损失,也更愿意保护其基于10号文而产生的信赖或合法预期。更确切地说,即便当事人和行政机关有混合过错(见下述),法院也无法完全忽视、不顾忌当事人的损失,必定要为其提供一定的救济,否则就是不公正。③

所以,我们可以相当肯定地说,假定益民公司拿到第10号批文是没有任何瑕疵的,它当然可以合理地预期:在约定的期限内持续拥有对周口市天然气的专营权;即便将来"西气东输"成为现实,也不会改变其经营事实。也就是说,它可以合理预期的是一种持续的授益或好处(the continuation of the benefit or advantage)。如果行政机关未来要改变,就必须事先通知它,经过听证。未经充分的听证就剥夺上述授益或好处,就是不公正的。一种公正程序的保障,是这种情境(the circumstances)下必然产生的要求。④当事人对行政机关的这种信赖应当受到法律的保护。

或者,我们还可以套用德国法上信赖保护的公式,10号文是信赖基础(Vertrauensgrundlage),经营与投入是信赖表现(Vertrauensbetätigung),当事人先有基于10号文而"发生于内心层次的信赖",并进而有经营投入等"显

---

① 《经济信息联播:企业纠纷 西气东输受阻河南周口》,http://www.nen.com.cn/74333583107424256/20031203/1281779_1.shtml,2010年10月3日最后访问。

② 林三钦:《法令变迁、信赖保护与法令溯及适用》,14页,台北,新学林出版股份有限公司,2008。

③ 所以,一审法院在认定10号文存在瑕疵并构成违法的前提下,仍然在判决的两处重申了"对此,市政府及有关职能部门负有责任","对此,市政府及有关职能部门负有一定的责任"。并毫不含糊地指出:"在益民公司的燃气经营权被终止,其资金投入成为损失的情况下,市政府应根据政府诚信原则对益民公司施工的燃气工程采取相应的补救措施予以处理。"二审法院肯定了"益民公司根据原周口地区建设局于2000年7月7日作出的周地建城(2000)10号文,已取得了燃气专营权"。并指出,在该批文仍然有效的前提下,"市计委亦应在依法先行修正、废止或者撤销该文件,并对益民公司基于信赖该批准行为的合法投入给予合理弥补之后,方可作出《招标方案》"。

④ Cf. P. P. Craig, "*Legitimate Expectations: A Conceptual Analysis*" (1992) 108 (JAN) *Law Quarterly Review* 79~80。

现于外的举措",两者是信赖保护的必备条件,[①]当事人都满足了。

但是,从法院已经认定的有关事实看,益民公司是在没有燃气经营资格的情况下取得了营业执照。也就是说,在当时的法律政策条件下,行政机关严格执法,就不应该授予益民公司燃气经营权。有意思的是,有关行政机关在明知或者应该知道其没有燃气经营资格的情况下却批准并颁发了营业执照。作为专业公司,益民公司显然也应该知道有关法律手续尚欠缺,却仍然申请并领受了营业执照。所以,第10号批文—"出生"就带有"原罪",是双方混合过错下的产物。这种"写在额头"的瑕疵似乎足以让行政机关有理由撤销批文。

那么,我们就必须去回答,在这种混合过错作用下形成的具有相当明显瑕疵的许可,是否能够导致益民公司的合法预期呢?换句话说,一个已经取得的权利(acquired right),但却带有先天的不足和瑕疵,是否能够产生合法预期,并要求法院保护呢?这个问题有点复杂。英国和荷兰、德国、日本的认识与处理也不尽相同。

在英国,这种情形算作行政机关越权的意思表示。在司法上,区分权限内的意思表示和越权的意思表示(a demarcation between intra and ultra vires representations)的意义,最初是由 Sedley J. 在 *R. v Ministry of Agriculture, Fisheries and Food, Ex p. Hamble (Offshore) Fisheries Ltd.* 案中提出的。在他看来,违法的意思表示不会产生合法预期。因为,让行政机关受制于违法的意思表示,将产生双重效果,一方面,违法地扩展了法定权力;另一方面,因允许了行政机关任意扩展其权限,将损害越权无效原则(He stated that to bind public bodies to an unlawful representation would have the "dual effect of unlawfully extending the statutory power and destroying the ultra vires doctrine by permitting public bodies arbitrarily to extend their powers")。但是,这个观点受到了 P. Craig 的强烈批判。Criag 认为,仅凭合法性原则,就断定违法的意思表示绝对不能产生合法预期,这是不妥当的。他祭起的武器是利益衡量。越权无效原则的受益者是公众整体,但是,在特定的情景下,不意味着公众受益就一定大于

---

① 林三钦:《法令变迁、信赖保护与法令溯及适用》,9~22页,台北,新学林出版股份有限公司,2008。

受越权意思表示影响的当事人所遭受的困难。他说道:"合法预期存在本身并不是行政机关定然受到拘束的充分条件,尤其是因为意思表示是越权的。但是,合法预期的存在必定是一个信号,说明其中涉及法的安定性问题。它必会触动法院,去平衡合法原则和法的安定性原则。"(The existence of a legitimate expectation is not, however, a sufficient condition for binding the public body, precisely because the representation is ultra vires. The existence of a legitimate expectation does, however, serve as a signal that issues of legal certainty are involved in the case. The existence of such an expectation should, therefore, operate as a trigger to alert a court that a balance between the principles of legality and certainty may be required.)在 *Rowland v Environment Agency* 案的审理中,May L. J. 尽管没有全盘接受 Craig 的上述观点,尤其是通过利益权衡来断定是否提供实体性救济的观点,但是,他还是向前迈出了一步。他指出,行政机关违法的承诺或实践也可能产生合法预期,只不过对持有预期的当事人的实体性救济,必须仅限于行政机关合法权限范围之内(an unlawful promise or practice of a public body can give rise to a legitimate expectation, albeit that the substantive relief that may be afforded to the person holding that expectation is limited by the scope of the public body's lawful authority)。① 这成了通说。假如当事人没有过错,法院一般采取赔偿了事。

相对于英国的保守,荷兰、德国、日本更激进些。从荷兰的经验看,先前作出的行政决定虽有错误(error),但是,经过了一个足够长的时间,行政机关就有可能会丧失撤销的权力(forfeits its right of withdrawal)。② 在德国、日本和我国台湾地区的行政法理论中,也有类似的制度,称为"行政行为撤销的除斥期间",一般是行政机关"知有撤销原因时起二年内为之"。③ 之所以如此,是为了保护法的安定性和相对人的信赖,也是对行政机关长期不履行

---

① Cf. Sarah Hannett & Lisa Busch, "*Ultra Vires Representations and Legitimate Expectations*"(2005) *Public Law* 729~732.
② Cf. J. B. J. M. ten Berge & R. J. G. M. Widdershoven, *op. Cit.*, pp. 439~440.
③ 李惠宗:《行政法要义》,361页,台北,元照出版社,2007。章剑生和朱新力教授在各自的著作中也颇赞成除斥期间。章剑生《现代行政法基本理论》,171页,北京,法律出版社,2008。我也曾听到应松年教授说起,行政机关对建在政府旁边的违章建筑多年来熟视无睹,忽然一天却要强制拆除,这种做法应当有所限制。

法定职责的一种制裁。甚至,"对违法授益行为的信赖利益提供保护",被视为德国法上信赖保护原则的基本核心价值。①

假如我们认可上述理论,那么,即便益民公司在获得10号批文时存在着资格瑕疵,但是从1999年至2002年长达3年时间里,行政机关没有任何的否定或撤销举动,相反,却不断地发给其《建设用地规划许可证》《建设工程规划许可证》和《建设工程施工许可证》等批准文件。随着时间的流逝,行政机关也逐渐丧失了撤销的可能。

但是,在本案中,一审和二审法院之所以都毫不含糊地承认了益民公司具有合法的经营权,在判决书上也没有多少着墨,并不是法院接受了上述理论,而是因为后来的行政政策的发展朝向了有利于益民公司。有关机关主动放弃了"燃气经营资格"的政策要求。②就益民公司方面而言,染上的瑕疵自然愈合。这就是我们所熟悉的在法律政策适用上的从旧兼从轻原则。

这意味着,在一审和二审法院看来,上述在取得专营权过程中的瑕疵,已不足以否定已取得权利的有效性与合法性。这种权利依然应当受到法院的保护。基于这种已取得的权利(acquired right),当事人可以产生合法预期,其信赖利益依然值得法律保护。在实际审判中,法院也就不再、也没有理由再计较益民公司在申请经营许可中的资格瑕疵,而是直接认可第10号批文有效,承认益民公司根据第10号批文,能够预期其获得了合法的对管道燃气的专营权,而且行政机关应该兑约仅此一家在周口市专营。

2. 亿星公司有合法预期吗?

亿星公司有合法预期吗?二审法院毋庸置疑地肯认了其有合法预期,只不过是用了间接的表述,"如果亿星公司不能中标,则其基于对被诉行政行为的信赖而进行的合法投入将转化为损失⋯⋯"因为在法院看来,亿星公司在招标程序中无过错。

但是,我们需要追问的是,即便亿星公司在招标程序中无过错,这能保证其当然能够预期第54号文就是铁打的合法,它也可以据此而立刻展开建设活动,并能够期望它对第54号文的信赖和所有投入得到法律的保护吗?

显然,竞标人在招标程序中无过错,与招标决定是否最终合法绝然没有

---

① 刘飞:《信赖保护原则的行政法意义——以授益行为的撤销与废止为基点的考察》,载《法学研究》,2010(6)。
② 在国务院2002年宣布取消的审批事项目录中,取消了燃气经营资格审批制度。

关系。招标决定还可能因为行政机关的违法、其他竞标人的违法而被撤销。而且,从整个案件的过程分析,我们从情理上可以推测:第一,作为竞争对手,亿星公司应当知道益民公司与政府存在着尚未了结的"官司";第二,亿星公司开始投入建设时,也应当知道益民公司已经在相当的区域铺设了管道,是拆除还是转让,尘埃未落。所有这种明摆的事实都会提醒亿星公司,第 54 号文是很不牢靠的,不排除被改变的可能。

按照合法预期的理论,相对人应当能够预见行政机关的决定会改变的,其预期不受法律保护。这在欧洲法院、英国法院上都得到认可。①

益民公司可能也朴素地意识到了这一层,在上诉时讪讪地说:"亿星公司与中石油公司签订的'照付不议'用气协议是一审法庭审理后签订的,一审判决不应予以考虑","亿星公司所谓投资、损失均是法庭审理结束后由其擅自签订的所谓协议造成的,其所谓'擅自扩大的损失'是不应当受法律保护的,更谈不上所谓的公共利益"。但不幸的是,这个辩解没被法院理睬。

或许,亿星公司也会辩解道,之所以匆匆而为,是因为合同约定、行政机关督促过紧。但在我看来,这却是另外一个概念,信赖基础已超出了被诉行政行为,绝非完全出自第 54 号文之预期。所以,也不能接受。

三、什么是信赖利益?

或许出于信赖保护的潜意识,彼此呼应,二审判决中至少有 4 次提到了"信赖利益",至少在 3 处重复着这样的观点,甚至在表述上也大致相同,即"由于周地建城(2000)10 号文对整个招标活动始终构成法律上的障碍,故市计委直到对亿星公司发出《中标通知书》时,仍未对周地建城(2000)10 号文作出处理以排除法律上的障碍,属于违反法定程序,且损害了益民公司的信赖利益。"

这在我阅读起来,却发生了歧义。一种解读是,行政机关所违反的程序,是当事人所预期的,这种违反损害了当事人的信赖。这里的利益是寄寓在程序之中的,是一种拟制的、无法计算的、虚拟的利益。那么,所预期的程序本身是否蕴含着一种信赖利益(reliance interest)呢?是一种程序性信赖

---

① Cf. Paul Craig & Grainne De Burca, *EU Law*, Oxford University Press, 2003, p.384. 张兴祥:《行政法合法预期保护原则研究》,11 页,北京,北京大学出版社,2006。

利益？另外一种解读是，信赖利益完全表现在当事人的实际投入、预期收益上，是一种很实在、客观而能够算计的损害。通过法院上述不很精确、不很严密的表述，结合判决情境，我推测，后一种理解似乎更加符合法院想要表达的意思。

那么，什么是法院所认可的信赖利益呢？法院没有正面回答。可以肯定的是，在本案之前，在我们以往的行政法经验之中，在行政诉讼上的法院判词当中，在国家赔偿法之中，还不曾有过"信赖利益"这个术语。它是"益民公司案"首次引入的。那么，"信赖利益"是什么？为什么要得到保护呢？在比较法知识具有巨大话语权的今天，我们需要域外经验作为参照。

当我们将目光转向域外经验时，却惊诧地发现，英国人基本上也不讨论这个问题。受损的信赖（detrimental reliance）、可保护利益（protectable interest）或者预期利益（expectation interest）都不是合法预期成立所不可或缺的条件，赔偿性保护在英国始终不受重视。只在越权意思表示等极其罕见的例外中，法官才会估算这些利益，且应该与行政机关侵权赔偿理论无异。

其实，在私法上，早就有信赖（reliance）、信赖利益（reliance interest）和预期利益（expectation interest）等概念范畴，且有发达的理论。在英美私法上，对信赖利益（reliance interest）和预期利益（expectation interest）的区分，最早出自 Fuller 和 Perdue 的经典论文，他们把这种区分作为合同损害赔偿基础理论的一部分。但据 Daphne Barak-Erez 考察，可能是出于历史和文化的原因，对行政法上合法预期的正当保护之研究，没有汲取私法（主要是合同法）上已有的同类丰富素材（the research on due protection of legitimate expectations in administrative law has not resorted to the rich literature on the subject developed in private law (mainly contract law), probably due to historical and cultural reasons）。① 他的学术努力就是要打通彼此的关节。因为，尽管公法与私法有着不同的原理，私法上的信赖利益和预期利益之界分也受到了批判，这种界分仍然是一个有用的分析工具，可以援用到公法情境中来。

1. 什么是信赖利益？

所谓信赖利益是指因实施行为而导致的财产损失，以及因信任合同而

---

① Cf. Daphne Barak-Erez, "*The Doctrine of Legitimate Expectations and the Distinction between the Reliance and Expectation Interests*"(2005)11 *European Public Law*584~585.

发生的损失。拿 Fuller 的话说就是,"基于对被告之允诺的信赖,原告改变了他的处境",因此,"我们可以判给原告损害赔偿以消除他因信赖被告之允诺而遭受的损害。我们的目的是要使他恢复到与允诺作出前一样的处境。在这种场合受保护的利益可叫作信赖利益"。①

那么,在"益民公司案"中,法院心目中的信赖利益是什么呢?二审法院在判决中只是含糊地说,"对周口市益民燃气有限公司的合法投入予以合理弥补"。因为有着《国家赔偿法》(1994 年)规定的赔偿细目与标准作为坐标,也不乏实践参考,所以,法院并不担心无法操作与落实。照此推断,法官心目中的信赖利益(reliance interest)应该是指"合法投入",是在国家赔偿上可以兑现的、可以算计的损失。

接下来必须回答的问题是,"合法投入"包括哪些内容呢?是否与理论上讲的信赖利益重合呢?我们可以试着从二审法院如何分析行政赔偿的一段判决中发现端倪,我们先将这段判词完整地摘抄下来:

"本院认为,益民公司一审期间向法院提交的其与天津东海燃气投资公司签订的建设天然气供气工程合同、与河南三月风公司签订的合资协议等证据,不能证明其所称损失的存在,一审法院根据当时举证情况作出认定并判决驳回益民公司提出的赔偿请求正确。益民公司在二审中向本院提交的 2003 年 6 月以后直接经济损失一览表、周口申鑫会计师事务所 2004 年 11 月 22 日出具的审计报告、益民公司与中国水利水电闽江工程局东南分公司建设施工合同及后者的索赔函、益民公司与河南建原燃气工程公司施工合同及后者的工程索赔明细表、益民公司与王学堂租赁场地与厂房合同及后者的催款通知、益民公司与河南协力工程建设集团施工合同书及后者催要工程款的通知、部分已安装供气户和待供气户证明等证据,系于一审判决之后取得,其在一审期间无法向法院提交,故其可以向二审法院提交,但这些证据材料不能用来支持其提出的由市政府和市计委赔偿其除铺设管道等投资以外的其他直接经济损失 3500 万元的行政赔偿请求。首先,其提供的证据除了租赁场地、厂房协议外,均属铺设管道等投资的范畴,超出了其提出的行政赔偿请求的范围,故这些证据材料与本案不具有关联性。其次,租赁场地、厂房的费用损失系由停工造成,而停工是周口市规划局作出的停工通

---

① [美] L. L. 富勒、小威廉 R. 帕杜:《合同损害赔偿中的信赖利益》,韩世远译,6 页,北京,中国法制出版社,2004。

知导致的后果,与被诉具体行政行为没有因果关系。最后,除审计报告之外的证据材料都是其尚未履行的债务证明,还没有转化为直接损失,不属于国家赔偿法上规定的可赔偿范围。据此,益民公司就铺设管道等投资之外的直接经济损失提出的行政赔偿请求不能成立,根据最高人民法院《关于审理行政赔偿案件若干问题的规定》第33条关于'原告的请求没有事实根据或者法律依据的,人民法院应当判决驳回原告的诉讼请求'之规定,应当判决驳回益民公司提出的行政赔偿请求。"

从中,我们至少能够得到这些信息:

第一,铺设管道等投资是获得经营权之后的直接经济活动,是行使其经营权的物质基础,如果维持第54号文的有效性,将事实上使得益民公司无法再继续使用这些设施,所以,应该算是益民公司的直接损失,属于"合法投入"和信赖利益范畴。

第二,与经营权有关的其他经济活动,包括与其他相关公司签订的供气协议、合资协议等,的确是当事人基于合法预期而进行的经济安排,会因为经营权被撤销而导致当事人的违约、赔付等后果,这些也可以算是"合法投入"和信赖利益范畴。只不过在本案中,法院经审查认为当事人不能举出充分的证据证明这方面的损失,或者"尚未履行的债务证明,还没有转化为直接损失",所以,不予认定。

第三,对于周口市规划局作出的停工通知而导致的租赁场地、厂房的费用损失,与被诉具体行政行为没有因果关系。所以,不予赔偿。

显然,法院在算计中考虑了《国家赔偿法》(1994年)只赔偿直接损失,要进一步剔除那些可能被看作间接损失的部分,或者要进一步鉴别这部分损失是否是直接损失。上述算计也没有多少可受指责的,也与私法上对信赖利益的算计方式大致一样。所以,法院所讲的"信赖利益",实际上等于可获得国家赔偿的利益。换句话说,在法官的眼里,"信赖利益"实际上是"可保护利益"的同义语。借着新奇的名字,却没有新奇的进步。

2. 为什么要保护信赖利益?

在私法上,之所以要保护信赖利益,既出自功利主义观念(utilitarian concepts),也有着非功利主义的道德理由(non-utilitarian moral grounds)。功利主义认为,保护信赖利益是为了避免资源浪费,鼓励社会所期望的行为。无视他人的信赖,不仅会造成其投资亏本,资金不能用于社会目的,且不利于未来社会所需要的有益合作。非功利主义的道德理由，诚如康德主义所言，要尊重每个人的人性（humanity），就必须保护信赖。考虑因信赖而遭受的损失，就是考虑具有人格尊严的人的需求（taking into account the damages inflicted on relying parties shows consideration for their needs as creatures endowed with dignity）。也可以用亚里士多德的矫正正义（corrective justice）来解释。对他人造成了损害，就要使其恢复到未受损害之前的初始状态，以此来矫正（Corrective justice refers to a wrongful harm caused by one person to another, which is rectified by restoring the latter to the position s/he had held prior to the harm）。①

在 Daphne Barak-Erez 看来，上述两个理由在行政法情境下也是适用的。Fuller 和 Perdue 认为，对信赖利益的保护可以保证商业生命的持续发展，同样，在行政法情境下，对信赖利益的保护可以保证负有制定干预政策使命的政府实现其目标（Fuller and Perdue stated that the protection of reliance guarantees the continued flow of commercial life. 21 Similarly, in the context of administrative law, the protection of reliance guarantees the attainment of the goals set by the government in deciding on an intervention policy）。②道理也很简单，如果信赖利益得不到保护，将会抑制公众未来参与政府所动议的活动的热情。另外，Daphne Barak-Erez 又补充了几个理由，其中有几个在我看来颇有说服力：

第一，社会资源的有效分配，要求每个行为必须承担自己的成本（the efficient allocation of social resources requires each action to bear its costs），行政机关在作出决定时，不仅要权衡其潜在的利益（potential benefits），而且还要掂量它可能会对那些信赖先前政策或决定的人们所造成的损害，否则，就会导致一个无效率的决定。③

第二，平等权（the right to equality）要求社会每一个成员都分担（defray）政府行为的成本。对某个行政行为的信赖落空时，其成本应视为政

---

① Cf. Daphne Barak-Erez, "The Doctrine of Legitimate Expectations and the Distinction between the Reliance and Expectation Interests"(2005)11 European Public Law 587~588.

② Cf. Daphne Barak-Erez, "The Doctrine of Legitimate Expectations and the Distinction between the Reliance and Expectation Interests"(2005)11 European Public Law 590.

③ Cf. Daphne Barak-Erez, "The Doctrine of Legitimate Expectations and the Distinction between the Reliance and Expectation Interests"(2005)11 European Public Law 591.

府总成本的一部分,不能外化为当事人的成本,而应当在作为整体的公众之间分配。这种分配形式是由行政机关承担责任,财政上主要由纳税人负担。反之,如果对当事人的信赖无动于衷,那么,将打破行政成本分担的平衡(When reliance on such actions is frustrated, its cost should be considered part of the general costs of government and should not be externalized to the relying party but rather divided among the public as a whole. This division can be achieved by imposing liability on the administration, which is ultimately financed by taxpayers. By contrast, official indifference to individual reliance is likely to disrupt the balanced allocation of the burden created by administrative costs)。①

第三,对当事人受损的信赖利益予以金钱上的赔偿,从某种程度上讲,也可以理解为以此来换取行政机关不受拘束地行使裁量权,以便对未来事务作出更好的安排与处理。②

3. 预期利益呢？

预期利益是因对合同履行获利的预期落空而产生的财产损失(the reliance interest relates to the financial loss resulting from actions performed and costs incurred due to reliance on the contract, whereas the expectation interest relates to the financial loss incurred due to frustration of the expectation to profit from the contract)。③换个角度说,就是"使原告处于假若被告履行了其允诺他所应处的处境,在这种场合所保护的利益我们可以叫作期待利益"。④

预期利益与信赖利益之间是什么关系呢？私法上已有充分的研究。陈海萍博士把其中的要点大致归纳为:第一,"当事人之所以自愿地实施作为或不作为,损失掉本属于自己拥有的利益,目的在于以牺牲较少的成本获取更大的

---

① Cf. Daphne Barak-Erez, "*The Doctrine of Legitimate Expectations and the Distinction between the Reliance and Expectation Interests*"(2005)11 *European Public Law* 592.

② Cf. Daphne Barak-Erez, "*The Doctrine of Legitimate Expectations and the Distinction between the Reliance and Expectation Interests*"(2005)11 *European Public Law* 595.

③ Cf. Daphne Barak-Erez, "*The Doctrine of Legitimate Expectations and the Distinction between the Reliance and Expectation Interests*"(2005)11 *European Public Law* 586.

④ [美]L. L. 富勒、小威廉·R. 帕杜:《合同损害赔偿中的信赖利益》,韩世远译,6页,北京,中国法制出版社,2004。

所需利益——预期利益,因为预期利益以大于信赖利益为惯例。"第二,"从实现的过程看,一旦获取了预期利益,信赖利益就可以得到补偿,而预期利益要实现的话,要么是通过契约得到履行,要么是通过损害赔偿而实现。"①

在私法上,对预期利益的保护理由主要是道德的,非功利主义的(moral, non-utilitarian justifications)。一是对人性的尊重(respect for the other person's humanity)。在康德主义看来,让他人合理预期落空,会产生愤懑(anguish)、骚动(destabilization)和道德败坏(demoralization)。尊重他人的人性,就应考虑其合理的预期。二是出自社会承诺的重要性(the importance of social commitment)。尊重人们的合理预期,就是传达着对他们的承诺(Respect for someone's reasonable expectations conveys a commitment to that person)。②

同样,在 Daphne Barak-Erez 看来,上述两个理由在行政法情境下也是成立的,只不过要稍加改变。也就是说,将对他人人性的尊重义务改为行政机关要对公民待之以礼(the obligation to respect the humanity of others is transformed into a demand that authorities treat citizens with respect),社会承诺的重要性也改为强化行政机关与公民之间相互信任的重要性(the importance of strengthening reciprocal trust between the citizens and the authorities),要缓解公民对官僚机构的疏离感(reducing feelings of alienation from the bureaucracy)。③

毫无疑问的是,一旦法院确认了市计委作出的《招标方案》《中标通知》和市政府作出的周政文(2003)54 号文是违法的,那么,就像 Daphne Barak-Erez 所说的,在期限届满之前撤销许可,损害的不仅是被许可人的信赖利益,更有预期利益。那么,我们有没有必要再走近一步,保护其预期利益呢?

显然,在本案的判决中,法院没去估算,假如允许益民公司继续经营,其未来可预计获得的利益有多少。但是,从合法预期的理论上讲,当事人基于合法预期而进行的经济活动安排,包括已有的投入、对未来收益的盘算等

---

① 陈海萍:《行政相对人合法预期保护之研究——以行政规范性文件的变更为视角》(浙江大学博士学位论文,2010)。

② Cf. Daphne Barak-Erez, "*The Doctrine of Legitimate Expectations and the Distinction between the Reliance and Expectation Interests*"(2005)11 *European Public Law* 588~589.

③ Cf. Daphne Barak-Erez, "*The Doctrine of Legitimate Expectations and the Distinction between the Reliance and Expectation Interests*"(2005)11 *European Public Law* 592~593.

等,因行政机关的撤销经营权而招致困难、窘迫、损失和落空,这都应该算入合法预期保护的利益范畴之内。这种观念与目前我国《合同法》(1999年)确立的赔偿标准趋同。①

或许,在公法上,预期利益"需要根据行政法律行为的内容而定","既可以是实体权益,也可以是程序权益;既可以是权利,也可以是可保护的利益甚至是某种优势",②不总能用金钱来衡量。但是,就本案这样有着显著经济利益,与私法上不履行契约近似的情形,似乎还是应该考虑采取与私法同样的救济,同样的计算公式和方法。因此,对于益民公司的预期利益,可算计的未来收益,我们应该考虑通过"损害赔偿来实现"。当然,当事人"一旦获取了预期利益,信赖利益就可以得到补偿"。但这却在更大、更周延的意义上保护了当事人的合法利益,并保持了公法与私法的同步,不致使公法上的赔偿堕落成"保护官员的特权法"。

四、是判决的依据还是注脚?

在这里,我将梳理与回答以下问题: 审法院和二审法院是怎样得出判决结论的?在这样的路径中,信赖保护或者合法预期起到作用了吗?又会是什么样的作用呢?

法院为回应原告和被告双方的各种诉求,对整个案件的合法性评价也就比较零碎,但是,判决的基本路线还是相当清晰的。我把它梳理为三个审查阶段:(1)程序违法;(2)利益考量;(3)确认违法与补救。

1. 程序违法

针对"第54号文是否合法"这个核心问题的评价,法院分析了两种程序违法,一个是发生在招标程序上的,另一个是招标之前应当履行的。

(1)招标程序存在两处瑕疵

一审和二审法院均认为,作为54号文基础的招标,存在着"招标通知在

---

① 《合同法》(1999年)第113条规定:"当事人一方不履行合同义务或者履行合同义务不符合约定,给对方造成损失的,损失赔偿额应当相当于因违约所造成的损失,包括合同履行后可以获得的利益,但不得超过违反合同一方订立合同时预见到或者应当预见到的因违反合同可能造成的损失。"

② 陈海萍:《行政相对人合法预期保护之研究——以行政规范性文件的变更为视角》(浙江大学博士学位论文,2010)。

适用邀请招标方式、给投标人的准备时间两个方面有违法之处"。这两处违法显然主要是程序性的,那将会对招标决定产生怎样的法律效果呢?

如果按照英国法的理解,程序性违法对行政行为产生实质性影响的,可以撤销。但是,是否撤销,仍然必须具体考量,比如,撤销是否会对公众产生不便?是否会造成实际问题?上述被违反的程序是否重要?对个人利益究竟有多大影响?不遵守的程度,等等。[1]德国行政法的撤销理论与英国法表述不尽相同,却殊途同归。首先,德国法也肯定,程序违法如果对行政行为会产生实质性影响,应该撤销。其次,是否撤销,还必须经过利益考量,对相对人的信赖利益予以充分考虑之后,才能决断。[2]也就是说,无论是英国的理论还是德国的理论,最终还是要回到审慎的考量之中。

从"益民公司案"看,上述违法显然对行政行为产生了实质性影响,因为,比如,不给竞标人充分的准备时间,当然会直接影响投标的表现与结果。而"邀请招标"与"公开招标"相比,也显然人为剥夺了潜在竞标人的资格,损害了后者利益,进而损及公共利益。但是,单凭这些还不足以促使法官下决心撤销第54号文,法官还必须仔细考量其中交织冲突的利益关系。但就本文所关心的主题来讲,上述程序违法与合法预期没有丝毫关系,也绝不是对合法预期的程序性保护之中应关心的问题。

(2) 招标之前没有依法撤销第10号批文

一审法院指出,"在市计委招标和市政府作出54号文时,益民公司的专营权还未被撤销,其营业执照至今未被撤销。"二审法院更加明确地指出,"原周口地区建设局于2000年7月7日作出的周地建城(2000)10号文批准益民公司为管道燃气专营单位(河南省燃气管理实施办法第二条规定燃气包含天然气),并载明'能与天然气西气东输工程接轨',据此,益民公司已取得了燃气专营权。在招标活动开始之前,周地建城(2000)10号文仍然生效,很显然对《招标方案》、《中标通知书》及54号文的作出构成障碍。"而且,二审法院在判决中至少有3处特别指出,"市政府却在未对周地建城(2000)10号文进行任何处理的情况下,迳行作出授予中标人亿星公司城市天然气管网项目经营权的54号文,既违反了法定程序,又损害了益民公司的信赖利益。"

的确,在未合法废止或撤销益民公司的专营权之前,却又允许亿星公司

---

[1] 余凌云:《行政自由裁量论》(第二版),204~209页,北京,中国人民公安大学出版社,2009。
[2] 赵宏:《法治国下的行政行为存续力》,149页,北京,法律出版社,2007。

经营,"一女二嫁",公然违反了国家政策明确规定"一个城市只允许批准一家管道燃气经营单位"的要求。更为关键的是,辜负了益民公司的合法预期。

按照对合法预期保护的传统观点(orthodox view),唯有践行了自然正义(natural justice)的要求,行政机关始能拒绝当事人的合法预期。在普通法国家,这是最原始的、最基本的保护形态,在澳大利亚、新西兰等国甚至被推向极致,变成唯一。在英国,早期的案件多涉及当事人持有许可、执照或签证,并据此期望,在预计的期限内(expected duration)享有蕴含其中的相关利益,不会被随意提前终止(ended prematurely)。合法预期原则在这类案件中提供了重要的程序性利益(procedural benefits),对已有利益的撤回(the revocation of an existing benefit),要事先通知当事人,并给予听证的机会。① Lord Denning 在 *Breen v. Amalgamated Engineering Union* 案中也明白无误地指出,②如果某人怀揣获得某种好处的合法预期(a legitimate expectation of a boon),不经听证或者说明理由就剥夺之,这是不公正的。③

但是,有意思的是,法院在判决中都只是笼统地指出"违反法定程序",而没有非常清晰明确地指出,行政机关应当在撤销第 10 号批文之前听取益民公司的意见与辩解,然后才能决定是否终止后者的专营权。我们的目光流连徘徊在判决书上,却始终没能听到法官说出我们所期盼的"听证""说明理由"等字眼。

其中的缘由,我猜想,在"益民公司案"发生的 21 世纪初,德国法的信赖保护渐为我国学者所关注和青睐,主要的学术成果形成于彼时,之后相当长一段时间里的研究几乎没有多少实质性进展或突破。而于彼时,英国法的合法预期尚不为我们所知。在德国法上,信赖保护的思维之中,常忽略正当程序。受其影响,我们也不大会留意程序。这个流弊一直延续到《行政许可法》(2003 年)第 8 条规定。

所以,我一直不看好政府信赖保护。我们不妨假设,如果本案发生在英

---

① Cf. Matthew Groves, "*Substantive Legitimate Expectations in Australian Administrative Law*" (2008) *Melbourne University Law Review* 472~473.

② [1971] 2 Q. B. 1975 at 191.

③ Cf. C. F. Forsyth, "*The Provenance and Protection of Legitimate Expectations*"(1988) 47 *Cambridge Law Journal* 252.

国,行政机关要招投标的意思表示已然产生了终止10号文的效果,原告满可以祭起合法预期,要求行政机关在作出决定之前必须给其一个听证的机会。或许,在法院的及时干预下,也不再有后续的招标活动,以及原告的无可奈何。

上述合法预期的精妙,尤其是程序性保护的思想或许未曾划过主审法官的心目。他们的思维直接就跳跃到利益的考量上,且结果指向是实体的,而非程序的。因为他们介入之时,已既成事实。招标活动已然结束,第54号文已经成文,专营权已实际转移。木已成舟,"生米煮成熟饭"之后,行政机关才宣布撤销第10号批文。而公共利益和第三人利益的介入使得问题变得异常复杂。是否撤销,将取决于利益考量,或者因素考量的结果。在这样的思考中,程序性保护问题被掩荫得无足轻重。

这也从另一个侧面提醒我们,对合法预期的程序性保护具有阶段性、时效性,因而具有局限性。案件发展一旦越过了这个时段,其衍生出的诸多法律关系,将引发更加错综复杂的利益冲突,让结果更为扑朔迷离,极可能会使程序性保护的意义顿失。从这个意义上看,程序性保护应该是积极的,在事中、甚至事前实施,效果更佳。

当然,话又说回来,就本案而言,程序性保护是否已遥不可及、无从谈起,还可商量。但是,对于没有丧失时效性、仍来得及提供保护的程序性预期,法院也不见得都会提供程序性保护。假如法院经过通盘考量之后认为,即便提供保护,当事人也无收益或较少收益,徒增行政成本,法院也不会回应当事人的程序保护要求。所以,程序性保护也得放在利益考量的天平上称量。

2. 利益考量

如果我们继续循着合法预期保护的路径,去思考是否允许行政机关撤销或变更,会发现,正当程序、利益考量,以及要求行政行为存续,都不能与行政机关公共职责相悖。它们是合而一体的。Lord Denning 曾说出过一个与德国法极其相似的观点,他说:"只要遵守诺言不与其公法义务(public duty)抵触,就必须尊重之。……除非经过最谨慎的考虑,听取相对人意见,并且确信,公共利益大过信守诺言,这时方可背离诺言。"(So long as the performance of the undertaking is compatible with their public duty, they must honour it… At any rate they ought not to depart from it except after the most serious consideration and hearing what the other party has to say; and then only if they are satisfied that the overriding public interest requires it.)① 只有通过这样的思考顺序,才能面对着依法行政和法的安定性原则之间的冲突,进行权重、取舍,决定是否和怎样保护合法预期。在最后一个思考阶段,实际上已经与德国法的比例原则趋同了。

在荷兰行政法上,也有一个很重要的学说,就是由行政机关行为而产生的合法预期不见得一律必须得到回应和保护。合法预期原则(the principle of legitimate expectations)的有效性不是绝对的(absolute),而是相对的。合法预期原则只是要求行政机关尽可能(*if at all possible*)地保护合理的预期。通常,在决定是否要给予保护以及怎么保护时,必须衡量各种冲突的利益,一方面是合法预期得到保护之后的当事人一方的利益,另一方面是可能与此冲突的公共利益(public interest)或者第三方的利益(the interests of third parties)。总体上说,撤销行政行为而对当事人造成的负面影响(adverse effects),不能与撤销欲实现的目标(objects)之间不成比例(disproportionate)。②

在上述德国、英国和荷兰的理论和实践中,实际上渗透着利益权衡(Weighing of interests)和比例原则(the principle of proportionality)的思想。很有意思的是,最高人民法院在审理益民公司上诉案件中也走上了这条路径,表现出同样的智慧与理念,却出发点不同。

从整个判决的思路看,法院之所以会走向利益考量,恐怕还不是信赖保护或者合法预期支配的结果,我们从判决书中也没有找到能够证实这一点的蛛丝马迹。法院实际上依据的是《最高人民法院关于执行〈中华人民共和国行政诉讼法〉若干问题的解释》(法释〔2000〕8号)第58条规定,"被诉具体行政行为违法,但撤销该具体行政行为将会给国家利益或者公共利益造成重大损失的,人民法院应当作出确认被诉具体行政行为违法的判决,并责令被诉行政机关采取相应的补救措施;造成损害的,依法判决承担赔偿责任。"该条款被称为"情势判决"。

成文于2000年的该条规定,或许更多的是为了更加细致入微地保护公

---

① Cf. C. F. Forsyth, "*The Provenance and Protection of Legitimate Expectations*"(1988) 47 Cambridge Law Journal 255.

② Cf. J. B. J. M. ten Berge & R. J. G. M. Widdershoven, *op. Cit.*, pp. 422, 442, 447.

共利益,或者说,是公共利益至上观念支配下的产物,是在依法行政和公共利益至上之间发生冲突时的解决方法。从有关的权威性著作中,我们没有找到"合法预期""信赖保护"等字眼,也没有发现第58条和合法预期或信赖保护有何瓜葛。尽管从甘文法官的一些表述和例举上,我们会品尝出一丝近似信赖保护或者合法预期的韵味。①从学术发展史看,我国学者对信赖保护和合法预期的关注始于2000年之后。②所以,我们自然也无法苛求当时的司法解释起草者未卜先知,具有超越时代的意识。

但细细品味该条款,我们会发现,它也有近似信赖保护的技术与韵味,也是通过利益考量来决断是让一个违法行政行为存续下去呢,还是撤销它。但在价值取舍上却走着反向。在掂量是否让违法行政行为存续下去之后,信赖保护关心的是个人利益,而第58条重视的却是公共利益,但在赔偿上又拾回了信赖保护的味道。

那么,在益民公司案件中,法院是怎么权衡利益的冲突呢?

二审法院在审理中特别补充认定了一个事实,也是在它看来很重要的事实——"本院审理期间另查明:2003年4月24日,市政府办公室将'西气东输'工程周口市区域网部分列入市重点项目。此前,河南省政府办公厅亦将'西气东输'城市管网和各类大中型利用项目纳入省重点工程管理。"该案争议的事项具有重大公共利益,已然确定无疑。以后的论证都是细节的展开,比如,时间耽搁不起、需要建设能力与资质,等等。

一审法院认为,"第一,被诉的招标行为已经发生,如果撤销被诉行政行为,按照程序的要求,市政府就需要在首先处理益民公司的燃气经营权的基础上,就天然气管网项目重新组织招标,而对这些问题的处理需要相当长的时间。另一方面,'西气东输'工程在周口市的接口问题已迫在眉睫,如果撤销行政行为,就会耽误周口市对'西气东输'天然气的使用,甚至可能因此而失去'西气东输'工程在周口市接口的机会。第二,亿星公司已于2003年11

---

① 该司法解释的主笔之一甘文法官在其著作中没有只言片语谈到合法预期或信赖保护,甘文:《行政诉讼法司法解释之评论——理由、观点与问题》,165~168页,北京,中国法制出版社,2000。

② 总览我国大陆学者对信赖保护的研究文献,较早的学位论文是,李洪雷:《论行政法上的信赖保护原则》(中国政法大学硕士学位论文,2000),较早的期刊论文是,黄学贤:《行政法中的信赖保护原则》,载《法学》,2002(5),之后,这方面的著述丰厚了起来。最早触及合法预期的著述是,余凌云:《行政法上合法预期之保护》,载《中国社会科学》,2003(3)。稍后有,P.P. Craig:《正当期望:概念性的分析》,马怀德、李洪雷译,载《环球法律评论》,2003(夏季号)。

月与中石油公司签订了'照付不议'用气协议,并将于2004年7月开始供气。如果撤销被诉行政行为,不仅会直接导致用气价款的损失,而且会影响周口市居民及时使用天然气。第三,被诉行政行为作出后,亿星公司已进行了较大资金投入,且已与中石油公司签订了'照付不议'协议,如果撤销被诉行政行为,在招标程序中无过错的亿星公司也会形成较大经济损失。"

二审法院延续了这种说法,在判决中指出:"如果判决撤销上述行政行为,将使公共利益受到以下损害:一是招标活动须重新开始,如此则周口市'西气东输'利用工作的进程必然受到延误。二是由于具有经营能力的投标人可能不止亿星公司一家,因此重新招标的结果具有不确定性,如果亿星公司不能中标,则其基于对被诉行政行为的信赖而进行的合法投入将转化为损失,该损失虽然可由政府予以弥补,但最终亦必将转化为公共利益的损失。三是亿星公司如果不能中标,其与中石油公司签订的'照付不议'合同亦将随之作废,周口市利用天然气必须由新的中标人重新与中石油公司谈判,而谈判能否成功是不确定的,在此情况下,周口市民及企业不仅无法及时使用天然气,甚至可能失去'西气东输'工程在周口接口的机会,从而对周口市的经济发展和社会生活造成不利影响。"

在这样的考量中,显然把第三人的利益也一并考虑到公共利益之中。在德国法的信赖保护理论中,有一种观点认为,如果对第三人的权利和利益同样属于公共利益的一部分,也应将其列入公共利益的范畴。[①]在益民公司案中,二审法院做了更加仔细的算计,首先,认可亿星公司也会因中标决定而产生合法预期,随后其有合法投入的事实;其次,亿星公司如果不能再次中标,行政机关就必须补偿其合法投入。这样的逻辑推理便使得第三人的损失转化为一种公共利益。

但是,在我看来,一、二审法院的上述说理还不足以排除为益民公司提供实体性保护的可能性。因为当初原周口地区建设局给益民公司的10号文中已经载明"能与天然气西气东输工程接轨",且益民公司已在川汇区建成燃气调压站,并于主要街道实际铺设了燃气管道,那么,为什么不可以让它继续干下去了?何必要纠缠招标问题呢?凭什么料定益民公司就不能与中石油公司谈判成功呢?其实,对实体性保护的否定,实际上是在事实认定的

---

① Vgl. Rupp, *Wohl der Allgemeinheit und Öffentliche Interessen*, 123; Kopp, BayVBL 1980, 263. 转自赵宏:《法治国下的行政行为存续力》,169页,北京,法律出版社,2007。

过程中完成的。一、二审法院显然完全接受了政府的说法,第一,益民公司注册资本在诉讼开始前只有60万元,且到2002年之前几乎没有建设;第二,周口市天然气城市管网项目建设预计投资超过1亿元人民币,需要投标人具有相应的资金能力;第三,5000万元保证金是为"西气东输"利用项目的顺利进行提供资金上的保障,"是为了确保中标人的经营实力",也是试探投标人是否具备这样的实力。而益民公司在招标中却显示出它没有这样的实力。

那么,公共利益是否像法院认定的那样刻不容缓呢?法院没有详细论证。我却找到了一个佐证。一篇报道云,"不久前,中国石油集团给周口市政府发出一封专函,表示如果天然气工程继续受阻,将关闭西气东输工程在周口的开口。"①从这篇报道的时间推测,这个插曲应该是发生在2003年12月3日之前。

通过仔细盘算,显然在法官看来,公共利益要大于个人利益,让政府决定存续下去要比支持益民公司诉求更重要、更有价值。

3. 脚注意义上的进步

所以,一、二审法院都认为,尽管市计委作出的《招标方案》《中标通知》和市政府作出的周政文(2003)54号文是违法的,但不能撤销行政机关的决定,而应该采取补救措施,"对益民公司基于信赖该批准行为的合法投入给予合理弥补",以实现公共利益和个体利益的平衡。②这实际上是对《最高人民法院关于执行〈中华人民共和国行政诉讼法〉若干问题的解释》(法释〔2000〕8号)第58条规定的"造成损害的,依法判决承担赔偿责任"的重申,或者进一步衍生。

如果我们转换成信赖保护或者合法预期的审查路数,也会得出大致相同的结论。所以,我们似乎也可以把本案理解为是依据信赖保护原则直接作出的判决,法院说的"合理弥补"就是基于对"信赖利益"保护的理解,尽管法官没有在法律适用上援用信赖保护,但从判决书的表述上可以看出,信赖

---

① 《经济信息联播:企业纠纷 西气东输受阻河南周口》,http://www.nen.com.cn/74333583107424256/20031203/1281779_1.shtml,2010年10月3日最后访问。

② 二审法院顺带着对一审法院的判决作出了评价,指出:"一审法院判决确认被诉具体行政行为违法并无不当,但其对补救措施的判决存在两点不足:一是根据法律精神,为防止行政机关对于采取补救措施之义务无限期地拖延,在法律未明确规定期限的情况下,法院可以指定合理期限,但一审判决未指定相应的期限。二是一审判决仅责令市政府采取相应的补救措施,而未对市计委科以应负的义务。"

保护成了"合理弥补"判决的阐释性或者补充理由。

这就决定了本案在我国的行政审判史上必然占有一席之地,应该、也必将成为一个具有里程碑意义的经典。在我看来,本案实际上为后来的《行政许可法》(2003年)第8条规定奠定了实证基础,第8条之规定并没有在实质意义上超出益民公司案的判决。①

但是,客观地说,即便我们承认本案在判决中可能考虑到了信赖利益,然而,信赖保护或者合法预期保护所发挥的作用并不彰显,而是遮蔽在《最高人民法院关于执行〈中华人民共和国行政诉讼法〉若干问题的解释》(法释〔2000〕8号)第58条的阴影之下。就整个判决来说,信赖保护绝对不是本案判决的决定性理由,法院依据的仍然是《最高人民法院关于执行〈中华人民共和国行政诉讼法〉若干问题的解释》(法释〔2000〕8号)第58条。也就是说,我们撇开"信赖""诚信"和"信赖利益"等华丽的辞藻,我们仍然能够在当时的行政诉讼法和司法解释中推导出同样的判决结果。所以,在整个判决中,诚信原则、信赖利益都只是阐释性的理由,只是增加了说理的成分,这种创新不会给法院带来多大的风险。指出这一点是很重要的,否则,我们就有可能夸大上述法律信念对判决的影响。

本案实际上也印证了我一直以来的一个观点,在传统行政救济框架中,德国法的信赖保护无法真正提升救济的程度与空间。这是因为,在德国法上,典型的信赖保护是与行政行为的撤销紧密联系在一起的。对相对人的信赖保护只是对行政行为存续保护(Bestandschutz)的反射作用。只有对行政行为撤销或废止的可能性被排除,行政行为的存续性被确认,公民对行政行为存续的信赖才会相应产生,此种信赖利益才有值得保护的价值。②然而,对行政行为的撤销,是行政诉讼长期关注的现象,已然有了妥帖的救济框架,备好了救济样式,比如本案所涉及的《最高人民法院关于执行〈中华人民共和国行政诉讼法〉若干问题的解释》(法释〔2000〕8号)第58条。在这样的情境下引入信赖保护,就注定了它的作用不可能是革命性的颠覆,只能是局部的改良,只是增添了说理的成分。这也注定其不及合法预期。这也是我不看好德国法上的政府信赖保护原则的一个根本理由。

---

① 余凌云:《对行政许可法第八条的批判性思考——以九江市丽景湾项目纠纷案为素材》,载《清华法学》,2007(4)。

② 赵宏:《法治国下的行政行为存续力》,107页,北京,法律出版社,2007。

五、延伸的分析：另外两个案件

我们翻阅最高人民法院公报，凭着对合法预期、信赖保护的理论嗅觉，也不难发觉还有一些案件实际上也蕴含着合法预期，比如，"宣懿成等18人诉衢州市国土资源局收回土地使用权行政争议案"（2004年第4期）、"博坦公司诉厦门海关行政处罚决定纠纷案"（2006年第6期），但在判决过程中，无论是法院还是双方当事人，对合法预期却只字不提。那么，让我们感兴趣的是，假设我们按照合法预期的公式重新来过，结局又将如何？是否更加公正、更能满足当事人的诉求？这又意味着什么呢？

1."宣懿成等18人诉衢州市国土资源局收回土地使用权行政争议案"（2004年第4期）

该案的大致情形是，原告系衢州市柯城区卫宁巷1号（原14号）衢州府山中学教工宿舍楼的住户。2002年12月9日，衢州市发展计划委员会根据第三人建设银行衢州分行的报告，经审查同意其在原有的营业综合大楼东南侧扩建营业用房建设计划。同日，衢州市规划局制定建设项目选址意见，建设银行衢州分行为扩大营业用房等，拟自行收购、拆除占地面积为205平方米的府山中学教工住宅楼，改建为露天停车场，具体按规划详图实施。同月18日，衢州市规划局又规划出第三人扩建营业用房建设用地平面红线图。同月20日，衢州市规划局发出建设用地规划许可证。2002年12月25日，被告衢州市国土资源局建议收回衢州府山中学教工宿舍楼的住户国有土地使用权，并报政府审批同意。2002年12月31日，被告衢州市国土资源局作出（2002）37号《收回国有土地使用权通知》，并通知各原告。原告不服，遂发生诉讼。

在诉讼中，法院毫不犹豫地首先肯定了本案各原告"是该楼用地的合法使用者"。原告也诉称，"仅仅因为企业建造车库的需要，被告就作出收回我们国有土地使用权的决定"，这合法吗？在原告的嘴里本该吐出"这违反了我们的合法预期"、"是否应该事先征求我们的意见，给我们一个听证或者发表意见的机会"？但遗憾的是，我们没有捕捉到这轻微的叹息与质问。

原告、被告和法院关注的重点旋即转到了《土地管理法》（2004年）第58

条规定,①争论的焦点变成了收回国有土地使用权是否符合该条规定中的收回情形,尤其是是否符合"为公共利益需要使用土地的"要求。

原告认为,"第三人(中国建设银行衢州市分行)是商业银行,其性质属于企业,故其利益不能算是公共利益。"被告辩称,它"是根据发展计划委员会的立项意见、规划部门的规划和市政府同意收回原告国有土地使用权的决定,才发收回土地通知的"。在被告眼里,这些批准手续就是"公共利益"的符号,就算是"公共利益需要使用土地"。但是,法院并不接受,而是认为,"在本案的诉讼中提供的衢州市发展计划委员会(2002)35号《关于同意扩建营业用房项目建设计划的批复》《建设项目选址意见书审批表》《第三人扩建营业用房建设用地规划红线图》等有关证据,难以说明该决定是由于'公共利益需要使用土地'或'实施城市规划进行旧城区改造需要调整使用土地'的需要"。被告"在决定收回各原告住宅国有土地使用权时,对所依据的法律条款应当予以具体说明而没有说明,属于适用法律错误",因此,判决被告败诉。

这个回合的较量,换成合法预期的语言,实际上是在争辩着行政机关违反合法预期是否有着公共利益的需求。"为公共利益需要使用土地的",自然暗含着合法预期的韵味。但是,他们的争执却仅围绕着法律适用,得出的结论也只是"对所依据的法律条款应当予以具体说明而没有说明",还远没有走到计较着彼此的利益、进入利益权衡的阶段,便戛然而止。如果按照合法预期的理论分析,本案只是重复"益民公司案"的经历,都忽略并跳过了程序性保护,直奔实体性保护,但深入的程度却不及"益民公司案",它只徘徊在实体性保护的门外,根本无缘进入。

2."博坦公司诉厦门海关行政处罚决定纠纷案"(2006年第6期)

1997年3月至1998年6月,原告博坦公司多次为厦门石油总公司未在中国境内办理报关纳税手续的货物卸载、仓储及放行。2004年10月27日,

---

① 《土地管理法》(2004年)第58条规定:"有下列情况之一的,由有关人民政府土地行政主管部门报经原批准用地的人民政府或者有批准权的人民政府批准,可以收回国有土地使用权:(一)为公共利益需要使用土地的;(二)为实施城市规划进行旧城区改建,需要调整使用土地的;(三)土地出让等有偿使用合同约定的使用期限届满,土地使用者未申请续期或者申请续期未获批准的;(四)因单位撤销、迁移等原因,停止使用原划拨的国有土地的;(五)公路、铁路、机场、矿场等经核准报废的。"

被告厦门海关以明知货物走私进口仍提供卸储服务为由,根据《海关法行政处罚实施细则》(1993年)第6条第2款"知情不报并为走私人提供方便"之规定,作出行政处罚决定。原告不服,诉至厦门中级人民法院。

本案让我感兴趣的是,原告的行为之中夹杂着海关工作人员的协调、同意,并物化为"会议纪要",这些又成为了原告抗辩的一个重要理由。行政机关的承诺让当事人产生了合法预期,也必然如此。但是,法院并没有循着合法预期的理数去审理,得出了相反的结论。

在一审中,原告辩称,"为这些油料的进口手续不全,原告曾致函厦门石油总公司,也向被告反映过,被告的工作人员曾为此进行过协调,同意放行这些油料,厦门石油总公司也表示由他们负责补办海关手续,责任由他们承担。"被告也承认,"在开始时原告虽然向被告的工作人员反映过,被告的工作人员也曾口头答复可以先放行后补办手续"。但被告强调,其工作人员"也明确表示下不为例,以后的货要海关同意才可以卸储。"也就是说,仅此一例,下次不得为之。

据厦门中级人民法院查明,"1997年3月,原告博坦公司致函厦门石油总公司,提出厦门石油总公司在博坦公司卸储的油料手续不全,不予装船,要求厦门石油总公司提供海关文件。3月25日,厦门海关工作人员吴宇波在协调此事时,口头表示货可以先放,但要求厦门石油总公司补办海关手续,且下不为例,以后的货要海关同意才可以卸储。3月25日、4月1日,厦门石油总公司给博坦公司回函,称海关手续由其办理,责任由其承担,要求博坦公司以后按照现行方式进行作业。"二审法院又补充其中细节,"被上诉人厦门海关的工作人员在协调中,虽然提出适用'简易程序'先放行后补办手续的意见,但同时也要求厦门石油总公司在补办海关手续后,应当将申请书和海关批准文件的副本送达给博坦公司,作为博坦公司提供卸储服务的根据。"

从上述事实中,我们至少可以肯定,当初的确存在着海关的承诺(promise)。但法院没有查清楚的是,在总共64艘次的卸载、仓储中,海关工作人员出面协调的到底有几艘次。因为有着海关工作人员的协调,并明确表示"货可以先放""适用'简易程序'先放行后补办手续",那么,原告至少会产生这样的合法预期,即这几艘次的货物可以这么处理,是符合海关的监管规定,法院也应该保护这种预期。即使后续手续不全,也应该是厦门石油总公司负责,因为海关工作人员"同时也要求厦门石油总公司在补办海关手续后,应当将申请书和海关批准文件的副本送达给博坦公司,作为博坦公司提供卸储服务的根据"。

然而,从判决看,海关显然是把上述64艘次的货物均认定为走私,其做出的罚款与没收违法所得决定也是以此作为计算基数的。厦门中级人民法院也断然认为,"海关个别工作人员对本案进行的协调,以及厦门石油总公司出具责任由其承担的回函,均不能免除博坦公司的法定义务,对其行为的违法性质没有影响。"这显然过于武断。一审判决没有仔细鉴别其中的曲直关键,对海关不加区分的认定与处罚予以了维持,这显然是有问题的。

在上诉时,原告再次强调,"每次放行货物都有被上诉人同意放行的明确指示。"却没有得到二审法院的支持。二审法院认为,"博坦公司上诉主张,其已将所知道的情况向监管部门作了通报,对涉案油料的每次卸储及放行都有厦门海关同意的明确指示,缺乏相应的证据,不予支持。"二审法院同时又进一步查明:"1997年3月4日,被上诉人厦门海关的工作人员吴宇波曾就上诉人博坦公司所报厦门石油总公司进口油料没有报关纳税手续一事进行协调,形成一份'会议纪要'。该'会议纪要'由厦门海关作为证据向一审法院提交,但一审判决书漏列,并且将此次会议时间错认定为1997年3月25日,应当更正。"这本该是一个重要发现,并有机会重新思考,纠正一审判决的失误。然而,二审法院却说道:"厦门海关的协调意见没有对博坦公司产生误导或欺骗作用。"最终维持了一审判决。

这是一个让人有点遗憾的判决。假若法院认可了海关工作人员的协调结果和"会议纪要"会让当事人产生合法预期,那么,在处罚的计算基数上必然会出现有利于当事人的消减,更能让当事人对处罚决定口服心服。因此,至少从本案可见,在现有行政救济的格局中,引入合法预期不见得只是脚注意义上的进步,有时也会给人一个惊喜,提升救济的程度与水平,对促进行政机关理性行政也大有裨益。这具有了弥补救济缺失的意义。

六、余 论

"益民公司案"是最高人民法院自己直接运用信赖保护理论作出判决的案件,也是收录到最高人民法院公报的第一个这种类型的案件。最高人民法院之所以选登了这起案件,也意在确认与推广其所创制的判例法(case law),或者具有创新意义的审判规则。

由于我们迄今缺少成熟的、权威的案例编纂之传统与习惯,所以,究竟是哪一个案件最早让诚实信用、诚信原则、信赖保护、合法预期等原则走进我国法院?出自哪个法官之手笔?什么时候?所有这些问题,我们都无从查寻,无法回答。同样,文献收集的原因,"益民公司案"之后,法院对"信赖利益"和合法预期是否更为关注,是否在其他案件的审判上援引本案的判决理由,是否会进一步将其扩大适用到其他类型的案件中,或者至少在与本案类似的案件审判上是否继续能够遵循,作出类似的判决?所有这些,除了我们只发现一起有点回应意味的基层法院判决外,①其余的都不得而知。

然而,可以肯定的是,"益民公司案"这么一个在我国行政法发展史上应该占有一席之地的判决,它在司法上为我们撕开了一个口子,让我们开始关注信赖利益、信赖保护以及合法预期等术语。但就本案而言,尽管在法官、律师、学者交流中不乏"信赖""信赖利益"等辞藻,但我们屏蔽这些辞藻之后,不难发现,它们对救济的提升,价值却不显著,所以,我们也不要放大本案的意义。

透过本案分析,我们在信赖保护和合法预期之间来回游走,也发现了其中的差异、高低。第一,在行政行为撤销(撤回)之中、在行政行为的存续性

---

① 在"温州星泰房地产开发有限公司垫江分公司诉垫江县国土资源和房屋管理局不履行土地使用权变更登记发证法定职责纠纷案"中,我们又发现了法院在判决书中同时引用了"诚实信用原则""诚实守信""合理信赖""信赖"和"信赖利益"。判决原文如下:"垫江县政府以招商引资的方式开发建设渝东食品批发市场,研究同意将讼争土地使用权转让于原告方,应当恪守诚实信用原则;被告垫江县国土房管局作为垫江县政府的职能部门,应当依法执行垫江县政府以招商引资方式开发建设渝东食品批发市场的相关决定并对自己的行为和承诺诚实守信,不得随意变更和反复无常,在对行政相对人的授益性行为作出后,即使发现对政府不利,只要不是该行为重大、明显违法导致行为无效或因为相对人的过错造成的,一般不得改变。本案中,原告星泰公司垫江分公司对垫江县政府的招商引资行为和垫江县国土房管局的变更登记内部审批行为存在合理信赖,并基于这种信赖交纳了转让费且对该建设项目作了大量的前期准备工作,投入了不少人力、财力,相较于本案中的瑕疵和其他利益而言,相对人的信赖利益更值得保护。被告拖延履行讼争土地使用权变更登记发证法定职责,导致其项目建设不能如期开展,侵害了原告的合法权益。"参见重庆市武隆县人民法院(2008)武法行初字第 1 号行政判决书。https://www. pkulaw. com/pfnl/a25051f3312b07f3ea4a4c40402ce7e0a40cacf941133637bdfb. html?keyword=温州星泰房地产开发有限公司垫江分公司诉垫江县国土资源和房屋管理局不履行土地使用权,2019 年 4 月 14 日最后访问。

之中谈论信赖保护,这种理论情趣与境界不及合法预期,也不会实质性扩展救济的范围,提升救济的程度。在传统的行政诉讼之中,对于行政行为撤销(回)之争讼,已经存在着具有重叠效果的替代救济,即使不引入信赖保护,也不会让我们遗憾什么。第二,即便在本案所演示的救济模式下,引入合法预期,也能改善程序保护,促进公正判决。这是信赖保护所不及。所以,我始终坚信,合法预期定会成为新的知识增长点,也必将开阔我们的视野,为救济开启一个新的时代!

行政指导之中的合法预期[*]
——对泉州工商局实践经验的观察与思考

目　次

一、引言　/ 169

二、行政指导之中有合法预期吗？　/ 170

三、纠纷的解决机制　/ 175

四、继续彷徨在法院大门之外吗？　/ 177

五、产生赔偿、补偿责任吗？　/ 182

六、结束语　/ 185

---

[*] 本文是我主持的国家社科基金项目（一般项目，批准号07BFX023）"行政法上的合法预期制度"的阶段性成果，也获得了2007年教育部"新世纪优秀人才支持计划资助"。本文发表在《法学家》2007年第5期。本文的最后一部分曾提交给"推行行政指导服务海峡西岸经济区建设高峰论坛"（由福建省工商局和中国人民大学宪政与行政法治研究中心联合主办，泉州市工商局和中国人民大学中国行政法学研究所共同承办，2007年7月15日至16日在福建省泉州市召开），并在会议上就本文的初步构思以及主要观点做了发言。非常感谢莫于川教授的邀请。

一、引 言

近年来,"软法"(soft law)的研究进一步带动了人们对柔性执法的关注。对诸如行政指导等非强制手段的研究热情也再度升温。2005年12月24日,中国人民大学宪政与行政法治研究中心与北京大学法学院软法研究中心共同主办了"行政指导与软法研究——以泉州工商行政指导实践为研究样本"学术研讨会。泉州工商行政指导的实践开始为较多的行政法学者所知悉。

泉州依山面海,境内山峦起伏,素有"泉南佛国""闽南蓬莱"之名。在改革开放、经济发展中,泉州创造了"晋江经验"和"泉州现象",成为福建乃至全国发展最快、最具活力的地区之一。①泉州工商局很早就关注到柔性执法,自觉将行政指导揉入工商管理之中,不断探索、敢为人先,走出了"泉州行政指导之路",在我看来,也形成了颇具特色的"泉州模式"。泉州经验早在2005年就由福建省工商局向全省全面推广,②也成为福建省政府2006年推进依法行政的工作要点之一,"泉州模式"也进入了行政法学者的研究视野。③

由传统的"命令—服从模式"向软法模式转换,逐渐实现刚性执法(hard law enforcement)与柔性执法(soft law enforcement)的兼容并蓄,弱化政府规制手段,褪去过多的、不必要的强制色彩,必然要有对称性的补足。否则,就可能失衡。抛开大家都知道的公众参与机制(citizen participation),在我看来,"软法之治"以及柔性执法,其实质是"信息之治",是"基于信赖的公共治理"。政府通过发布信息的准确性、充分性和可信赖性,来引导相对人有目的的参与;通过强化后者的预测能力,来引导其妥善地预先安排好自己的

---

① http://baike.baidu.com/view/8154.htm,2006年12月30日最后访问。
② 国家工商总局在《支持海峡西岸经济区建议的意见》中提出要"支持福建工商行政管理系统积极创新监管制度,不断提高监管水平。指导和支持福建省工商行政管理系统按照有关规定试行行政指导制度,努力发掘行政指导这一柔性行政行为的积极作用,促进监管执法效能与公共服务水平的提升,营造和谐监管的良好氛围,促进经济社会协调发展"。
③ 本文对"泉州模式"的研究,主要依据的实践文本是,泉州市工商行政管理局编:《行政指导:行政管理创新的共赢之路——泉州工商行政指导实践》(2007年7月);《泉州工商行政指导实践》(四册)(2006年5月、2007年7月);《推行行政指导服务海峡西岸经济区建设高峰论坛》(上、中、下册)(2007年7月)。

经济、社会活动与生活,从而实现行政机关对行政状态、目标和秩序的预期。只有政府对相对人发布的信息、作出的意思表示是可以信赖的,并且在法律上能够切实保护相对人由此产生的合法预期(legitimate expectation),一种对政府未来行为的信赖,才能真正实现上述的模式转换。

那么,"泉州模式"在政府诚信方面是怎么做的?如何保证行政指导诚实信用,做到"言而有信""一诺千金"?有无争议发生?如何解决?带着这一系列问题,我于2007年7月15日至16日到福建省泉州市参加"推行行政指导服务海峡西岸经济区建设高峰论坛",并到工商局做了实地调研、座谈。通过与该局领导的访谈,我发现了一些很有意思的现象,对中国实践之中的合法预期有了一些感性认识与新的发现。

我一直认为,在中国并非没有合法预期问题,实践中也应该不乏一些解决问题的方式,或许迥异于西方,具有鲜明的中国特色,但解决问题的效果也许丝毫不亚于西方。只是所有这些,都需要我们耐心地、细心地去考察、发掘和总结,也有必要进一步制度化、规范化,提升到理论层次,在与外来理论的相互交融、取长补短的过程中,创制出中国自己的合法预期理论与制度。

在研究中,我还大量地引用了日本行政指导的一些研究发现,这主要是考虑到日本行政指导模式对我国相关理论影响至深,是我们的一个最主要的理论来源。追根溯源,或许更能发现问题。而且,通过比对,能够让我们更加直观、深刻地体认到,"泉州模式"的实践,尽管还稍嫌稚嫩,但却已经深深扎根在本土之上,契合了本地的社会需求,变成了企业的一种自觉的社会诉求。①并且,"泉州模式"在具体形态和运作机理上都有颇多创新,逐渐摆脱了日本行政指导的理论桎梏,走向了自我体系的自恰。

二、行政指导之中有合法预期吗?

1. 令人惊诧的现象

我的直觉告诉我,在当前整个社会都面临着信用缺失,包括政府诚信的

---

① 《法制日报》曾有一个专题报道——《转变职能、创新管理——福建省泉州市工商系统推行行政指导工作纪实》(2007-07-12),其中有一个副标题——"从怕工商到盼工商",从中,我们就可以窥见一斑。

缺失的情境下,①在行政指导中应该存在着合法预期问题。②可是,在泉州与工商局领导的访谈之中,得到的信息却很出乎我的意料,大家似乎不太觉得这是个问题,迄今也没有发生过类似的争议。

泉州工商局推行的行政指导主要集中体现在登记事务教导制、规范经营劝导制、维权兴企引导制、查处违法疏导制,前三项多是以工商管理专业职能为依托,辅导企业办理有关工商手续,帮助企业做大做强。从理论上讲,也会产生合法预期问题。

比如,在行政许可、行政确认领域推行的登记事务教导制,是以信息公开、到期提醒、申办教示、退出指引为主题,通过公开登记信息资料、提醒企业即将到期的登记事项、许可证照,明确所需材料、提供示范文本、教导规范填报等方式,引导企业正确申办各项注册登记事务,指引停业、被吊销企业依法退出市场。又比如,在服务经济发展领域推行的维权兴企引导制,指导企业准备有关申报材料、履行有关手续,鼓励、引导和促成企业申请证明商标、国家驰名商标,扶持企业强筋壮骨、依法维权,实现企业健康快速发展。③

在我看来,上述这些实践应该能够引起企业的合法预期问题。因为工商局在政府部门中的职能分工与业务管辖,工商管理服务的高度垄断性以及必然产生的高度权威性,决定了工商指导对于被指导的企业来说,应该是毋庸置疑,也不容挑战的。企业会按照上述内容积极准备有关手续和申报材料,投入一定的人财物,安排自己的经济活动。并且有理由相信,照此办理,应该能够成功注册商标、办理注册登记。因此,工商局的指导行为会使企业产生一种信赖,就是相信在可预计的未来,工商局或者上级工商部门必

---

① 党的十六大报告在强调加强社会主义思想道德建设时指出,建立与社会主义市场经济相适应、与社会主义法律规范相协调、与中华民族传统美德相承接的社会主义思想道德体系,要以诚实守信为重点。山东省邓小平理论研究中心、中共山东省委党校课题组:《诚实守信:道德建设的重点》,载《求是》,2003(21)。http://16da.ustc.edu.cn/ch/page.php?para_str=Myw1LDE3NiwwLDAsMCwwLDAsMCwwLDAsMA==,2006年12月30日最后访问。在google上搜索"政府信用缺失",结果是272000项;在百度上搜索,结果是116000篇。

② 莫于川教授在其著述中偏好"行政指导中的信赖保护"提法。这在我看来实在是成问题的,因为德国法上的信赖保护是与行政行为存续力有关,对存续力的保护,能够产生相对人的信赖;在行政行为的撤销与废止中也就纠缠着如何保护相对人的信赖利益问题。但是,行政指导显然不同于传统的行政行为,行政指导的内容能否实现,完全取决于相对人是否自愿服从。它是否具有存续力,就很值得怀疑。

③ 《转变职能、创新管理——福建省泉州市工商系统推行行政指导工作纪实》,载《法制日报》,2007-07-12。

将有某种预计的回应。由于这种信赖关系,也使得企业产生了某种信赖利益,比如,在不久的将来获得国家驰名商标、证明商标或者其他预期利益。

  这些预期,在我看来,也有可能落空,或者因指导走弯路。首先,就整个政府体系来说,政府信息公开化、透明化正在推进之中,推进之中本身就意味着一定程度上存在着公开不够、信息不畅。泉州市工商局有可能不能及时知晓国家工商总局的有关注册规定、手续与文书的变化。所以,在助成性行政指导实践中,很可能会出现企业按照指导内容填了一大堆材料,但到国家工商总局申请注册时,却被告知有些是多余的、不必要的,或者还缺少其他一些文书。其次,助成性指导中,企业的预期有时必须由上级机关或者其他机关来满足,比如,国家驰名商标是由国家工商总局来决定的。结果如何,泉州市工商部门也无法控制。

  对于上述两种情形,泉州市工商部门的工作人员也承认的确发生过,有的企业就没有申请到国家驰名商标,有的企业为补报材料还得来往穿梭于北京、泉州之间,付出额外的成本。此外,尽管工商部门的工作人员非常自信地向我表示,属于他们业务范围的事项,在指导上不会出错,但是,我猜想,由于基层工商所的工作人员业务水平和素质参差不齐,难保在指导中不会出错,也会导致企业的预期落空。

  但是,为什么人们没有敏锐地感受到、意识到并进而重视诚信问题?注意,这里的诚信不完全是指道德层面的东西,不是指主观上故意欺瞒、坑蒙拐骗,而是指根据公共管理的管辖和专业的分工,应该也必须能够提供出足够专业水准的、不发生歧异或误导的公共服务。为什么在"泉州模式"的经验介绍之中没有刻意地介绍有关确保诚信方面的有针对性的制度构建?为什么人们异口同声地,甚至颇有点自豪地说"迄今没有发生类似的争议"?在我看来,原因可能有两点:

  第一,"泉州模式"中的行政指导多是授益性的、助成性的。比如,指导安溪县茶业总公司创建"安溪铁观音"证明商标,让至少35家规模较大的茶叶企业共同受惠,让"'安溪铁观音'香溢四海"。[①]其他还有"惠安石雕""德化瓷雕"等。所有这些,在企业看来,都是工商局在改革浪潮中主动服务企业、

---

① 安溪县茶叶销量占全国乌龙茶总产量的1/3,出口创汇6000多万美元,全县茶农人均直接从茶叶销售中得到的收入为1999年的3.4倍。《转变职能、创新管理——福建省泉州市工商系统推行行政指导工作纪实》,载《法制日报》,2007-07-12。

服务经济发展的一种积极姿态和重要举措,完全出于好心,决无"歹意"。况且有些商标的注册决定权不在泉州市工商局,后者也无法左右。因此,发生"预期失落",企业也不会事实上也没有归咎于工商局。否则,就要应了那些老话"好心当作驴肝肺""恩将仇报""以怨报德"。因此,"泉州模式"似乎在揭示一个重要的经验——在我国积极推进服务行政能够在很大程度上消弭行政纷争。

第二,为了保证指导的正确,泉州工商局一般要求在指导之前要进行集体研究,商议"对症下药"的指导方案,而且,还史无前例地建立了行政指导效果的评议机制,发生偏差,及时纠正。在这种积极、主动的工作运行模式之下,企业或者个人的怨气与不满也会被悄悄地化解了。

2. 不是孤立的现象

Michael K. Young 在研究日本行政指导时指出,因为各种非正式的协商程序(informal consultative processes),以及行政指导具有事先向相对人阐明将如何发展与执行规制的趋向,所以,相对人一般会真心接受指导的结果,或者因庆幸自己逃避了过重的规制成本(greater regulatory burdens)而认可指导。但是,这不意味着行政指导就不产生纠纷。行政机关没有与相对人充分协商(inadequate consultation)或者相对人感到行政机关有偏见(bias),也会产生争议。[①]

但是,Michael K. Young 却没有提到因为诚信问题而引发的争议。[②]这是很让人费解的。或许,这是日本法律的一种缺失?诚信还没有透射入行政指导之中?抑或是因为在日本还有其他机制在发挥核心性的作用,比如,公务员内部的惩戒与纪律约束,长期的市场经济熏陶下形成了完备的信用观念与执行体系,诸如此类,而使得这个问题变得不那么突出,不成其为问题,也就没有提及的必要?

1972年,京都地方法院碰到一个在日本司法上堪称重要的案子。原告在日本拥有连锁加油站。在一个风景区内,原告获得一个修建加油站的机

---

① Cf. Michael K. Young, "*Judicial Review of Administrative Guidance: Governmentally Encouraged Consensual Dispute Resolution in Japan*"(1984) *Columbia Law Review* 946.

② Michael K. Young 所说的"偏见",主要表现为"厚此轻彼",对个别企业给予过多的,甚至是无微不至的指导,引起别的企业的异议,认为违反平等对待要求。而不包括我们泛泛理解的,因为缺少诚信,利用信息不对称、不透明而发生的问题。

会。市规划局告诉原告,其修建的加油站必须符合非常严格的审美标准(aesthetic specifications)。原告核算之后,发现成本太高,便放弃了。但是,后来他人购买了该土地,修建的加油站却根本没有达到被告当时告诉原告的那么高标准。因此,原告要求国家赔偿。该案在行政指导的司法审查上具有重要的意义,因为法院确认,行政指导行为即使没有直接改变法律关系,即使理论上属于自愿服从的行为,但是,仍然属于《国家赔偿法》第1条规定的"行使公共权力"(exercise of public authority)。如果行为违法,同样要承担国家赔偿责任。[①]

有意思的是,在该案中,分明存在着合法预期问题。规划局既然对原告做了详细的指导,其有关审美的高标准让原告打消经营的念头的同时,也足以使其合法地、合理地产生预期,只要购买这块土地建设加油站,就一定要满足这么高的审美标准,否则,规划局不会让任何企业建设的。而事实的发展却辜负了原告的这种预期,让它丧失了唾手可得的牟利商机。然而,法院却判决被告的行为没有违法。

因此,在我看来,这个案件至少说明,Michael K. Young 的上述归纳是不完善、不全面的。更准确地说,很可能是日本人并没有像英国人那样敏锐地意识到行政指导中的合法预期问题,[②]存在着严重的制度缺失。这种理论上的无意识与制度上的缺失是否也漂洋过海,让我国行政指导理论也受到了"感染"?让"泉州模式"也呈现了这种"症状"?

[①] Cf. Michael K. Young, "*Judicial Review of Administrative Guidance: Governmentally Encouraged Consensual Dispute Resolution in Japan*"(1984) Columbia Law Review 959.

[②] 英国也有一个类似的、很重要的判例,*R. v. Secretary of State for the Home Department, ex parte Kahn* 案,其判决却令人击节。该案中原告和他的妻子都定居在英国,想收养一个巴基斯坦的孩子。他去有关部门咨询时,对方给了他一个内政部的通知,里面很清楚地规定:对于想要收养、但又无权进入英国的孩子,在例外的情况下,如果满足某些条件,国务大臣也可以行使裁量权,作出有利于该孩子的决定。原告和他妻子就按照上述条件办了,并以为国务大臣会像他们所预期的那样作出决定。但是,国务大臣却以另外完全不同的条件为由拒绝批准该儿童入境。Cf. Alastair R. Mowbray, "*Administrative Guidance and Judicial Review*"(1985) Public Law. Cf. C. F. Forsyth, "*The Provenance and Protection of Legitimate Expectations*"(1988) Cambridge Law Journal 247~248. 该案是普通法国家中探讨实质合法预期(substantive legitimate expectation)的一个经典案例,认为对当事人只提供传统的程序性保障是远远不够的,还必须考虑实质性保护问题。余凌云:《行政法上合法预期之保护》,载《中国社会科学》,2003(3)。

三、纠纷的解决机制

事实上,对行政指导能不能追究责任和提供救济,取决于行政指导的定性,以及行政指导的程序规范性程度,尤其是在行政指导之下何种情形才会产生合法预期保护问题,这是个很复杂的问题,也是理论上至今争论不休的问题。

但是,行政指导争议,不管是否涉及合法预期问题,不论何种原因引发,作为一种纠纷,如何积极地、有效地消弭?只要不是简单粗暴、利用威权的违法压制,只是从预防、抑制和消弭纠纷的实际效果上看,解决的方法似乎可以有更广阔的视野,更多样的路径,更少的理论羁绊。

1. 日本纠纷解决机制

在日本,解决上述争议的方式主要有不服从指导(noncompliance)、诉诸政治方式解决(resort to the political process)以及裁决(adjudication)三种。①

首先,不服从指导是最简单的避免纠纷的办法。一般是在行政机关不会使用间接权力(collateral powers)的情况下,相对人才敢这么做。比如,汽车制造企业不服从国际贸易与工业部(the Ministry of International Trade and Industry, MITI)关于合并的指导时,后者不会限制关键原材料的进口。

其次,诉诸政治方式。比如,谋求行业协会以及工商业有影响的人士的支持,或者谋取公众的支持,以动摇行政机关的规制决定。甚至个别情况下,企业还会跑到与实施规制的部(the regulating ministry)有竞争关系的部(a competing ministry)去游说,说前者侵犯了后者的规制权限,让自己的难题转化为部与部之间的矛盾,通过部与部之间的交涉来解决。更多的情况是通过政治家来影响规制机关。被规制企业考虑到与规制机关之间将来的、错综复杂的规制关系,也更倾向于使用政治压力来解决问题。

最后,裁决方式。可能是由于暧昧的、说不清的、未经验证的经验性的文化因素,比如,把诉讼视为不和谐,以及害怕在未来的规制关系中受到行政机关的报复,日本一般很少发生这类的诉讼案件。据 Michael K. Young

---

① Cf. Michael K. Young, "*Judicial Review of Administrative Guidance: Governmentally Encouraged Consensual Dispute Resolution in Japan*"(1984) *Columbia Law Review* 950~953.

统计,在1970—1980年发生的近40起案件,一般都是原告与被告在以后不发生规制关系的情况下提起的。①一般来说,受传统息讼(厌讼)文化熏陶越多、行政机关未来继续规制的可能性越大、规制的范围越广,就越会(能)抑制当事人起诉的激情。

2. "泉州模式"的经验

在访谈中,我们发现,除了第二种诉诸政治压力的解决方式之外,其他两种在"泉州模式"中都存在。工商局的工作人员也坦承,有些规模较小的私人企业,就满足于家庭作坊式的经营,小康生活、其乐融融,夫复何求?对于注册商标等现代企业经营策略与模式一概不感兴趣,对有关指导也不置可否。企业不领情,工商局(所)也不较真,纠纷也就无从生起。

裁决在"泉州模式"中比较单一,就是规定了行政诉讼。这似乎是对西方传来的行政救济的简约理解与迷信。事实上,允许行政诉讼更多的变成了一种姿态和样式,因为要求诉讼的案件从来没有发生过。②

从有关经验介绍的材料中,我们没有读到一起行政指导纠纷。在访谈中,工商局的工作人员也说没有发生过此类问题。为什么呢?从中,我们发现了两种很起作用的化解纠纷方式:

一是自我转移型的化解。面对工商局(所)的诚恳与热情,被指导的企业即使出现预期落空,也会觉得工商局(所)是"好心办坏事""好心没办成事",自己化解了怨气,或者怨气是冲着没有发放证件、给予商标的上级主管部门去了。服务行政本身就具有积极化解纠纷的功能,特别是在我国传统法律文化与社会心理结构的情境之下,这种效益更为显著。

二是工商机关的主动监督。发现问题、解决问题。工商机关内部的监督和评估机制能够主动更改指导偏误,甚至是在企业没有意识到指导有什么问题之前就主动纠错了,所以,也避免了以后的纠纷。

从英国、澳大利亚、新西兰和欧共体的经验看,合法预期的保护主要是

---

① Cf. Michael K. Young, "*Judicial Review of Administrative Guidance: Governmentally Encouraged Consensual Dispute Resolution in Japan*"(1984) *Columbia Law Review* 951.

② 在我看来,可以考虑建立多元化的裁决机制。比如,在工商局内部建立类似Ombudsman的解决纠纷机制,或许更契合"泉州模式"。也就是说,在工商局法制处设置若干协调员,由有实践经验的执法人员担任。企业如果不接受工商所的指导,又顾虑会因此与工商所处不好关系,可以联系协调员。后者如果认为工商所的行政指导有问题,可以出面进行协调。

司法上的救济。但我们在"泉州模式"中却发现了更加积极的,以事中监督、强化服务理念为特征的保护方式,而且是一种在我国文化传统、民众心理与"官商"关系等复杂因素之中能够发生良性互动的解决方式。

四、继续彷徨在法院大门之外吗?

从我所接触到的还算比较丰富的文献材料看,普通法与欧共体法对合法预期的保护机制主要是在司法审查(诉讼)之中实现的。但是,从诉讼角度研究行政指导之中的合法预期,会发现其极其特殊——合法预期能否得到司法保护,与行政指导纠纷本身能否诉诸法院之间是"共栖"共存关系。

"泉州模式"中在诉讼问题上实际上是沿用了行政诉讼法的规定,也就是,行政相对人认为工商机关实施的行政指导违法,实际上具有强制力,并给自己合法权益造成损失的,可以依法提起行政诉讼寻求救济。[①]但迄今还没有发生一起行政诉讼案件,所以,我们也无法从中发现什么。但是,最高人民法院对行政指导建立的诉讼模型是否恰当?是否过于疲软?却很值得批判与思考。因此,下面的研究看起来好像与"泉州模式"关系不大,但在我看来,却具有基础性意义。

1. 最高人民法院的见解

《最高人民法院关于执行〈中华人民共和国行政诉讼法〉若干问题的解释》(法释〔2000〕8号)第1条第2款第(四)项规定"不具有强制力的行政指导行为",不予受理。[②]其中的道理有二:

第一,这种表述是考虑到当前基层法院的法官对何为行政指导(administrative guidance, gyosei shido)并不很了解,因此,在行政指导的行为前增加"不具有强制力"的定语,意在进一步说明行政指导的性质,因此,行政指导在我国行政诉讼上不可诉。但是,对于实践中那些以行政指导名义实施的实质上不是行政指导行为而是具体行政行为的情况,仍然可以提

---

① 莫于川、郑宁:《泉州经验的行政管理和行政法制创新意义——福建泉州工商行政机关推行行政指导的调研报告》,收入《行政指导:行政管理创新的共赢之路——泉州工商行政指导实践》(泉州市工商行政管理局编,2007年7月),37页。

② 《最高人民法院关于适用〈中华人民共和国行政诉讼法〉的解释》(法释〔2018〕1号)第1条第2款第(三)项规定,"行政指导行为",不予受理。

起行政诉讼。①

第二,在我国行政指导实践中,受计划经济下的行政规制模式、传统与习惯的影响,行政机关有时会自觉、不自觉地加大其中的担保成分,甚至变成是"改头换面"的行政命令。②所以,考虑到上述现实,最高人民法院在第1条第2款第(四)项之规定中特意加上"不具有强制力的",意在将事实上用强制力推行的行政指导也视为一种具体行政行为纳入行政诉讼之中,可谓用心良苦。

因此,上述司法解释实际上是将我国实践中的行政指导划分为两类:一是纯粹理论上所认同的行政指导;二是以行政指导面目出现,实质上已变异为以强制力推行的行政命令。在行政诉讼上,纳入后者、排除前者。

2. 对上述见解的批判

在"行政指导"之前特意冠以限定词"不具有强制力",在熟知行政指导特性的人们看来,似乎多少有画蛇添足、狗尾续貂之嫌。因为行政法理论上一直坚持认为,行政指导本来就不具有强制性,行政机关只是采取不具有强制法律效果的行为(take action of no coercive legal effect),鼓励相对人向行政机关所预期的目标努力。相对方是否服从行政指导,听凭自由。行政指导只有在相对方自愿合作下才能实现。从相对方服从与否角度讲,也可以理解为是一种任意性,也就是相对方对是否服从行政主体的行政指导有选择的自由。这是行政指导的突出特点,与像行政处罚、行政强制这样的传统的行政手段截然不同的地方。

从行政法理论上和理想形态上讲,行政指导是不具有强制力的事实行为。这种理论认识还是受到了强有力的挑战。刘宗德博士以日本行政指导为研究标本,③归纳出行政指导在运用中实际上可能具有一定的担保手段,包括:

(1)公布已为行政指导或不服从行政指导的事实。前者意在寻求舆论

---

① 甘文:《行政诉讼法司法解释之评论——理由、观点与问题》,25~26页,北京,中国法制出版社,2000。

② 这也是"泉州模式"中特别注意避免的问题,强调"工商所能、企业所愿、政府所想、法律所依"的原则,明确规定"行政相对人拒绝接受行政指导的,不得因此对其采取或变相采取强制措施以及其他不利于行政相对人的行政处理行为"。

③ 刘宗德:《试论日本之行政指导》,载《政大法学评论》,第40期(1989年12月)。

的关心和支持,以求顺利实现行政目的。后者目的在于唤起舆论对不服从行政指导的相对方的责难,进而发展成所谓的"人民审判"。①

(2)进行行政指导之际,保留行政权限不加使用。

(3)利用其他行政权限,对不服从者加以制裁。比如,对不服从减产指导的,削减其外汇配额;对不服从价格指导的,停止银行融资,等等。

在我国,行政指导不见得完全会显现出上述这些形态,但是,有些担保手段的确可能存在。比如,在规范经营指导中,行政指导与行政处罚之间可能存在着转换和衔接,不服从指导,可能会招致处罚。泉州实践上已有运用,但其中的分寸如何拿捏,一直困扰泉州的实践者。因为有着这些担保手段,行政指导在有的情况下实际上有着事实上的强制效果。这显然突破了传统行政法理论对行政指导的认识。因此,既便行政指导显现出一定的事实上的强制力,也仍然可能是属于正常的行政指导形态之内的表征,不属于上述《最高人民法院关于执行〈中华人民共和国行政诉讼法〉若干问题的解释》(法释〔2000〕8号)第1条第2款第(四)项规定意图纳入行政诉讼不受案范围之内的情形。

所以,从传统认识看,行政指导本来就不具有强制性;从实在形态讲,行政指导又可能因担保的存在而合法的具有强制性。因此,最高人民法院的上述司法解释在表述上的确存在着欠缺周密考虑、详加推敲的问题。"泉州模式"中的相关规定恐怕也会连同"犯错误"。当然,这不是泉州的错,是司法解释的错。

而且,在我看来,最高人民法院即便是如此煞费苦心,也无法完全解决行政指导中出现的各式各样的纠纷,无法真正督促行政机关提高行政指导水平,特别是增强相对人的信心与预测能力,最终也无法实现法治主义的要求。比如,善意相对人因行政机关给出的错误信息而招致损失,行政机关的这种过错能够完全都转嫁给相对人吗?行政机关能够宁可辜负相对人的信赖,也不愿(不肯)承担任何责任吗?

因此,以"不具有强制性"作为司法识别的标准,显然是诉诸概念的一种司法操作,是形式主义盛行的一种表征,不仅与行政指导本身的特性不符,而且与现代行政救济注重人权保障,以人权保护之需要为考量的趋势不符。

---

① 在行政指导中引入信息披露,让规制由"软"变"硬",这也是我非常想向泉州工商局推荐的担保方式。

3. 是否可诉?

因为行政指导不具有强制性,不少学者认为行政指导只是一种单纯的事实行为,不是对相对人的权利义务做出具有法律效果的处分。在行政指导过程中,实际上是存在着行政主体和相对方之间的合意,但该合意不发生法律效果,相对方对于行政主体做出的指导,如果表示接受,或者接受之后又撤回允诺,原则上都不会发生法律效果或责任问题,因此,行政指导中双方的意思表示与缔结契约的双方当事人的要约和承诺不同,正是在这一点上,说清楚了行政指导和行政契约的不同。[①]因此,如果相对人服从了行政指导,并实施了相关的行为,只能算是自我决策的举动,与行政机关没有直接的因果关系。如果出现不利于相对人的结果,那么,也只能算是其行为的自然风险,不得归咎于行政机关。

基于上述认识,传统行政法理论坚持认为,纯粹的行政指导行为是不会产生侵权后果的,也不能因为事实上的损害而诉诸法院,请求行政救济。《最高人民法院关于执行〈中华人民共和国行政诉讼法〉若干问题的解释》(法释〔2000〕8号)第1条第2款第(四)项之规定显然是遵从了这种传统理论的见解。

这种观点与日本早期的观点基本一样。日本法院一开始也认为行政指导争议在法院是不可裁决的(nonjusticiable),因为是自愿(voluntary)服从,当事人也无从要求救济。[②]只有当被指导者因不服从指导而被制裁时,才能以该制裁为诉讼对象要求救济,并在救济的同时一并审查行政指导的违法性。其理由是,行政指导本身不具有法律的拘束力和强制力,是否服从行政指导,由相对人任意决定,所以,行政指导不具有行政处分的性质,不能作为处分撤销之诉与无效确认之诉的对象。[③]

但是,日本在1971年发生了一起堪称"转折点"的案件。原告是制造和销售塑料尺的厂家,其生产的尺子一直采取多种度量,有厘米、英寸,还有日本传统的度量标准。但是,国际贸易与工业部(the Ministry of International

---

[①] 纪振清:《日本行政指导之机能与判例趋向》,载《法律评论》,第60卷第11、12期合刊。

[②] Cf. Michael K. Young, "*Judicial Review of Administrative Guidance: Governmentally Encouraged Consensual Dispute Resolution in Japan*" (1984) Columbia Law Review 954.

[③] 刘宗德:《试论日本之行政指导》,载《政大法学评论》,第40期(1989年12月)。莫于川:《行政指导论纲——非权力行政方式及其法治问题研究》,114页,重庆,重庆大学出版社,1999。

Trade and Industry,MITI)却下了一个通知(notice),要求一律采用厘米度量,并指示当地行政机关处理此事,将处理结果上报该部。地方行政机关就向原告发出一个停止生产的警示(warning)。原告申请异议无效,便提起诉讼。东京法院受理了该案。法院首先肯定了通知(notice)只是一个内部的指令(internal directive),没有改变当事人的具体权利义务,但却严重影响当事人的具体权利义务。对于这种基于通知而实施的特定行政处理(administrative disposition),当事人如果没有其他救济途径,应当允许起诉。①自此之后,所有的行政指导行为都纳入了行政诉讼的范畴。

那么,在我国,是不是像上述日本情形一样,行政指导都可以受理呢?也有学者主张行政指导应当接受司法审查,理由是行政指导存在事实上的侵权,对相对人存在着信赖保护的必要性。②但这里的关键问题是,是不是所有的行政指导行为都会使相对人产生合法预期?都需要法院提供行政救济呢?我觉得问题绝不简单,还需要我们认真去甄别、去思考。

4. 二维度的思考

对于行政指导案件应该怎么审理呢?这又是一个很大的、非常复杂的问题。在日本人看来,行政指导是日本独特的、外国所没有的制度,因此,尽管其传统上受德国、瑞士和法国的影响,近代又受美国法律的侵蚀,但是,日本法院却觉得无法从上述国家的司法审查中"拷贝"(copy)具体的审查方法,而必须在纠纷产生的社会、政治、经济、文化和法律情境之中去敏锐地感悟与体察,也能够使日本的法官用本土化(indigenous)态度去裁判、解决纠纷以及平衡行政与司法的角色关系。③

在我国,即使我们扫清了诉讼障碍,也同样会遇到如何审理行政指导案件的难题。对行政行为的一般审查技术显然不能完全适用于行政指导。法院在审查中首先必须拿捏住的一个重要分寸,就是必须在保持行政指导的机动性、灵活性和保障相对人的合法权益之间寻求一种平衡。这也是日本

---

① Cf. Michael K. Young, "*Judicial Review of Administrative Guidance: Governmentally Encouraged Consensual Dispute Resolution in Japan*"(1984) *Columbia Law Review* 958.

② 包万超:《转型发展中的中国行政指导研究》,载罗豪才主编:《行政法论丛》,北京,法律出版社,1998。

③ Cf. Michael K. Young, "*Judicial Review of Administrative Guidance: Governmentally Encouraged Consensual Dispute Resolution in Japan*"(1984) *Columbia Law Review* 925.

行政指导的司法审查中一再强调的一个极其重要的审查维度。对行政指导的合法性审查也就是对其平衡性的考量，不能因为司法审查而使得行政机关自由（administrative freedom）丧失殆尽，否则会直接损害到行政指导的根基。

在我看来，对行政指导问题，应该引入另外一个更加重要的审查维度，那就是"合法预期"（legitimate expectation）。[①]因为，行政指导是政府实施的行为，是非常严肃的事，不得儿戏，当然要受到"合法预期"和"禁止反言"（estoppel）的约束，也就是对于误信行政机关的错误指导而采取相应行为的相对方，应当保护其合法的权益。引入合法预期保护，能够实质性提高行政指导的质量，能够最大限度地扩展对相对人合法权益的救济。

五、产生赔偿、补偿责任吗？

"泉州模式"中对行政指导引发的赔偿和补充责任都作了规定。《泉州市工商行政管理机关行政指导程序规定》（泉工商〔2005〕287号文印发）第36条规定："行政相对人认为工商机关实施的行政指导违法，并给自己的合法权益造成损害的，可以依法请求行政赔偿。"第39条规定："工商机关违法实施行政指导，给当事人的合法权益造成损害的，依照国家赔偿法的规定承担赔偿责任。"也就是说，赔偿责任仍然是依托在国家赔偿法的模式之中，没有特别的突破或者创新。

"泉州模式"中的一个比较引人注目、争议比较大的规定，就是补偿的规定。《泉州市工商行政管理机关行政指导程序规定》（泉工商〔2005〕287号文印发）第37条规定："行政相对人因听从、配合行政指导致使自己的合法权益受到损害的，可以申请实施指导的工商机关给予一定补偿。工商机关实施行政指导，由于工作人员的疏忽或人类认识局限，给当事人的合法权益造成损害的，按照公平负担和特别牺牲、特别补偿的原则，给予公平补偿。"该条是作为创新性的将最前沿理论条文化的一个范例推出来的。

按照泉州市工商局领导的介绍，上述规定的主要目的是要让执法人员知道行政指导是会产生法律责任的，不能"当儿戏"，要"认真对待权利"。当

[①] 余凌云：《行政法上合法预期之保护》，载《中国社会科学》，2003(3)。

问及是否事实上出现过指导失误的问题时,他也非常坦诚地承认,出现过一些失误,被指导的企业也"白忙活"过,按照指导办理却没有达到预期,白搭了一些时间、精力、财力。但是,他补充道:迄今还没有一个被指导的企业要求工商局依据上述规定承担责任。

1. 能够赔偿吗?

从法国的经验看,通过赔偿保护,能够名正言顺地侧重对行政灵活性(flexibility)的保护,同时也能够不使相对人的合法预期过分落空。在这一点,似乎更加契合行政指导对行政灵活性与自由度(administrative freedom)的要求。

在我看来,"泉州模式"在上述《泉州市工商行政管理机关行政指导程序规定》(泉工商〔2005〕287 号文印发)第 36 条、39 条中规定的国家赔偿是比较实在的,在现有的制度层面是能够实现的。《国家赔偿法》(1994 年)第 2 条规定:"国家机关和国家机关工作人员违法行使职权侵犯公民、法人和其他组织的合法权益造成损害的,受害人有依照本法取得国家赔偿的权利。"这里的"违法行使职权",既可能是一种法律行为,也可能是一种事实行为,只要违法,即构成国家赔偿的归责要件。因此,行政指导尽管是一种纯粹的事实行为,但是,如果行政机关违法实施行政指导,特别是滥用其事实上的强制力逼迫相对方不得不接受的指导,一旦造成损害,则应当依照《国家赔偿法》(1994 年)第 4 条第(四)项"造成财产损害的其他违法行为"之规定,承担国家赔偿责任。

这种见解与日本新近的学说同出一辙。在日本,最近的学说和判例将国家赔偿法中的"行使公权力"做最广义的解释,认为是包含了"除私经济作用以外的一切行政活动",因行政指导引起的损害,也就当然有可能要求行政机关承担国家赔偿。[1]比较典型的案件是 Nakatani Honten Gomei Kaisha v. Tokyo。

在该案中,原告计划建造公寓楼群,根据建设标准法(the Construction Standards Law)向当地建设部门申请建设许可。建设部门的通常做法是,在符合有关法律硬性规定的条件之外,还在指导纲要(Outline Guidance)中要

---

[1] 刘宗德:《试论日本之行政指导》,载《政大法学评论》,第 40 期(1989 年 12 月)。纪振清:《日本行政指导之机能与判例趋向》,载《法律评论》,第 60 卷第 11、12 期合刊。

求申请人要就采光和通风等问题与建筑物周围的居民协商。原告经过与居民的多番商谈,却无法达成协议。当地建设部门因此不对其申请作出决定。原告向东京建设检查委员会(the Tokyo Construction Inspection Committee)申诉。还没等委员会作出决定,原告与居民就达成了协议,也因此获得了许可,并且开工。但之后,原告却对当地建设部门非法迟延作出决定提出国家赔偿请求。法院支持了原告的主张。法院认为,原告有权停止继续协商(halt negotiations),要求行政机关对许可作出决定。这是自愿服从行政指导的特性使然。但是,被告却没有理睬。所以,被告应就此后的损害予以赔偿。[1]

但是,在我看来,上述从行为的性质入手,解决国家赔偿问题,范围或许过窄,损害认定不易,因而不算是最佳方法。行政指导的赔偿问题很大层面上是因为行政机关辜负了相对人的合法预期,损害了其预期利益,或者造成其事先花费的成本"付之东流"。所以,引入合法预期,能够使有关的赔偿更具有坚实有力的说服力,具有较强的操作性。

2. 补偿如何由"虚"到"实"?

补偿可能是"泉州模式"中比较有特色的地方。在我理解起来,这更多的是工商机关通过主动承担(更准确地说,是分担)一定责任的意思表示,以此来说服企业,打消后者的顾虑,接受工商局的行政指导。这是一种诚信(诚意)的积极表示,是在更加宽泛的意义上承担的一种经济责任,使合法预期的补偿保护在我国自发生长的一种形态,具有了完全崭新的意味与内涵。

但是,《泉州市工商行政管理机关行政指导程序规定》(泉工商〔2005〕287号文印发)中具有创新意味的第37条却显然缺少着一份"诚意"(不诚意的诚意——很矛盾的说法),它没有详细规定补偿的标准与额度。而且,损害发生的情形纷繁多样、原因也错综复杂,第37条过于笼统、失之宽泛的规定,缺乏可操作性和执行力,根本无法有针对性地解决具体的损害认定与补偿问题。这就使得补偿对企业来讲似乎是一种口惠而实不至的承诺。再加上上述分析的"泉州模式"中多为助成性的指导,企业在发生损害时往往也不好张口要求行政机关给予补偿。这就使得这种具有物质性内容的诚意大

---

[1] Cf. Michael K. Young, "*Judicial Review of Administrative Guidance: Governmentally Encouraged Consensual Dispute Resolution in Japan*"(1984) *Columbia Law Review* 964, 969.

大贬值。

更关键的是,在我看来,不是什么样的行政指导都要借助补偿的说服助力。只有那些对工商管理具有重大公共利益的行政目标,必须说服企业服从、配合实施,才有必要通过补偿,与企业共担风险。所以,要把虚化的、形式意义的补偿作实,一个有效的、可供考虑的执行方式就是,必要时,与企业签订具有补偿内容的行政契约,详细约定补偿的标准与条件。①

六、结束语

毋庸讳言,中国行政指导理论受到了日本模式的强烈影响。"泉州模式"的具体形态、表现机理与运行模式却足以表明,实践之中的行政指导已经逐渐与日本行政指导挥手道别、分道扬镳,具有了越来越鲜明的中国特色。日本行政指导多半是经济性或者行业性规制的行政指导,有时甚至很难与行政命令(决定)相区别,比如,在指导纲要(Outline Guidance)之中,要求开发商在申请建设许可之前必须与周围居民认真、诚心地协商,争取达成协议,以便减少建设许可中的行政争议。但在"泉州模式"中,既便是规制型的行政指导,却表现出浓烈的服务色彩,"送法下乡"(借用苏力的一个书名)、"送法到企业",像对华山彩印公司的规范经营的指导,主要是劝导其建立健全商标标识业务审核制度、登记建档制度、商标标识出入库制度、废次商标标识销毁制度等。因此,在我看来,"泉州模式"固然代表着政府规制的发展与转换方向,其经验值得总结,但更重要的是以此为契机,进一步摸索、发展与形成中国式的行政指导制度与理论。

如果我们循着合法预期的视角去考察,会很令人吃惊的发现,在"泉州模式"中同时并存着制度形式上的缺失和实质上的回应。一方面,合法预期作为一种制度,"泉州模式"没有给予特别的关注,甚至这个概念对于泉州实践者都是陌生的,也根本谈不上有针对性的制度设计。但是,另一方面,在"泉州模式"的实际运行中,通过其他的方式实际上已经在一定程度上不自觉地、或多或少地解决了政府诚信和合法预期的保护问题。其中给我印象深刻的是,积极推行服务政府理念,增加柔性执法的成分,能够有效地降低

---

① 可以仿效"治安责任承诺协议"。余凌云:《行政契约论》,251~272 页,北京,中国人民大学出版社,2006。

相对人对合法预期保护的制度渴求。"泉州模式"中几乎不见行政指导纠纷,包括因政府诚信问题而引起的行政纠纷,这个现象本身就很值得我们深思。

　　这或许在我国的行政实践中有一定的代表性。在合法预期的保护上,我们不能只注重那些传来的概念、观念,也不要仅仅拘泥于外来的那些保护方式,切不可"妄自菲薄",忽视本土的实践。我们要积极总结我们蕴涵在实践之中的智慧与做法,努力上升到理论层面。另外,上述"泉州模式"的实践无意识,也的确反映出我们实践认识与制度建设的某种盲区,需要进一步的理论指导,实现外来的合法预期在理念与制度上的本土化"嫁接"与移植,创新出中国式的合法预期制度。

第 三 编

英国行政法上合法预期的起源与发展[*]

目　次

一、引言：概念的起源　/ 190
二、从程序性保护起步　/ 196
三、走向实体性保护　/ 205
四、余论：比较的视野　/ 237

---

[*] 本文是我主持的国家社科基金项目（一般项目，批准号07BFX023）"行政法上的合法预期制度"的阶段性成果，也获得了2007年教育部"新世纪优秀人才支持计划"资助。陈海萍、张兴祥、洪延青和刘飞提供了不少资料，在此致谢。本文的主要内容发表在《环球法律评论》2011年第4期。

一、引言：概念的起源

我们可以相当肯定地说，德国早就有一个叫作"政府信赖保护"（Vertrauensschutz, protection of trust）的概念、原则与理论，并漂洋过海，传至日本和我国台湾地区，现在也为我国学者所乐道。但是，从亲缘关系看，澳大利亚、新西兰、北爱尔兰等英联邦国家的合法预期（legitimate expectation）却完全与欧陆无关，它的源头在英国。美国却始终坚守着普通法上古老的"禁止反言概念"（the concept of estoppel），[①]来处理类似问题。

但有意思的是，在欧洲大陆上，却同时游走着诚实信用、信赖保护和合法预期，这凝结成了一个巨大的谜。德国古老的诚实信用已在公法上得到援用，为何又要衍生出公法上的信赖保护？它们与欧共体法中新近出现的合法预期之间究竟有着怎样的关系呢？一直以来，我为此困惑，阅读大量文献，冥思苦想、殚精竭虑，也无法理出一个令人满意的头绪。而美国人透过普通法上的禁止反言，在私法和公法上来回游走，耙剔异同，也让我疲惫、厌烦。与欧洲大陆的"混沌"、美国的"游移"相反，英国的合法预期十分纯正，脉络清晰。古老的普通法上，民事关系也讲究诚信，但有关合法预期的文献基本上不涉及私法理论，只呈现公法的独特品格，与私法泾渭分明。这也是我偏爱它的原因。

1. 一桩公案

在英联邦国家中，人们普遍认为合法预期是英国声名显赫的法官 Lord Denning 所创。当然也夹杂着质疑，认为合法预期是外来的，源自德国公法，在 20 世纪七八十年代间为英国继受。[②]或者说，它是"德国制造"（made in Germany），被英国有所保留（with reservations）地引进。[③] Lord Denning 在

[①] "禁止反言"是普通法上一个古老原则，但它也"随着人类事务的发展而发展"（has grown with the growth of human affairs）。在行政法上，美国法院对它的态度也由最初的拒绝转变为有条件的采纳。Cf. Alfred C. Aman & William T. Mayton, *Administrative Law*, West Publishing Co., 1993, pp. 323–325.

[②] Cf. Robert Thomas, *Legitimate Expectations and Proportionality in Administrative Law*, Oxford. Portland Orgon, 2000, introduction.

[③] Cf. Georg Nolte, "*General Principles of German and European Administrative Law—A Comparison in Historical Perspective*"(1994)57 *Modern Law Review* 191.

1969 年的 Schmidt v. Secretary of State for Home Affairs 案首次引入这个术语时,没有吐露权威性来源——是司法认可的抑或其他;他也没有谈及理论出处——是对德国法的借用还是其他。起源问题似乎成了一个公案。

翻阅文献,凡是我能够找到的证据,尽管零星琐碎,都让我愈发笃信通说。

第一,Lord Denning 在 1987 年 1 月 19 日写给剑桥大学法学院 C. Forsyth 教授的一封回信中,信誓旦旦地说道:"(它)是从我自己的脑袋瓜里蹦出来的,不是源自欧洲大陆或者其他什么地方"(it came out of my own head and not from any continental or other source)。[①] 2002 年,我游学剑桥,曾向 Forsyth 教授求证。他只是说,当时英国人已风闻欧陆制度,Lord Denning 是否真对信赖保护一无所知,无从考证。之后的案件也没谈到另一起源。所以,这个术语或许就是来自 Lord Denning 那赫赫有名的富有正义与创造力的聪颖脑海之中吧(Presumably, therefore, the origin of the concept lies within Lord Denning's hustly famed creative mind and not elsewhere)。[②]

第二,Soren J. Schonberg 考察了当初情境,认为没有理由怀疑 Lord Denning 的说法。一是英国当时还不是欧共体成员国;二是欧洲的合法预期不关心程序性保护,且直到 20 世纪 70 年代初,欧洲法院才有关于预期案件的重要判决(seminal expectations cases);三是欧洲煤钢联营(European Coal and Steel Community,ECSC)判例法中对合法预期虽有零星涉及,但到 1968 年才为法国引用,Lord Denning 很难知悉。[③]

第三,在 1977 年英国众议院的一次辩论中,另一位具有崇高声望的法官 Lord Diplock 相当满意地谈到了满足相对人合理(合法)预期的权利(the right to have one's reasonable (legitimate) expectations fulfilled),并认为这是英国行政法与欧洲大陆最具有意义的不同点之一(it was one of the significant points of difference between administrative law in England and

---

[①] Cf. C. F. Forsyth, "*The Provenance and Protection of Legitimate Expectations*"(1988) 47 *Cambridge Law Journal* 241.

[②] Cf. C. F. Forsyth, "*The Provenance and Protection of Legitimate Expectations*"(1988) 47 *Cambridge Law Journal* 241.

[③] Cf. Soren J. Schonberg, *Legitimate Expectations in Administrative Law*, Oxford University Press, 2000, p. 38, especially footnote 60.

on the continent)。① 凭 Lord Diplock 渊博学识,他的力挺足可一扫疑云。

第四,Dawn Oliver 虽对 Lord Denning 的说法心有疑惑,却也承认,"(在 Schmidt 案审理之时)看不出其有欧洲法渊源。其实,英国和英联邦判例法的发展,极少有取道欧洲的显著迹象。可以说,该原则是潜藏或隐含在英国的普通法之中,与欧洲的法理无关"(It was not acknowledged at that time as having a European root, and indeed English and Commonwealth case law appears to have developed with little explicit reference to European parallels. It may well be that the doctrine can be found to be latent or implicit in the English common law without reference to European legal reasoning)。② Georg Nolte 虽不敢肯定 legitimate expectation 初见于 Schmidt 案,但也相当肯定地指出了与欧陆不同的起源。他说:"在欧共体法中,合法预期保护原则是从与行政决定撤销有关的案件中发展而来。在英国法中,该术语有着不同的来源:它与'自然正义'的程序保障有关,或者用一个更现代一点的术语说,是公正行事的义务。"(In Community law, the principle of protection of legitimate expectations developed from cases which concerned the revocation of administrative decisions. In English law, the term comes from a different source: there it is connected with the procedural guarantee of "natural justice", or, to use a more modern term, the duty to act fairly.)③

第五,从 Frosyth、Craig、Elliot 等撰写的极有分量的相关作品中,无论在正文还是注释里,我都没有发现与德国法的瓜葛。倘若果真源自德国法,在这些严谨学者的文字中却竟然没有只言片语的提及,也不见一丝比较分析,这实在反常,简直难以想象。

2. 新的智识

在我看来,合法预期只是英伦大地上涌出的一汪清澈泉流。迄今法官们没有给出一个清晰的定义,但通过阅读琐碎的文献与判例,我们还是能够

---

① Cf. C. F. Forsyth, "*The Provenance and Protection of Legitimate Expectations*"(1988) 47 *Cambridge Law Journal* 245.

② Cf. Dawn Oliver, "*A Negative Aspect to Legitimate Expectations*"(1998) *Public Law* 558.

③ Cf. Georg Nolte, "*General Principles of German and European Administrative Law—A Comparison in Historical Perspective*"(1994) 57 *Modern Law Review* 195.

体会到它是什么,具有怎样的面相。①我们可以断言,它是一个制度与知识的新的增长点。

首先,它建立了一个新的司法保护维度。正如 Dawn Oliver 所敏锐发现的,合法预期在英国普通法上的发展,创设了另外一些为相对人以往不曾享有的公法利益(The English common law of legitimate expectations has developed so as to create additional public law benefits to which a person would not otherwise be entitled)。②也就是对信赖(reliance)的保护。在 Craig 看来,合法预期保护不以"受损害之信赖"(detrimental reliance)为必要前提。当事人只需证明存在着信赖,即便没有遭受任何损失,也不影响合法预期的保护。英国上诉法院在 Bibi v Newham London Borough Council③ 中采纳了这个观点。④

其次,它是指向行政机关的义务要求,让法院的审视始终盘桓在行政活动之上,让行政的理性大为提升。从英格兰和威尔士的判例看,即便当事人不知悉有关政策,行政机关决定不适用这些政策时,也依然应保护当事人的合法预期。⑤ Ashley Underwood QC 指出,不管当事人对其初始境况(original position)有多少认识,根据公正和良好行政原则,如果行政机关离开众所周知的实践或程序,都有义务证成其弃离的正当性。法院在合法预期方面发挥的作用,只是其规制行政行为的总任务之一,而不是作为个人权利的执行者(the court's function in relation to legitimate expectation is an aspect of its role policing administrative conduct rather than as the enforcer of individual rights)。我们也更容易理解,为什么在一些案件中,行政机关的行为愈是过分,法院就愈乐于保护合法预期(the court has been the more willing to find an enforceable legitimate expectation the more egregious the

---

① 有关合法预期的广狭涵义,参见余凌云:《行政法上合法预期之保护》,载《中国社会科学》,2003(3)。

② Cf. Dawn Oliver, "A Negative Aspect to Legitimate Expectations" (1998) *Public Law* 562.

③ [2001] EWCA Civ 607 [2002] 1 WLR 237.

④ Cf. Ashley Underwood QC, "Legitimate Expectation: Current Issues" (2006) *Judicial Review* 295. Cf. Gordon Anthony, *Judicial Review in Northern Ireland*, Hart Publishing, 2008, p. 183.

⑤ Cf. Gordon Anthony, *Judicial Review in Northern Ireland*, Hart Publishing, 2008, p. 184.

behaviour of the public body)。①

最后,它本身就是一个新的审查标准,对程序违法和滥用职权做了新的阐释,注入了新的内涵,延展了正当程序的范围,加大了法院审查的力度,让传统的司法审查制度发生了质的飞跃。

如果我们把它放到比较的视野里,更能透彻地体会它的知识增量。与德国法的信赖保护相比,第一,它没有使用,且早就突破了德国法的行政行为范畴,也不像后者受行政决定是否为授益或给付性质之限定,相反,它用行政机关的意思表示(representation)、政策(policy)和实践(practise)将所有关涉诚信的领域一览无余。这种对预期保护范围之大、之广、之细致入微,德国法上信赖保护不及项背。第二,德国法的信赖保护主要隐身于行政行为、尤其是授益或给付行政行为的撤销之中,除了让判决说理更加充分之外,价值十分有限。②而英国合法预期的萌发,绝不是阐释意义上的需要,其价值也绝非限于增加判决的说理性。

美国行政法上的禁止反言,拾英国古老之牙慧,欲打通私法与公法之关节,区分彼此,已然不易。③这点不如英国直接创建公法原则来得高明。这是其一。其二,从判例看,禁止反言是否需要区分政府性与财产性(governmental or proprietary)职能,仅适用于后者而非前者,还不很清楚。但至少从现象上看,有关判例多出现在政府债券(bonds)、土地购买、政府合同、特许等与私法有交叉的领域。所以,可以肯定的是,它的适用范围远不及英国的合法预期。其三,当它援用到行政法领域时,又受到极大限缩。除了要满足私法上禁止反言的条件之外,还需要满足两个前提(two

---

① Cf. Ashley Underwood QC, "*Legitimate Expectation: Current Issues*" (2006) *Judicial Review* 295.

② 余凌云:《政府信赖保护、正当期望和合法预期》,载《厦门大学法律评论》,2006(总第十二辑),厦门,厦门大学出版社,2007。

③ 在美国,有些州的法院不承认针对政府的禁止反言,有些州的法院承认,但是附加了一些条件。在密苏里州(Missouri),法院对在涉及政府为一方当事人的案件中援用禁止反言,似乎也有些抵触。在很多巡回区(circuits),极少这类案件。Cf. Kenneth D. Dean, "*Equitable Estoppel against the Government—the Missouri Experience: Time to Rethink the Concept*" (1992—1993) 37 *Saint Louis University Law Journal* 64.

assumptions)和两个条件(two conditions)。①它们呈现一种递进关系,不断地将禁止反言挤压到一个较为狭窄的领域。所有这些都让我们很难奢望它在行政法上有质的飞跃。

3. 论文结构

用历史的眼光看,合法预期的总体脉络是由程序性保护发端,向实体性保护走去。它是经由一个个判例(a case-by-case basis)逐步发展而来。从某种意义讲,其发展的基础是实用主义(pragmatic)而非理论原则。但是,经过法院的持续努力,理论上已蔚为大观,面相也逐渐清晰起来,并与传统的公正行事义务、禁止反言、平等保护、不拘束裁量权理论等发生勾连,淬炼提纯,形成自洽的体系。虽然迄今为止,它还在不断发展之中,其走向尚难完全预测,但是,系统性梳理的时机早已成熟。倘若我们打算引入合法预期,就实在有必要梳理一下它的来龙去脉。

在本文中,我将着力勾勒出合法预期在英国的起源、发展以及域外影响,并尽可能多地引介一些经典的判例,尤其是关注细微曲折之处。一则,这可以加深我们对该制度的理解与把握,尤其是实际操作中就有了参照与

---

① 在美国行政法上,禁止反言的适用,首先,必须满足与私法相同的三个必要条件:(1)承诺、陈述或行为前后不一致(an admission, statement, or act inconsistent with the claim afterwards asserted);(2)申请人因信赖上述承诺、陈述或行为而采取了行动(action by the claimant in reliance on such admission, statement or act);(3)如果允许行政机关背弃或否认上述承诺、陈述或行为,将会造成对申请人的损害(injury to the claimant resulting from allowing the first party to contradict or repudiate such admission, statement or act)。其次,必须满足行政法上的条件。包括两个前提(two assumptions)和两个条件(two conditions)。两个前提是指一般不适用(general nonapplicability)和谨慎适用(cautionary use);两个条件是例外情形(exceptional circumstances)下才适用,以及只有明显不公正(manifest injustice)时才适用。这是因为,政府与私人不同,它必须保护公共福祉,公共权力重于私人权利,不应让行政机关缩手缩脚。所以,要有一些额外考虑,包括法治(the rule of law)、分权(separation of powers)、主权豁免(sovereignty immunity)、公共项目的财政与管理上的完整性(the fiscal and managerial integrity of public programs)等。Cf. Kenneth D. Dean, "*Equitable Estoppel against the Government—the Missouri Experience: Time to Rethink the Concept*"(1992—1993)37 *Saint Louis University Law Journal* 68, 70,88,107. Cf. Alfred C. Aman & William T. Mayton, *Administrative Law*, West Publishing Co., 1993, p.324. 细细揣摩,慢慢品味,我们不难发现,这些条件与英国合法预期、德国信赖保护的要求差不多。比如,美国人讲的"承诺、陈述或行为",德国人称为"信赖基础",英国人叫"意思表示、承诺或实践"。而上述(2)是"合理的信赖"(reasonable reliance),(3)是"受损害的信赖"(detrimental reliance),在德国法上统称为"信赖事实",在英国法上也是寻求合法预期保护的重要条件。但是,禁止反言的苛严要求,必然喻示着适用狭隘局促,似乎不如合法预期随和亲近。

对比。二则,如此行文能够很自然地形成与我以前的一篇论文不同的视角与内容,①让读者觉得有新意,不厌烦。

当然,历史的视野依然狭隘,历史的梳理仍嫌单薄。我还想引入比较的视野。一来是因为英国的合法预期已远播海外,并在澳大利亚、新西兰、加拿大等国家和地区发生了些许流变,探寻缘由,可起反衬折射之功效。二来是因为德国法上的信赖保护、美国法上的禁止反言都有近似效用,比较曲直,能将彼此短长悉数收入眼底。我国学者大约是在2000年前后已通晓德国法上的信赖保护,但对美国行政法上的禁止反言却着力不多,对英国的合法预期也了解不够。所以,我想以合法预期为主线,以信赖保护、禁止反言为辅线,目光在两线之间往返跳跃,希望能让合法预期在比较之中轮廓分明。

二、从程序性保护起步

1. Schmidt 案

历史的起点是 1969 年的 Schmidt v. Secretary of State for Home Affairs 案,② legitimate expectation,作为一个术语首次走进了英国法院、走入了英国行政法。事先没有酝酿、没有铺垫,也没有任何的征兆。

根据 1953 年的《外国人法令》(Aliens Order, 1953),英国内政部有一项政策,在认可的教育机构(recognised educational establishment)学习的外国人,允许其在英国逗留居住。原告获准在哈巴特科学论派学院(the Hubbard College of Scientology)学习。后来,内政大臣宣布该学院不再是认可的教育机构了。所以,当原告逗留期限届满,申请延期时,被拒绝。原告认为,在作出决定前没有给他们一个听证的机会,违反了自然正义。

在该案的判决中,主审法官 Lord Denning 说,允许逗留在英国的外国人自然会有一种合法预期,在被允许的逗留期限内是可以待在英国的。如果在该期限届满之前撤销了上述许可,那么,就应该给他一个申辩的机会。但是,本案中,因期限已经届满(expired),不存在合法预期问题。

Lord Denning 是在附带评论中(obiter comments)给英国行政法引入了

---

① 余凌云:《行政法上合法预期之保护》,载《中国社会科学》,2003(3)。
② [1969] 2Ch. 149.

合法预期。尽管他没有给出一个清晰的概念范畴,但至少从他非常肯定的例举中,我们知道,在许可期限届满之前撤销许可,应当保护当事人的合法预期。①

这个案例之所以经典,除了在自然正义的情境下(in the context of natural justice)创造了"合法预期"这个术语,它还开启了程序性保护的先河,要求行政机关认真对待当事人的合法预期,就是必须给予他一个听证的机会。

这样的开启,没有引起太多的争议。因为第一,这只是对古老的自然正义、公正行事义务的重述,并做进一步的扩张。而后者早已渗透到英国人的骨髓里了,成为英国人一种行事风格。第二,从程序维度的切入,对于法官来说,也是最安全的。法院只是关注决定的做出过程,不会干预其实质结果,也不会拘束行政机关的裁量权。这就不会与古老的行政裁量不受拘束原则发生激烈冲突,不会引发有关法院是否超出其宪法能力、是否干预过当等争议,也不会拨动英国人那根比较敏感的宪政神经。

2. Ng Yuen Shiu 案

另一个不能不提到的经典案例,就是 1983 年的 A.‑G. of Hong Kong v. Ng Yuen Shiu 案。②这是任何一个研究合法预期的文献都不会轻易放过的判例。因为它确认的程序性预期是最纯粹、最具价值的样式。

香港政府曾一度实行"触底"(reached base)政策,从大陆偷渡来的非法移民,如果到城区的途中没被抓住,就不再遣送。随着非法移民蜂拥而至,香港政府不得不改变政策,开始遣送非法移民。一群从澳门来的非法移民前往请愿(a petition)。一位移民官员(an immigration official)在政府大楼外向他们宣布,处理澳门非法移民的程序,将等同于大陆以外地区的非法移民,按照适当的程序面谈(interviewed in due course),不保证其最终不被遣送,要视具体案件而定(Each case will be treated on its merits)。原告在第一次造访移民局时,并不知道行政机关的上述承诺。后来,他从电视上得知,又再次造访移民局。但在面谈时,他只被允许回答提出的问题,不得陈述他觉得应待下来的人道主义理由(the humanitarian reasons),从而引发不满。

案件上诉到英国枢密院之后,法官 Lord Fraser 在判决中虽然没有对"合法

---

① Cf. David Wright, "*Rethinking the Doctrine of Legitimate Expectation in the Canadian Administrative Law*"(1997) 35 *Osgoode Hall Law Journal* 147.

② [1983] 2 A.C. 629 (P.C.).

预期"做出完整的解释,但他认为,合法预期是一种超越了可合法执行的权利的利益(of a benefit that went "beyond legally enforceable rights")。在本案中,"要视具体案件而定"(each case would be treated on its merits),构成了一个公正程序的承诺(a promise of a fair procedure),让原告产生合法预期,他有权陈述他应该待下去的理由。①"行政机关作出有关遵守某种程序的承诺,只要不与其职责抵触,行政机关就应当恪守诺言。这个原则也同样适用于香港政府对上诉人的承诺"(the principle that a public authority is bound by its undertakings as to the procedure it will follow, provided they do not conflict with its duty, is applicable to the undertaking given by the government of Hong Kong to the respondent)。②由于香港政府违背了其承诺,没有履行有关程序,辜负了当事人的合法预期,法院裁决撤销。

对于该案,Elias 有一个非常准确的评价,他说:"合法预期只能是基于政府作出的保证而产生,并使得法院能够代表非法移民进行干预,后者的非法地位本身不能使其具有要求听证的权利"(... it was only the legitimate expectation arising from the assurance given by the Government that enabled the court to intervene on behalf of the illegal immigrant: his status as an illegal immigrant would not of itself have created any entitlement to a hearing)。③ Craig 进一步解释道,一旦做出这样的承诺,便成为公正必不可少的一部分,并能够影响实质结果。④

我也有两点评价。首先,这种程序性保护不来自情境,不来自行政决定作出之前的正当程序保障,而来自言辞承诺。这是该案的核心价值和意义之所在。其次,让香港政府践行对非法移民的承诺,似乎有一点实体性保护的味道,但践行的内容却又是程序性的,产生的保护效果仍然还是程序性的。这决定了该案是也只能是程序性预期保护的一个重要坐标。

---

① Cf. David Wright, "*Rethinking the Doctrine of Legitimate Expectation in the Canadian Administrative Law*"(1997) 35 *Osgoode Hall Law Journal* 151~152.

② Cf. C. F. Forsyth, "*The Provenance and Protection of Legitimate Expectations*"(1988) 47 *Cambridge Law Journal* 254~255.

③ Cf. Elias, "*Legitimate Expectation and Judicial Review*", in *New Directions in Judicial Review* (Jowell and Oliver ed. , 1988), p. 41.

④ Cf. P. P. Craig, "*Legitimate Expectations: A Conceptual Analysis*" (1992) 108 (JAN) *Law Quarterly Review* 86.

3. GCHQ 案

GCHQ 案也是一个经典案例。案名实际上是 Council of Civil Service Unions v. Minister for the Civil Service。[①]它尽管没有合法预期的实际行动,却让程序性预期和保护的面相清晰起来,让有关理论定型了。

GCHQ 是政府通信总部(Government Communications Headquarters)的简称。该机构负责政府通信与情报工作,对国家安全至关重要。其雇员上千人加入了各种全国性工会(national trade unions)。当时,按照工会安排,GCHQ 的雇员也在单位参加了几次旨在反对撒切尔政府的行动,包括罢工一天(one-day strikes)、怠工运动(work-to-rule campaigns)、反对加班(overtime bans)等。考虑到该机构对国家安全的重要性,撒切尔未事先征求工会意见,就宣布该机构的雇员不得隶属工会,只能加入一个经批准的雇员协会(an approved staff association)。而按照以往惯例,对公务员雇佣条件的任何改变(changes in the civil servants' conditions of employment),都得事先征求工会意见。所以,工会认为,其有权要求听证。

但是,上议院法官考虑到该案涉及国家安全,如果就限制工会罢工权问题而事先征求意见,恐怕会刺激更多的罢工,影响该机构的正常运行。所以,法官们没有支持工会要求撤销该决定的请求。但是,法官们也承认,假如没有这一层顾虑,那么,基于以往的惯例,工会是有要求听证的合法预期的。

在该案的判决中,尽管法官们还是没有给合法预期下一个清晰的定义,但是,Lord Diplock 有一段非常著名的阐述,他说:"当政府部门剥夺当事人的某种利益或好处时,在以下情形中会产生合法预期:(1)该利益或好处早已经过行政机关许可而享有,并可以合法地期望一直持有。那么,除非事先告知其撤回上述利益或好处的合理理由,并给其发表意见的机会,否则不得撤回;(2)行政机关曾向其保证,若未听取其反对撤回的理由,不得撤回" (legitimate expectations arise when a government body deprives a person of some benefit or advantage which either (i) he had in the past been permitted by the decision-maker to enjoy and which he can legitimately expect to be permitted to continue to do until there has been communicated to him some rational ground for withdrawing it on which he has been given

---

[①] [1985] A.C. 374 (H.L.).

an opportunity to comment; or (ii) he has received assurance from the decision-maker will not be withdrawn without giving him the opportunity of advancing reasons for contending that they should not be withdrawn)。①在他的观念里,合法预期的意义仍然是、仅是程序性的,无非听证而已。但他把程序性预期做了最完整的概括。

4. 理论沉淀

或许是根深蒂固的自然正义(natural justice)和公正行事的义务(the duty to act fairly)等观念的强烈惯性,合法预期自诞生之日起就被赋予了鲜明的程序意义,并激发出更理性的权力运作、更积极的维权效果。在这一点上,英国人走到德国人、美国人前面去了。

P. P. Craig 把会产生程序性保护的情境总结为两种,实际上是对 Lord Diplock 观点的另一种表述:②(1)因当事人预期的是一种权利、既得利益或可期待利益,不能未经公正的程序,就剥夺之。(2)当事人危如累卵之利益本身不必然产生程序保障的问题(the interest at stake would not of itself necessarily warrant procedural protection),但因行政机关的行为,根据公正行事义务,行政机关也必须为当事人提供公正的程序保护。典型的案件如 Ng Yuen Shiu 案。这代表着目前英国学界的通说。

在有些英国学者看来,前者是英国传统自然正义早已覆盖的领域。个案的情境足以激发出正当程序的保护。合法预期在这个领域并没有衍生出有价值的东西。后者只有在合法预期出现之后才可能产生。在此前,根本无法奢求。但在我看来,这仅涉及价值的大小。在前者,引入合法预期并非完全没有价值,至少能增加说理的分量。

所以,我们可以说,合法预期概念最初是由自然正义而衍生的结果(a corollary of natural justice),是程序适当性审查的一个方面。③它为传统的自然正义(natural justice)增添了新的内容,成为自然正义在现代法中的一个

---

① Cf. David Wright, "Rethinking the Doctrine of Legitimate Expectation in the Canadian Administrative Law"(1997) 35 Osgoode Hall Law Journal 154.

② Cf. P. P. Craig, "Legitimate Expectations: A Conceptual Analysis" (1992) 108 (JAN) Law Quarterly Review 81~82.

③ Cf. Shivaji Felix, "The Concept of Legitimate Expectation in Commonwealth Administrative Law"(1996) 8 Sri Lanka Journal of International Law 73.

有意义的内涵。①这个观念绵延于后续的一系列案件之中,并发扬光大。

5. 远播海外

Schmidt 案之后,合法预期逐渐被英国法官和学者所接受,并广泛流传至其他一些英联邦国家。程序性保护的理念在澳大利亚、新西兰、南非,发展到了极致,后者甚至绝对地认为合法预期的保护就是也只能是程序性的。

加拿大却是在本土不断拓展公正义务的过程中与英国的合法预期不期而遇了,也就很自然地呈现出两条不同的路径,两种抉择:要么移植英国并加以改造;要么沿着本土的公正义务发展路径继续推进。两个方案一明一暗,一强一弱,让学者、法官时有争论。

5.1 澳大利亚

澳大利亚法院一般认为,对行政权行使的预期,只会产生程序上的权利(procedural rights)。也就是说,它将要求行政机关在违反预期时应通知受影响的当事人(notify affected people),并给予其辩解的机会(provide them with an opportunity to argue against that course)。除了这些程序性要求之外,法律不对行政机关做更多的限制要求(restraints)。②

比如,在 1985 年 Kioa v. Minister for Immigration and Ethnic Affairs 案中,③澳大利亚法官 Brennan J. 承认合法预期的观念有着不确定的内涵(uncertain connotation),倘若将其视为自然正义的适用或内容的判断标准,或许会误导(misleading),但是,他还是明白无误地指出,如果说,这个概念会起什么作用的话,它也是在自然正义领域。④

5.2 南非

同样,在 1987 年南非的一个案件 Boesak v. Minister of Home Affairs⑤ 中,Friedman J. 也说了近似的话,在他看来,"合法预期"这个术语不构成适用 audi alteram partem 原则的额外理由,但是,他还是坦承,如果说,这个概

---

① Cf. C. F. Forsyth, "*The Provenance and Protection of Legitimate Expectations*"(1988) 47 *Cambridge Law Journal* 240.

② Cf. Matthew Groves, "*Substantive Legitimate Expectations in Australian Administrative Law*" (2008) *Melbourne University Law Review* 497.

③ [1985] 62 A. L. R. 321.

④ Cf. C. F. Forsyth, "*The Provenance and Protection of Legitimate Expectations*"(1988) 47 *Cambridge Law Journal* 252~253, footnote 85.

⑤ [1987] 3 S. A. 665 (C).

念是南非法的一个部分,它的作用是在自然正义领域。①

对此,在南非,理论上褒贬不一。一种是认为,合法预期原则仅是一种程序工具,对权利观念没有多少贡献(a procedural device that added "little, if anything, to the concept of a right")。另一种认为,它让自然正义从"可执行的法律权利"延伸到各种各样的"预期"。为自然正义规则跨入新的领域,建起了一座重要的桥梁(it enabled natural justice to extend beyond "enforceable legal rights" to "expectations" of various sorts. That possibility provided an important bridge by which the rules of natural justice could venture into new territory)。②

5.3 加拿大

在加拿大,一般认为,合法预期最初出现在 20 世纪 80 年代后期和 90 年代的一些案件中,当事人在诉讼中提及英国的合法预期,要求参照,该观点也被最高法院有保留地接受。学者亦强烈呼吁引入合法预期,拓展加拿大的公正观念。③

在加拿大,也出现了与上述 Ng Yuen Shiu 案几乎一模一样的案件,Bendahmane v. Canada (Minister of Employment and Immigration)案。Bendahmane 以游客身份签证来加拿大,却被拒绝入境,因为一位移民官员怀疑其是否是真的游客(genuine visitor),也被后续调查证实了。Bendahmane 不服申诉。在等待处理时,加拿大为清理难民申请的陈年积案(to clear the backlog of refugee claimants),推出了一项计划,采取一些特别标准来处理。Bendahmane 收到一封官方信件,被告知:那些正等待接受调查的当事人,可以依据这个计划,在某截止时间之前提出难民资格的申请。Bendahmane 照办了,并收到一封回信,说他不符合条件,但将"以通常的程式继续考虑其难民资格的申请"(claim for refugee status will continue to be considered in the usual way)。后来,部长拒绝考虑其申请。Bendahmane 认为,信中最后一句话让其产生合法预期,他的申请将会与其他申请一样处

---

① Cf. C. F. Forsyth, "*The Provenance and Protection of Legitimate Expectations*"(1988) 47 *Cambridge Law Journal* 252~253, footnote 85.

② Cf. Matthew Groves, "*Substantive Legitimate Expectations in Australian Administrative Law*" (2008) *Melbourne University Law Review* 473.

③ Cf. David Wright, "*Rethinking the Doctrine of Legitimate Expectation in the Canadian Administrative Law*"(1997) 35 *Osgoode Hall Law Journal* 140.

理,他也像其他申请人那样有权得到完全的听证(the full hearing)。

Hugessen J. A. 代表多数法官撰写判词,指出,信中的意思表示让原告产生了一种预期,他的申请将被考虑,而这个意思表示与部长的法定职责不冲突,因此,部长应当按照公正规则和基本正义的原则(in accordance with the rules of fairness and the principles of fundamental justice)考虑其申请。①

显然,加拿大继受与承认的也只是程序性预期。1990 年的 Old St. Boniface 案,②是加拿大最高法院第一次对合法预期表态,但只在判决书末尾花了一小段笔墨。在提及英国的 GCHQ 案和 Ng 案,加拿大的 Gaw 案之后,主审法官 Sopinka J. 指出,"这些案件中发展出来的原则,只是拓展了自然正义和程序公正。在原本没有机会表达意见的情境下,让受到行政官员决定影响的当事人能够表达意见。法院填补了疏漏,即基于行政官员的行为,当事人可以认为,未经征求意见,其权利不受影响"(The principle developed in these cases is simply an extension of the rules of natural justice and procedural fairness. It affords a party affected by the decision of a public official an opportunity to make representations in circumstances where there otherwise would be no such opportunity. The court supplies the omission where, based on the conduct of the public official, a party has been led to believe that his or her rights would not be affected without consultation)。③

在合法预期的引进与理解上,出于加拿大本土传统、理论与制度的考虑,也显现出与英国的差异。比如,在加拿大,一般公正义务只适用于具有"行政性且特定的"决定,而不适用于具有"立法性且一般意义上的"决定(the general duty of fairness applies when a decision is "administrative and specific" but not if it is "legislative and general")。而政策决定,在他们看来,具有"立法性"(legislative)而非"行政性"(administrative),如有不满,宜

---

① Cf. David Wright, *"Rethinking the Doctrine of Legitimate Expectation in the Canadian Administrative Law"*(1997) 35 *Osgoode Hall Law Journal* 161~162.

② 该案也很简单。原告反对在温尼伯湖(Winnipeg)重新区划(rezoning)。市政委员会委员答应在制定方案过程中征询其意见。原告认为,这产生了合法预期,市政委员会在没有征询意见之前不得批准重新区划。

③ Cf. David Wright, *"Rethinking the Doctrine of Legitimate Expectation in the Canadian Administrative Law"*(1997) 35 *Osgoode Hall Law Journal* 165.

通过选举等民主机制解决。所以,他们不像英国法院那样热衷于审查政策决定中的合法预期问题。比如,上述英国的 GCHQ 案,在加拿大人看来,其决定算是内阁做出的,是"立法性的",不会产生一个公正义务(a duty of fairness)。

因此,程序性预期的产生领域,在加拿大被硬生生地切去了一块,远比英国的要窄、要消极。David Mullan 进一步分析了造成这种差异的缘由。与加拿大相比,英国的规制机构和裁判所的任务相对较少,法院也就更习惯于审查部长做出的决定,这也造就了基于合理性理由而推翻政策决定的广泛管辖权(In Britain, fewer tasks have been delegated to regulatory agencies and tribunals than in Canada, so courts are more accustomed to reviewing decisions made (at least nominally) by a minister. This has also led to a vast jurisprudence overturning delegated policy decisions (often made by local councils) on grounds of unreasonableness)。[①]

当然,在引进合法预期的过程中,也并非没有不同声音。这个微弱的声音来自本土,潜藏在早期的判例之中。比如 Re Webb and Ontario Housing Corporation 案,一个房客面临着被赶出公产房,她提出,即便房屋公司(the housing corporation)的董事会(the Board of Directors)是行使着一种行政职能,但就本案的情况而言,也应有着公正行事的义务(duty to act fairly),她也有着被公正对待的合法预期,却没有得到满足。主审法官 MacKinnon A. C. J. O. 认可了这种公正义务。但有意思的是,他没有援用合法预期,而是从当时一般公正义务的新发展出发,考虑原告利益的性质之后得出的结论。其效果与合法预期一致,却构成了另外一条进路,代表着加拿大人的别样思绪,冲淡了引入合法预期的必要。

后来,David Wright 拾起了这个线索,作为反对合法预期的实践素材。在他看来,加拿大法上的公正义务已然覆盖了合法预期的保护效果,甚至还要宽。要不要这个术语,已无关宏旨。引入它,反而会让加拿大的司法审查观念"缩水"。[②]

---

① Cf. David Wright, "*Rethinking the Doctrine of Legitimate Expectation in the Canadian Administrative Law*"(1997) 35 *Osgoode Hall Law Journal* 145.

② Cf. David Wright, "*Rethinking the Doctrine of Legitimate Expectation in the Canadian Administrative Law*"(1997) 35 *Osgoode Hall Law Journal* 157~158.

三、走向实体性保护

合法预期自开初显现的面相,仅是变革传统的自然正义的一种工具,这种观念在英国根深蒂固,也禁锢了人们的视野。所以,自 Schmidt 案之后,不少原本可以与实体性保护结缘的案件,在强烈的传统思维惯性下,遗憾地擦肩而过。

比如,1972 年的一起涉及出租车许可数量额度的案件——R. v. Liverpool Corporation, ex parte Liverpool Taxi Fleet Operators' Association 案中,① 市政府(city council)追求一项政策,要把出租车数量控制在 300 辆之内。原告多次得到保证,在未与其协商之前不会增加出租车数量。有关委员会的主席也做过承诺。可是,后来,被告食言,想改变初衷。

当时的主审法官也是 Lord Denning。尽管在由他撰写的判决之中没有出现合法预期(legitimate expectation)字样,但他进一步阐述了业已提出的主张。他说道,行政机关要想背离先前的承诺,"除非经过审慎的考虑,并听取当事人申辩,而且只有确信这是重大公共利益所必需"(except after the most serious consideration and hearing what the other party has to say; and then only if they are satisfied that the overriding public interest requires it)。② 这段话简短却韵味深远,划过了 wednesbury 不合理审查标准、程序正义标准,并走向滥用权力标准。本可催生实体性保护,遗憾的是,没有得到另外两位法官 Roskill L. J. 和 Sir Gordon Willmer 的应和。最后的判决是,因事先没有听证,不公正,故而撤销。保护依然还是程序性的。

1. 曙光初现

1.1 Kahn 案

引出实体性保护话题的一个经典案件,是 1984 年的 R. v. Secretary of State for the Home Department, ex parte Kahn。③ 原告与其妻子定居英国,

---

① [1972] 2 Q. B. 299.

② Cf. C. F. Forsyth, "*The Provenance and Protection of Legitimate Expectations*" (1988) 47 Cambridge Law Journal 254～255. Cf. P. P. Craig, "*Legitimate Expectations: A Conceptual Analysis* " (1992) 108 (JAN) Law Quarterly Review 83～84.

③ [1984] 1 W. L. R. 1337 (C. A.).

想收养远在巴基斯坦的亲戚孩子。英国移民法没有明文规定。但内政部发布的手册（a pamphlet）中却有一些用来处理这类情况的标准（criteria）。大致内容是，此类孩子原则上无权因被收养而进入英国。但例外情况下，如果符合某些条件，国务大臣（the Secretary of State）可以作出有利于孩子的裁量决定。当然，这绝对不是根据成文法的裁量，而是基于普通法上的特权。这些条件包括：收养动机是真实的，不是移民英国的一种手段；养父母至少一方在英国定居；孩子在英国的福利能够得到保障；英国法院可能发给收养令状。内政部的文件中，还规定了确认程序。上述夫妻向内政部咨询后，获悉这些条件，自觉符合，也期望国务大臣会作出他们想要的裁量决定。

然而，国务大臣却根据另外一些当事人所不知的条件，拒绝了他们的申请。这些额外条件给当事人附加了更多的义务，比如，要求生父母的确因无力照顾孩子而转移监护权（a genuine transfer of parental authority on the ground of the original parents' inability to care for the child），该家庭是严谨的，且急迫需要收养孩子，或者其他不得不考虑的条件（there are serious and compelling family or other considerations which make exclusion undesirable）。此外，国务大臣也没有遵守其所说的程序。①

这显然辜负了当事人的信赖与预期。因为当事人肯定会基于手册而产生一种合法预期，就是手册中规定了什么标准，就应该适用什么标准。如果要适用另外的标准，应该事先给他一个听证，让他有机会提出反对意见。当然，就当事人而言，他们要的肯定不仅仅是程序上的保护，他们关心的也不是自然正义，他们所期望的显然是，既然符合条件，那么就应该得到所预期的对其有利的裁量决定。他们要的和所预期的是一个实体上的决定。

Parker L. J. 指出，"内政部的信件让申请人产生一种合理的预期，就是其所规定的程序将会被遵守，如果遵守程序的结果是满足了国务大臣所提到的四项内容，那么，就会让孩子暂时进入英国，这个孩子能否被收养的最终命运将由法院来决定"（the Home Office letter afforded the applicant a reasonable expectation that the procedures that it set out … would be followed, that if the result of the implementation of those procedures satisfied the Secretary of State of the four matters mentioned a temporary

---

① Cf. C. F. Forsyth, *"The Provenance and Protection of Legitimate Expectations"* (1988) 47 *Cambridge Law Journal* 247~248.

entrance clearance would be granted and the ultimate fate of the child would be decided by the adoption court of this country)。这似乎已触摸到了实体性保护。但他话锋一转,接着说道:"当然,国务大臣可以改变政策,但在我看来,尤其是当事人接到过像这样的信函之后,就应当充分、谨慎地考虑到是否有着压倒一切的公共利益,使得其有正当理由不遵守信函中已告知的程序,然后才可以实施新的政策"(Secretary of State is, of course, at liberty to change the policy but in my view, vis-à-vis the recipient of such a letter, a new policy can only be implemented after such a recipient has been given a full and serious consideration whether there is some overriding public interest which justified a departure from the procedures stated in the letter)。[①]

很显然,Parker L. J. 祭起的,仍然是传统的 Wednesbury 不合理审查,把当事人的预期和"公共利益"都当作应当考虑的因素,只要国务大臣考虑了,结果就是可以接受的。因为 Wednesbury 不合理审查不太会触碰相关因素的权重问题。但是,这种审查策略,在"可以改变政策"的国务大臣跟前,是苍白无力的。他很容易就可以跳过这个栅栏。在"可以改变政策"的前提下,只给当事人一个听证的机会,也变得十分矫情做作,不能容忍。传统的程序性保护受到了强烈质疑与挑战。所以,一些讨论实体性保护的文献都愿意以该案为思考的起点。

1.2 C.C.S.U 案、Ruddock 案

在 1985 年的 C.C.S.U. v. Minister for the Civil Service 案中,[②]尽管 Lord Diplock 和 Lord Roskill 还坚守着传统,不越出程序之雷池,但 Lord Fraster 却摆脱羁绊,视野开阔,他说道:"当事人所要求的某种利益或特权,是他无法定权利要求的,然而在私法上,对于类似情况,他却有获得利益或特权的合法预期,倘若如此,在公法上,法院就要通过司法审查保护其预期"(where a person claiming some benefit or privilege has no legal right to it, as a matter of private law, he may have a legitimate expectation of receiving the benefit or privilege, and, if so, the courts will protect his expectation by judicial review as

---

[①] Cf. C. F. Forsyth, *"The Provenance and Protection of Legitimate Expectations"*(1988) 47 *Cambridge Law Journal* 248,256.

[②] [1985] A. C. 374 (H. L.).

a matter of public law)。①这是少数派发出的声音,十分微弱,却没有被彻底湮没。Taylor J. 在两年之后审理的 R. v. Secretary of State for the Home Department, ex parte Ruddock 案中,②捕捉到了这个声音。

发生在 1987 年的这起案件,涉及的是对当事人实施电话窃听的决定。原告是裁减核武器运动(the Campaign for Nuclear Disarmament)的一位著名成员,因不满其电话被窃听,遂起纷争。窃听电话的权力,尽管在成文法中没有规定,但议会还是确认了一些行使条件(criteria)。简单地说,首先,有合理的理由认为当事人已实施了颠覆活动,并可能损害国家利益;其次,常规的调查手段无法或不能奏效;最后,窃听必须严格限定在国家安全所界定的职能范围,不得用于政党政治目的,或者社会某一特定群体(Interception must be strictly limited to what is necessary to the Security Service's defined function and must not be used for party political purposes or for the purposes of any particular section of the community)。在诉讼中,原告宣称,上述标准应得到不折不扣的遵守,她对此持有合法预期。

那么,当事人能否有这样的合法预期呢? 国务秘书顾问(Counsel for the Secretary of State)辩解道:"合法预期原则只适用以下情形,即申请人可以期待,在作出对其不利的决定时应当征求其意见,或者给予辩解的机会。但是,在签发窃听决定之前,不存在征求意见或给予辩解机会的问题,所以,合法预期原则在该领域不适用。"③但是,法官没有接受这种辩解。主审法官 Taylor J. 认可了原告的主张,认为她可以合法地预期,警察会遵守已公布的有关窃听规定,除非基于国家安全考虑,才有不遵守的可能。④同时 Taylor J. 也承认,部长的权力不得受到不适当拘束;已公布的政策,不意味着不能改变,也不意味着不能基于国家安全的考虑而不适用之。但是,被告却无法拿出这些方面的证据。⑤

---

① Cf. C. F. Forsyth, *"The Provenance and Protection of Legitimate Expectations"* (1988) 47 *Cambridge Law Journal* 249~250.

② [1987] 2 All E. R. 518.

③ Cf. C. F. Forsyth, *"The Provenance and Protection of Legitimate Expectations"* (1988) 47 *Cambridge Law Journal* 248~250.

④ Cf. Soren Schønberg & Paul Craig, *"Substantive Legitimate Expectations after Coughlan"* (2000) *Public Law* 686.

⑤ Cf. P. P. Craig, *"Legitimate Expectations: A Conceptual Analysis"* (1992) 108 (JAN) *Law Quarterly Review* 96.

在本案中,事先的听证是不可行的,事实上,也的确不可能。那么,把合法预期概念仅限于程序维度(procedural dimension),显然不妥。因此,法院必须回应当事人的期望,将合法预期概念进一步拓展到实体维度(substantive dimension)上。这就有点实体性保护的味道了,尽管它不是积极地要求行政机关去兑现某种承诺、利益或者特权,而只是消极地制止了继续窃听。

1.3 Preston 案

这起发生在 1985 年的案件,看似简单平淡,但在法官的思考路径上,已经耙剔出了实体性保护的两块重要理论基石。由公正、禁止反言到滥用职权的逻辑思考,法院开始找到了实体性保护的突破口。

在该案中,Preston 宣称,其与税务机关曾达成协议,如果他缴纳一笔税款,并撤回过分的请求(outstanding claims),税务机关将停止对其调查。但是,在诉讼中,Preston 因无法证实协议或承诺的存在而败诉。

法院在审理中明确表示,假如能够证实上述协议或承诺存在,那么,按照公法的公正要求(public law fairness)和私法的禁止反言(private law estoppel),税务机关就有义务依法公正行事。在该案的判决与法院的推理中,有三点值得玩味:[①]

首先,法院不仅限于自然正义的要求,而是认为公正是与自然正义很不一样的东西(something quite distinct from natural justice),从而迈向了实质公正(substantive fairness)。

其次,法院把这个意义上的公正与私法上的禁止反言联系了起来,认为,要求行政机关践行的公正,应是在与禁止反言差不多的情境下产生的(fairness, in a form enforceable against a public official, would arise in situations similar to those of equitable estoppel)。

最后,法院注意到了实质不公正(substantive unfairness)与滥用职权(abuse of power)之间的关系,初步勾勒出了实体性保护的轮廓。法院认为,这种新型的公正,并不是要求行政机关践行越权的协议或承诺,也不是要求行政机关一定要践行合法的协议或承诺。如果出现新的证据或者情境发生显著变化(new evidence arose or the circumstances of the case changed significantly),税务机关可以不遵守其先前的承诺或意思表示。除此之外

[①] Cf. Matthew Groves, "*Substantive Legitimate Expectations in Australian Administrative Law*" (2008) *Melbourne University Law Review* 475.

(outside of those instances),如果不践行,则属于滥用职权。

2. 破题的理论依据

实体性保护之所以几经周折得以浮出,是借力于公正行事的义务(the duty to act fairly)和古老的禁止反言(estoppel)。

2.1 公正行事义务

尽管在英国的理论中,公正行事的义务还主要是自然正义的一个内涵,但是,这个更加灵活与广义的术语却为孕育出实体性保护提供了可能。英国人的巧妙之处,就是把它进一步演绎为一项实体性原则。

de Smith 说:"毫无疑问,公正的观念也是一个实体原则"(there is no doubt that the idea of fairness is also a substantive principle)。Sir William Wade 也说:"(公正行事的义务)可以最终超越程序的范畴"(the duty to act fairly "may ultimately extend beyond the sphere of procedure")。[①] Taylor J. 的推理更精细,他说:"合法预期原则实质上就是要求践行公正行事的义务。Lord Roskill 说,大多数案件只关乎听证权利,我却不认为该原则应受如此之拘束。实际上,假定某案件中不存在听证权利问题,但既然部长对如何行事作出了承诺或者保证,他就应该践行,这才是更为重要的必须公正对待的问题……"(the doctrine of legitimate expectation in essence imposed a duty to act fairly. Whilst most of the cases are concerned, as Lord Roskill said, with a right to be heard, it may be thought the more important to fair dealing that a promise or undertaking given by a minister as to how he will proceed should be kept…)[②]

公正行事的义务和合法预期之间的链接,为实体性保护(substantive protection)提供了法律基础(juristic basis)。因为只要向前迈出一步,只需公正行事义务的最终指向是应当满足当事人的预期,就可以达到保护实体性预期的目的。简单之极,简洁之至。随后的一些案件,以公正行事的义务为媒介,逐步将对合法预期的保护引向了实体性保护。

---

① Cf. C. F. Forsyth, *"The Provenance and Protection of Legitimate Expectations"* (1988) 47 *Cambridge Law Journal* 251.

② Cf. C. F. Forsyth, *"The Provenance and Protection of Legitimate Expectations"* (1988) 47 *Cambridge Law Journal* 250.

2.2 禁止反言

在私法上,禁止反言(estoppel)是个古老的原则,与诚实信用密切相关。从历史上看,它在公法上也并非完全不能适用,相反,因为它的引入,改变了处理问题的方向、路径与结果。比如,对于行政机关越权的意思表示,或者行政机关虽有权限、却由无权限的官员做出意思表示,相对人如果主张合法预期,是否应该保护呢? 在传统上,英国法院更青睐越权无效原则(the ultra vires doctrine),或者宪法上的合法要求(the constitutional demands of legality),进而会舍弃公正。后来之所以有所转变,通过更为精致的司法推理过程(a more elaborate process of judicial reasoning),对相对人的有些预期予以保护,也是得益于引入了私法上的禁止反言原则(through use of the private law doctrine of estoppel)。①

从某种意义上说,禁止反言也曾发挥着与合法预期同样的功效。②所以,在合法预期一路走过之处,也不时可以看到它的背影。合法预期涉及的意思表示(representation)、信赖(reliance)与公正(fairness)等问题,也都蕴含在禁止反言之中。在英国的司法审判史上,它们一度交织,混淆不清。Dawson J. 就曾说,"因为行政机关做出遵从某种特定程序的承诺,而让当事人产生合法预期,并要求必须践行,这等于什么也没说。只需这么说就足矣,就是既然做出了要遵从某种特定程序的承诺,就应该践行,这才公正"(It adds nothing to say that there was a legitimate expectation, engendered by a promise made to follow a particular procedure, that the promise would be fulfilled. It is sufficient to say that, the promise to follow a certain procedure having been made, it was fair that

---

① Cf. Gordon Anthony, op. Cit., p.181.
② 英国传统的禁止反言也流传至美国。美国行政法上没有合法预期术语,但类似的行政法现象却多是援用禁止反言来处理的。与英美截然相反的,是澳大利亚。在 1990 年的 Minister for Immigration and Ethnic Affairs v Kurtovic 案中,Gummow J、Neaves 和 Ryan JJ 指出,公权力的特殊性质,尤其是不得拘束裁量权规则的适用,让我们有充分的理由拒绝禁止反言适用到公权力的行使上来(the distinct character of public powers, particularly their application of the rule against fettering those powers, provided strong reasons to reject any application of estoppel to the exercise of public powers)。由于该判决被广泛引用而形成共识,禁止反言不是澳大利亚行政法的组成部分。Matthew Groves 进一步分析道,禁止反言能够做到的一切,在行政法上已有恰当的解决办法,比如,如果行政机关没有事先通知相对人、没有听取他们的意见,其有关决定就可能因为程序不公正而撤销。如果履行了上述程序义务,却对相对人的意见置若罔闻,又不能给出合理解释,有关决定也可能因未考虑相关因素或者不合理而被撤销。Cf. Matthew Groves, "*Substantive Legitimate Expectations in Australian Administrative Law*" (2008) *Melbourne University Law Review* 501~502,504.

the public authority should be held to it.).①

(1)借力禁止反言

Lord Denning 在创作合法预期时,就曾借力于禁止反言,将它作为通往合法预期的孔道。他援引了 1949 年 Robertson v. Minister of Pensions② 和 1971 年 Lever Finance Ltd. v. Westminster (City) London Borough Council③ 这两个经典的案件,试图通过禁止反言(estoppel),要求行政机关继续遵守其先前承诺。④

但是,这种努力即刻遭遇英国传统观念的强烈抵制。Lawton L. J. 甚至断言:"禁止反言原则不能用来阻止地方行政机关行使议会法律要求其行使的法定裁量,这是一个一般法律原则"(it is a general principle of law that the doctrine of estoppel cannot be used against local authorities for the purpose of preventing them from using the statutory discretion which an Act of Parliament requires them to use.).⑤ 理由也出乎意料的一致,就是,如果我们承认行政机关的意思表示能够拘束其未来的行为,那么,就变成行政机关事实上可以为自己设定权力限制,进而延展了授权法授予的权限范围,不适当地放弃了裁量义务。

神奇的是,对于上述法律障碍,C. Forsyth 信手一劈,坚石顿开,为实体性保护让出了一道合法性缝隙。他说:"如果行政机关的意思表示或承诺产生了要听证或作出某种决定的合法预期,通常,不满足这种合法预期就是一种滥用裁量"(where the representation or undertaking has aroused a legitimate expectation either of a hearing or a particular decision then in general it will be a abuse of discretion not to fulfill that expectation.).⑥ 在 Laker Airways Ltd v Department of Trade 案中,Lord Denning 说得更加直白:"国王只要是在适当履行其职责,为公益行事,那么,无论是行使成文法赋予还是普通法赋予的权力,

---

① Cf. P. P. Craig, "*Legitimate Expectations: A Conceptual Analysis* " (1992) 108 (JAN) *Law Quarterly Review* 87.

② [1949] 1 K. B. 227.

③ [1971] 1 Q. B. 222.

④ Cf. C. F. Forsyth, "*The Provenance and Protection of Legitimate Expectations*"(1988) 47 *Cambridge Law Journal* 255,footnote 98.

⑤ Cf. C. F. Forsyth, "*The Provenance and Protection of Legitimate Expectations*"(1988) 47 *Cambridge Law Journal* 257.

⑥ Cf. C. F. Forsyth, "*The Provenance and Protection of Legitimate Expectations*"(1988) 47 *Cambridge Law Journal* 258.

都不受禁止反言之拘束,即使这会导致对个人的某种不公正或不公平……"(the Crown cannot be estopped from exercising its powers, whether given in a statute or by common law, when it is doing so in the proper exercise of its duty to act for the public good, even though this may work some injustice or unfairness to a private individual…)他接着又说:"当国王是不适当地行使上述权力,且是滥用这些权力时,就要受到禁止反言的拘束。如果没有充分的为公众利益而为的理由,并导致对个人的不公正或不公平,那么就是滥用权力……"(the Crown could be estopped when it is not properly exercising its powers, but is misusing them; and it does misuse them if it exercises them in circumstances which work injustice or unfairness to the individual without any countervailing benefit for the public…)①

也就是说,之所以公法传统上反对禁止反言,目的是不违法,不得滥用职权。所以,在合法行使权力的情境下,禁止反言没有适用余地。但是,从英国法院的大量判例看,在一大堆审查标准中,法官之所以决定应为当事人提供实体性保护,祭起的恰好多是滥用裁量(abuse of discretion)的标准,是用禁止反言这一味药,来医治滥用职权。禁止反言和合法性原则之间就没有了张力,不是作用力与反作用力,而是合力,是殊途同归。

Gordon Anthony进一步指出,法院也会限缩禁止反言的适用范围,仅凭行政官员表面上的意思表示还不足以激活该原则,还必须要有进一步的证据证明当事人相信行政机关要受到该行政官员意思表示的拘束(The courts thus sought to limit the reach of estoppel by holding that ostensible authority on the part of a public officer was not enough to activate the doctrine and that there had to be some further evidence justifying the individual's belief that the authority would be bound by the officer's representation.)。②

于是,禁止反言成为了合法预期保护的理论起点,并进一步转换为合法预期的思维。但我们还会心生疑窦,既然打通了禁止反言在公法上的关节,为什么还要弃之不用,改换门庭呢?这是我们接下来要回答的问题。

---

① Cf. Matthew Groves, "Substantive Legitimate Expectations in Australian Administrative Law" (2008) *Melbourne University Law Review* 502.

② Cf. Gordon Anthony, op. Cit., pp. 189~190.

(2) 走向清算

合法预期从禁止反言之中孵出之后,又终归不得不清算与后者的干系。R v East Sussex County Council 案、Ex parte Reprotech (Pebsham) Ltd ("Reprotech")案宣告了两者蜜月的终结。Lord Hoffmann 说道:"公法已经汲取了所有蕴含在私法禁止反言观念之中的有用的道德价值,是该到了公法凭据自己双脚独立站立的时候了"(public law has already absorbed whatever is useful from the moral values which underlie the private law concept of estoppel and the time has come for it to stand upon its own two feet.)。① 的确,在公法情境下,禁止反言会产生一些隔阂,一些与公法的不契合,迫使公法与私法分道扬镳。主要表现为:

首先,禁止反言的视野狭小,多局促于对当事人双方问题的考虑,通常很难产生公共利益问题。② 或者说,禁止反言的私法起源(estoppel's private law origins),使其无法妥善解决涉及公共利益的争议。③ 在公法上,行政机关不像私人,其有权、也必须权衡公共利益对私人之损害,所以,不能简单地将私法上的禁止反言转用到公法上来(since public authorities—unlike private parties—are also entitled and required to weigh up the public interest against that of the individual, there is no scope for the simple transposition of private law estoppel rules into the public law field.)。④ 如果平衡公共利益与个人权利保护的结果,要求行政机关必须行使裁量权,行政机关将不受先前承诺的拘束。因此,两者的不同趣味顿时显现。禁止反言仅关注因争议而受到影响的双方当事人的利益,而合法预期原则是为了调和当事人利益与更广泛的公众利益的需要而发展起来的(While the doctrine of estoppel focuses on the interests of the two parties directly affected by a dispute, the legitimate expectation doctrine has evolved in the light of the need to

---

① Cf. Matthew Groves, "*Substantive Legitimate Expectations in Australian Administrative Law*" (2008) *Melbourne University Law Review* 490.

② Cf. Matthew Groves, "*Substantive Legitimate Expectations in Australian Administrative Law*" (2008) *Melbourne University Law Review* 490.

③ Cf. Gordon Anthony, op. Cit., p.189.

④ Cf. Philip Sales & Karen Steyn, "*Legetimate Expectations in English Public Law: An Analysis*"(2004) *Public Law* 570.

reconcile individual interests with those of the wider public.).①

其次,生成的要素发生了变化。法院的很多权威判例承认,即便主张利益的当事人不能证明信赖的存在、其预期是因行政机关意思表示而生,或者存在信赖,却不能证明因此产生的损害(consequential detriment),所有这些都不至于影响合法预期的存在。而这些可忽略的要素,恰好是禁止反言所必需的,否则,禁止反言无从谈起。②

最后,两者的救济思路不同。在特定履行不可能时(in cases where specific performance is not possible),依据禁止反言,救济通常是保有要求赔偿的权利(the right to award damages)。而对合法预期的保护方式却更加多样、灵活。

3. 扫清理论障碍

合法预期在英国的实践发展过程中,始终交织着一个理论难点,就是如何解决与"不受拘束原则"("no-fettering" doctrine)的冲突,整个理论的发展重点是在冲破藩篱,熨平彼此之间的皱褶。

"不受拘束原则"是一项古老的行政裁量理论。立法机关授予行政机关自由裁量,就是要求其依据具体情境独立行使,不受外来的不适当拘束,不受已做出的意思表示之约束,一切以实现公共利益为目的。

传统理论把这种观念演绎到极致。认为,行政机关做出了明确的意思表示,制定了具体的政策标准,即便在权限之内(intra vires),是合法的,也不意味着一成不变,随时可因公共利益需要而改变。上述意思表示或政策标准不会对当事人产生什么依赖效应。Brennan J. 就说:"法院不得强行满足有关承诺或实践,除非法律另有规定,或者法律允许权力行使者约束自己未来行使权力的方式"(the court must stop short of compelling fulfilment of the promise or practice unless the statute so requires or the statute permits the repository of the power to bind itself as to the manner of the future exercise of the power.)。③

---

① Cf. Gordon Anthony, op. Cit., p.190.
② Cf. Matthew Groves, "*Substantive Legitimate Expectations in Australian Administrative Law*" (2008) *Melbourne University Law Review* 490.
③ Cf. P. P. Craig, "*Legitimate Expectations: A Conceptual Analysis*" (1992) 108 (JAN) *Law Quarterly Review* 89.

而合法预期却要求行政机关兑现"履约",没有充分的公共利益理由,不得反言。其中多半没有法律依据,却夹杂着利益权衡、比例原则的身影。这种思潮又必须容身于上述传统理论之中。因此,展开对传统理论的批判,打通彼此关节,也势在必行。

在 Craig 看来,上述传统认识说服力不强。首先,如果先前做出的行政决定是合法的,当事人就有理由认为其是成立的,不能随便推翻,不能用另外一个与之矛盾的行政决定取而代之,即便后一个行政决定也是合法的。其次,行政机关在未来改变先前的政策或者意思表示,也不是绝对不可以,但要有更大的公共利益要求(overriding public interest),并经过听证。① Craig 的见解与德国法上的授益行政行为撤销条件有着某种程度上的趋同,也清晰地表达了合法预期的核心思想。

Gordon Anthony 也指出,如果当事人已依赖于(has relied upon)某一决定,基于法的安定性(legal certainty),上述决定应视为不得撤销(irrevocable)。但他也承认,近来一些案件显示,在保证公正的前提下,如果最初的决定是基于对事实的误读,之后行政机关意识到了,也可以撤销。所以,在他看来,合法预期和不受拘束原则之间的紧张关系不是不可调和的,解决的办法就是,要在具体个案中仔细权衡行政机关对相对人公正和确定地(with certainty and fairness)处理的需要。②这就将问题的解决诉诸英国传统的公正原则,后者本身就具有程序与实体两个维度。

同样,上述传统论调也受到了英国上诉法院的批判。在上诉法院看来,那种传统上的认识,即"是否承诺,无足轻重,因为它对行政机关是否为公共利益所要求的判断不能产生什么影响",已经逝去。现在,如果仍持这种辩解已无胜算(today such an argument would have no prospect of success)。③

其实,合法预期保护原则的背后潜藏着法的安定性观念,以此与不受拘束原则之种种理由达成均衡(the ideal of legal certainty, which supplies the foundation for the protection of legitimate expectations, provides a

---

① Cf. P. P. Craig, "*Legitimate Expectations: A Conceptual Analysis*" (1992) 108 (JAN) *Law Quarterly Review* 90.

② Cf. Gordon Anthony, op. Cit., pp. 180~182.

③ Cf. Soren Schønberg & Paul Craig, "*Substantive Legitimate Expectations after Coughlan*" (2000) *Public Law* 688.

counterpoise to the reasons underlying the "no-fettering" doctrine.）。这两套价值之间的紧张关系,构成了判例法发展的核心。在多数情况下,法院解决这对矛盾的办法就是,允许行政机关改变其先前的政策或承诺,但同时也会保护相对人因此受到的损害。①

4. Coughlan 案

在学术史上,1999 年的 R. v. North and East Devon Health Authority, ex p. Coughlan 案是一个极其重要的判例。②首先,它是"英国法院在正当期待的司法审查问题上的一次系统梳理,如果说,之前法院对介入公民的实质信赖利益还处于战战兢兢、半遮半掩状态的话,那么,Coughlan 案则是正式开启了法院审查实质正当期待的大门"。③其次,它捡起了先前判例蕴含的实体性保护思想,彻底突破了传统的 Wednebsury 不合理审查,明确提出实质不公正也是一种滥用职权的形态,引入了新的审查标准(standard of review)或审查方式,标志着其与程序性合法预期原则的有意义之分离(marked a significant departure from the procedural legitimate expectation doctrine)。④

4.1 法院的判决

考夫兰(Coughlan)在 1971 年的一次车祸中严重受伤。此后,直到 1993 年,她住在纽考特医院(Newcourt Hospital),这是一家为慢性病和残疾人开办的医院。后来,卫生机构(Health Authority)认为这所医院不适合现代化治疗,决定将病人转至一个更适合的场所。1993 年 3 月,考夫兰和其他病人搬到了 Mardon House,这是国家卫生服务局(National Health Service, NHS)设立的专门收治长期、严重残疾人士的下属机构。卫生部门在劝说考夫兰等转院时表示,Mardon House 最适合她们的需要,并保证"在那里,她们愿意住多长,就可以住多长"(they could live there "for as long as they chose")。但是,1998 年 10 月,卫生机构却决定关闭 Mardon House。

其间有个小插曲。此前 1998 年 8 月曾有一份咨询报告(consultation

---

① Cf. Philip Sales & Karen Steyn, "*Legitimate Expectations in English Public Law: An Analysis*"(2004) *Public Law* 570.
② [1999] L. G. R. 703.
③ 骆梅英:《英国法上实体正当期待的司法审查——立足于考夫兰案的考察》,载《环球法律评论》,2007(2)。
④ Cf. Matthew Groves, "*Substantive Legitimate Expectations in Australian Administrative Law*" (2008) *Melbourne University Law Review* 477~478.

paper)供卫生机构决策参考,其中提到了1993年保证的效力,并提出应在新的决定中一并考虑对她们未来的服务安排。摆在卫生部门面前的,也有若干选择,比如,可以继续维持 Mardon House,尽管不甚可行(viable);或者违反先前承诺,协助病人迁至他处;或者将别处的国家卫生服务并入 Mardon House,改善其财政状况与诊疗水平。在1998年10月份的会议上,卫生部门还是选择了关闭方案。但是,考虑到先前的承诺,卫生部门仍然愿意承担考夫兰的护理费用。当事人认为该决定违反了其合法预期,遂提起诉讼。①

在诉讼中,主审法官 Hidden J. 的审查可简要地概括为三步:

首先,他小心鉴别了"什么是当事人的预期",并发现了当事人与卫生机构在理解上的分歧。后者从一开始(from the start)就在这个问题上犯了错。在卫生机构看来,其承诺的仅是提供照顾(a promise to provide care),但是,当事人从卫生机构的表态中却获得"Mardon House 将是她们永久的家"(Mardon House would be a permanent home for them)的预期,也就是说,这种照顾应该是在 Mardon House 而非别处提供的。

其次,在他看来,即便让卫生机构(the Health Authority)践行承诺(honouring its promise),也不至于让其违反其他法定或公法义务(statutory or public law duties)。

最后,他也承认,行政机关可以基于公共利益的需要而合理地背弃先前的承诺。但是,在本案中,被告却没有提供足够的证据,证明存在着迫切的、与重大公共利益有关的情形。②被告辩解道,让原告搬迁,是为了提高康复服务的水平。Mardon House 无法既提供长期居住(long stay residential services),又提供康复服务(re-ablement services)。这种现状对上述服务的使用者而言,也有害无益。所有这些辩解,在法院看来,都不是让原告合法预期落空的充分的公共利益理由。因为被告没有考虑其也负有为上述人等提供"家"的法定职责,也没有为原告提供可替代践行其承诺的同等设施(an equivalent facility)。③

---

① Cf. Soren Schønberg & Paul Craig, "*Substantive Legitimate Expectations after Coughlan*" (2000) *Public Law* 687~688.

② Cf. Soren Schønberg & Paul Craig, "*Substantive Legitimate Expectations after Coughlan*" (2000) *Public Law* 688.

③ Cf. Soren Schønberg & Paul Craig, "*Substantive Legitimate Expectations after Coughlan*" (2000) *Public Law* 692~693.

因此,审理的结论是,卫生机构不践行许诺相当于违约(equivalent to a breach of contract),是不公正的,等同于滥用职权。

4.2 伟大的一步

法院之所以采取了上述审查策略,是因为法院感到,单从传统的合理性标准看,不太容易从 Coughlan 案上"挑出刺",但袖手旁观,又有悖公平。所以,法院在传统的 Wednesbury 不合理审查标准之上,又勇敢地迈出一步,采取了滥用职权(abuse of power)的审查标准,并添加了新的内涵,即"没有足够的公共利益理由,却背弃信誓旦旦的承诺,就是不公平的,也因此是滥用职权"(it will be unfair, and hence an abuse of power, to resile from an unambiguous undertaking where there is no sufficient public interest to justify this),①从而为实体性保护的审查标准奠定了基本格调。

毫无疑问,这是迈出了伟大的一步。当然,法院在创新中也是小心翼翼,严谨求证与推演。

第一,法院承认司法干预不得违背分权原则、基本的政治理论和政府职能分配观念(basic conceptions of political theory and the allocation of governmental functions)。关于政治和社会选择(political and social choice)的决定应当由立法机关或者由其授权的人来决定。法院无权说三道四、指手画脚。所以,就本案而言,对于经费应当以这种还是那种方式分配,法院不应干预、重新评价和决定。这是广为人知的法院不得干预行政决定之优劣(merits)。但是,对于行政机关违背当事人预期,这样的政策适用是否属于一种正确行使权力(a just exercise of power),法院有权过问。

第二,Wednesbury 标准是传统上有效界定司法干预边际的方法,被视为合法的司法干预的试金石(touchstone)。但是,正如 Lord Cooke 所指出的,即便没有 Wednesbury 标准,也不见得分权原则不能得到很好地尊重。在涉及基本权利的案件中,法院完全可以在 Wednesbury 标准的基础上加强审查力度(with greater intensity),而又不实质违背分权要求。②

第三,在判断公共利益需要是否足以干预基本权利的问题上,无疑最初

---

① Cf. Soren Schønberg & Paul Craig, "*Substantive Legitimate Expectations after Coughlan*" (2000) *Public Law* 698.

② Cf. Soren Schønberg & Paul Craig, "*Substantive Legitimate Expectations after Coughlan*" (2000) *Public Law* 694~695.

要由行政机关来做决定。但是,对于行政机关做出上述决定所基于的理由,法院可以审查。如果法院发现行政机关给出的理由不合逻辑或者不符合公认的道德标准(in defiance of logic or accepted moral standards),法院当然可以干预。法院的基本审查方法就是要求行政机关应合理地对待所有关乎决定的材料(the material at hand)。行政机关越是对权利进行实质性干预,法院越要求其必须充分说明其正当性(the more substantial the interference with rights, the more the court requires by way of justification)。① 理由不充分,就是滥用职权。

因此,从表面意义(in asuperficial sense)上看,法院只是借用了传统已有的滥用权力,这仍属于不合理标准诸多内涵之一种,在审查标准上不稀奇,没有突破传统,但其重大意义却是蕴含在该标准的适用方式上(The significance lay in the way that this ground was applied)。在法院看来,对于合法的预期,只有存在充分的利益或理由("overriding" interest or reason)时,行政机关才可背离。这是判断结果是否公正所必须考虑的元素。② 表面上,法院审查的只是理由说明与相关考虑,没有走出 Wednesbury 不合理审查的藩篱,但实质上,却迈入了利益考量,用它来判断理由是否成立、考虑是否恰当,产生了与比例原则同构化的审查效果。

至此,实体性保护最终形成了一个最经典的表述,一个最基本的判断标准,那就是"只有重大的公共利益要求(only if the overriding public interest demands it),才可以背弃先前的政策或意思表示"。这也让 Coughlan 案成为了永恒的经典。

5. 法院走得太远了吗?

在英国始终弥漫着浓厚、固执的宪政氛围,人们总是小心翼翼,生怕任何创新会破坏固有的宪政秩序。对于是否有实体性预期需要保护,人们通常能够接受的底线,就是 Wednesbury 不合理审查。"对于实体问题(与程序相对),Wednesbury 提供了正确的检验"(On matters of substance (as

---

① Cf. Soren Schønberg & Paul Craig, "*Substantive Legitimate Expectations after Coughlan*" (2000) *Public Law* 694~695.

② Cf. Matthew Groves, "*Substantive Legitimate Expectations in Australian Administrative Law*" (2008) *Melbourne University Law Review* 479.

contrasted with procedure) Wednesbury provides the correct test)。①但若要再深入一步,去判断公共利益是否高于预期,似乎让法院管了不该管的事,放纵法院涉入行政自治的领地(terrain),这着实让英国人踌躇难定。

可以说,实体性保护从诞生之日起,就步履维艰,遭遇很多法官、学者的反对与抵制。比如,Hirst L. J. 将利益考量之说视为异端(heresy)。② Brennan J. 就说,合法预期不应该打开那扇禁锢法院审查优劣的紧闭大门 (unlock the gate which shuts the court out of review on the merits),法院不应该侵入优劣问题的禁区(the courts should not trespass "into the forbidden field of the merits")。Mason C. J. 也说,实体性保护会对行政决定的优劣进行干预,使得行政机关无法作出其认为最恰当的决定。③

就是具有标杆性的 Coughlan 案之判决,也难免不招致批判。批判的要点有二:一是法院对于等同于滥用权力的实质不公正(substantive unfairness amounting to an abuse of power)没有给出可辨识的法律原则(discernible legal principle)。也就是说,在该案判决中,法院仅是简单地指出,违背当事人的预期是否是如同滥用权力那样的不公正,这必须由法院来判断(for the court to say whether the consequent frustration of the individual's expectation is so unfair as to be a misuse of … power),这是法院的角色之所在,但法院却没有进一步说明,权力行使是怎么、是何时变成为滥用的(how or when an exercise of power may become an "abuse")。二是法院的推理也被批评为,"是篡夺或者侵犯了行政机关的权力,让法院太多地关注了行政决定的优劣"(The reasoning of the Court of Appeal might also be criticised for usurping or infringing upon the role of the executive by drawing a court too close to the merits of administrative decision-making.)。④ 上述两点是前因后果。

Mark Aronson,Bruce Dyer 和 Matthew Groves 就说,Coughlan 案是

---

① Cf. Christopher Forsyth, "*Wednesbury Protection of Substantive Legitimate Expectations*" (1997) *Public Law* 380.

② Cf. Christopher Forsyth, "*Wednesbury Protection of Substantive Legitimate Expectations*" (1997) *Public Law* 380.

③ Cf. P. P. Craig, "*Legitimate Expectations: A Conceptual Analysis*" (1992) 108 (JAN) *Law Quarterly Review* 92.

④ Cf. Matthew Groves, "*Substantive Legitimate Expectations in Australian Administrative Law*" (2008) *Melbourne University Law Review* 479~480.

"以法的确定性为代价,让司法裁量极度扩张"(maximised judicial discretion at the cost of legal certainty)。在他们看来,Coughlan 案及其之后的判例所产生的问题,部分是语义学上的(semantic),但大部分是意义深远的(profound)。在大部分司法审查中,原告追求的是实体性结果(substantive outcomes),而不是程序性结果(procedural outcomes)。这在传统上是为法院所拒绝的,因为这是优劣审查的范畴(the province of merits review)。[1] Matthew Groves 也承认,在 Coughlan 案中,法院的判决没有就 Mardon House 未来如何处理发表意见,但是,判决的客观效果是 Mardon House 不能关闭,其病人不得重新安置,除非卫生部门能够给出充分的理由(more persuasive reasons)。所以,在他看来,支持 Coughlan 案的人都有一个软肋,就是没有认识到,实体性合法预期保护确实限缩了(narrows)行政机关的自由,更为重要的是,它对司法与行政之间的关系也产生了影响。[2]

那么,实体性保护会让司法"越位"吗?C. Forsyth 非常乐观,认为反驳轻而易举。法院其实并不关心引起合法预期的裁量行使是否是明智之举,它只关注在特定情境下对于怀有合法预期的相对人是否应当满足其预期。[3] 对实体性合法预期的保护,可以向传统的 Wednesbury 不合理之审查技术借力。对于公共利益是否能压倒个人的合法预期(whether the public interest overrides the legitimate expectations of individuals),应由行政机关决定。法院只在查明行政决定是不合理(irrational)或不正当(perverse)时才介入干预。[4] P. P. Craig 在引述一些经典案例之后,认为,实体性保护其实只涉及两个步骤,一是确定相对人是否具有实体性质的合法预期(legitimate expectation of a substantive nature);二是判断是否有重大公共利益足以让行政机关背弃先前的承诺、政策或者决定。对于行政机关而言,实体性保护的介入,并没有改变其保有改变或者不执行政策、决定或承诺的自由,只不

---

[1] Cf. Matthew Groves, *"Substantive Legitimate Expectations in Australian Administrative Law"* (2008) *Melbourne University Law Review* 480.

[2] Cf. Matthew Groves, *"Substantive Legitimate Expectations in Australian Administrative Law"* (2008) *Melbourne University Law Review* 491～492.

[3] Cf. C. F. Forsyth, *"The Provenance and Protection of Legitimate Expectations"* (1988) 47 *Cambridge Law Journal* 241.

[4] Cf. Christopher Forsyth, *"Wednesbury Protection of Substantive Legitimate Expectations"* (1997) *Public Law* 383.

过是要求更加合理与理性。①"法院的任务不是去阻止行政机关行为,而是去调和两方面的关系,一是行政机关不断回应变化的持续需要,二是相对人对现行政策或承诺的信赖而产生的预期或合法利益"(the court's task in such cases was "not to impede executive activity but to reconcile its continuing need to initiate or respond to change with the legitimate interests or expectations of citizens or strangers who have relied, and have been justified in relying, on a current policy or an extant promise".).② 就拿经典的 Coughlan 案来说,Paul Craig 和 Søren Schønberg 都认为,法院也没有对经费应该这样或那样分配指手画脚,所以,也不存在与"经典的分权原则"(classic separation of powers doctrine)不一致的地方。③

争议依存,却已为更强劲的社会诉求与实践所荫掩。其实,促使英国接受利益考量与实体性保护的另一个重要因素,是欧共体及其他成员国的类似实践,以及 1998 年《人权法》(the Human Rights Act 1998)。两者具有内在关联。起决定性作用的恐怕还是融入欧共体的现实需要。一方面,《欧洲人权公约》的判例法已经表明,"对合法性的考虑并不总是优于对当事人合法预期的保护",在实体性保护上也没有流露出丝毫迟疑。由于涉及基本权利的案件可以上诉至欧洲人权法院,后者判决在英国具有直接效力,这促使英国宪政结构产生了根本变化,影响了行政与司法相互关系的走向。另一方面,几乎在同一时期,就是否要引入欧陆比例原则,英国爆发了激烈之争。利益考量的宪法边际已在这场风暴中透彻分析,并为英国人所接受,这也为实体性合法预期保护扫除了传统思想禁锢。

6. 审查标准的流变

英国法院经过了较长时间的思考探索,直到 Coughlan 案才叩开实体性保护大门。通过判例发展法律,点滴渐进而成,让审查标准有着一个流变。实在有整理的必要。在 Coughlan 案中,法院做了这样的归纳、总结工作。

---

① Cf. P. P. Craig, *"Legitimate Expectations: A Conceptual Analysis"* (1992) 108 (JAN) *Law Quarterly Review* 92~97.
② Cf. Soren Schønberg & Paul Craig, *"Substantive Legitimate Expectations after Coughlan"* (2000) *Public Law* 690.
③ Cf. Matthew Groves, *"Substantive Legitimate Expectations in Australian Administrative Law"* (2008) *Melbourne University Law Review* 491.

6.1 三个标准

在 Coughlan 案中,法院把审查标准分为三种情形:①

第一种是法院仅要求行政机关在作出新的决定时,应考虑先前做出的意思表示或者政策,给予适当的权重。也就是说,仅将先前的政策、承诺或者行为作为行政决定的相关考虑。法院仅做 Wednesbury 合理性审查。只有符合 Lord Greene、Lord Diplock 对 Wednesbury 不合理的经典描述时,法院才进行干预。比如,Findlay 案、Hargreaves 案均是如此。这种审查仍然没有逃逸出传统的合理性审查。

第二种是法院如果发现有协商的合法预期,那么,法院会要求行政机关在改变承诺之前应和当事人协商(consultation),除非有充分的理由(overriding reason),不得背弃先前的承诺。法院也将自己判断改变政策的理由是否充分,是否符合公众的要求。也就是说,在这种情境下,法院采取的是"全面审查"(full review),由法院自己来判断和决定行政机关背弃先前的承诺是否公正。比如,Ng Yuen Shiu 案。

第三种是法院如果发现合法的承诺导致了一个实体性预期(a substantive expectation),具有某种利益(particular interest),法院将在公正的要求与改变政策所期许的利益之间进行权衡(weighing the requirements of fairness against any overriding interest relied upon for the change of policy),进而判断背弃承诺是否不公正,是否属于滥用职权。大部分案件均属此类,像 Preston 案、Unilever 案、Coughlan 案均是。

6.2 评价

上述划分受到了 Ashley Underwood QC 的批判。他认为,从形式上看,做不同区分,干预亦不同,这很难说是有道理的。我们也不易理解,为什么改变有关庇护(asylum)政策的决定,与涉及轻微实体性利益的预期的决定,对前者的干预力度要弱于后者。这种方法没有反映出依据受影响的事项的严重程度,采取不同幅度的干预之发展主题(on their face, however, the different categories were difficult to justify, as were the different levels of intrusiveness accorded to each; it is not easy to see why review of a decision to change a policy relating to the treatment of an asylum claim should be

---

① Cf. Soren Schønberg & Paul Craig, *"Substantive Legitimate Expectations after Coughlan"* (2000) *Public Law* 689.

less intrusivetha one concerning an expectation of a minor substantive benefit. The approach did not mirror the developing theme of a sliding scale of intrusiveness depending on the seriousness of issues at stake.).[①]他还引用了上诉法院在 R v Secretary of State for the Home Department[②]中的判决,来揭示上述划分的不必要。

但在我看来,这种逻辑不甚严密、甚至有点杂乱无章的划分,是英国长期实践中不同做法的荟萃,反映了其审查策略流变的过程。骆梅英博士把这三种审查标准分别指称为 wednesbury 基准、程序正义基准和权力滥用基准。[③]从形式上看,第一种是颇为传统的,第二、三种已与传统渐行渐远,第二种是对程序正义的重新注释,对程序的承诺,也将诉诸程序之保护,第三种则进一步阐明法院自我判断的准据,这在 Gordon Anthony 看来,实际上是走向了比例原则。

从有关案件的年代看(见表 6—1),Wednesbury 不合理和滥用职权之间一开始是交织竞合,比如,Preston 案与 Findlay 案、Hargreaves 案与 Unilever 案几乎同年代,却采用不同的审查标准。直到 Coughlan 案,滥用职权审查标准才得以胜出,成为一种普遍范式。

表 6—1 涉案年代

年代	判 例	审查标准
1983	Att.-Gen. for Hong Kong v. Ng YuenShiu [1983] 2 A.C. 629	二
1985	Findlay v. Secretary of State for the Home Department[1985] A.C. 318	一
1985	R. v. Inland Revenue Commissioners, ex p. Preston [1985] A.C. 835	三
1996	R. v. Inland Revenue Commissioners, ex p. Unilever Plc [1996] S.T.C. 681	三
1997	R. v. Home Secretary, ex p. Hargreaves [1997] 1 W.L.R. 906	一
1999	R v North and East Devon Health Authority ex p. Coughlan[1999] L.G.R. 703	三

---

① Cf. Ashley Underwood QC, "*Legitimate Expectation: Current Issues*" (2006) *Judicial Review* 294.

② [2005] EWCA Civ 1363.

③ 骆梅英:《英国法上实体正当期待的司法审查——立足于考夫兰案的考察》,载《环球法律评论》,2007(2)。

其实,在 Coughlan 案的审理中,在主审法官的争论中,依然再现了上述流变。比如,有些主审法官仍然依念传统的 Wednesbury 不合理审查,并得出了与最后判决差不多的结论。但这在另外一些主审法官看来,似乎说理性不够,被告还有逃逸的可能。的确,Lord Greene、Lord Diplock 对 Wednesbury 不合理的经典定义中,并非没有为法院留下足够的操作空间,只是在历史演进中,英国法官更趋向客观化的解释,理解上趋于保守,在合法预期案件的审查上,很容易让行政机关"溜"过去。所以,不得不改弦易辙,重起炉灶,转向了更严格的滥用职权审查。

滥用职权标准是为实体性保护而发展起来的标准,怎么审查呢?或许受到欧共体法、德国法的影响,英国人很快找到了利益衡量的工具,在"fairness""balance"和"abuse of power"等术语下,采取了更有力度的审查,其实,就是引入了比例原则。①

比如,对于 1972 年的 R. v. Liverpool Corporation, ex parte Liverpool Taxi Fleet Operators' Association 案,② Lord Denning 评论道:"只要遵守诺言不与其公法义务(public duty)抵触,就必须尊重之。……除非经过最谨慎的考虑,听取相对人意见,并且确信,公共利益大过信守诺言,这时方可背离诺言"(So long as the performance of the undertaking is compatible with their public duty, they must honour it … At any rate they ought not to depart from it except after the most serious consideration and hearing what the other party has to say; and then only if they are satisfied that the overriding public interest requires it.).③ 这就意味着,假如没有压倒一切的公共利益(overriding public interest),就必须满足当事人的预期。反之,如果有,就足以摧毁当事人的合法预期。比例原则的情调跃然纸上。

Philip Sales 和 Karen Steyn 提出了另外一个较为简捷的判断方法,就是去仔细考察、比对情境(context)与未预见的因素(unanticipated factors)。如果最终做出的决定所处的情境与先前制定政策或做出承诺时的情境越接近,那么,愈加无需让行政机关保有决定的灵活度(flexibility),而更趋向于

---

① Cf. Gordon Anthony, op. Cit., p.180.
② [1972] 2 Q.B. 299.
③ Cf. C. F. Forsyth, "*The Provenance and Protection of Legitimate Expectations*"(1988) 47 *Cambridge Law Journal* 255.

让行政机关遵守先前的政策或承诺。如果在前后两个决定之间出现的其他未预见因素越少,那么,给予相对人实体性保护的可能性就越大。①

其实,在我解读起来,这种由实体性保护而发展起来的利益权衡技术,甚至在程序性保护上也有适用的余地,从而奠定了合法预期案件审查的基本格调。这种格调应该有以下核心要素:第一,行政机关的意思表示让当事人产生了预期;第二,让行政机关践行其意思表示与其法定职责并不违拗;第三,行政机关不能证明存在着压倒一切的公共利益。如果上述第一种标准已被第三种标准所取代,那么,剩下的第二种,连同第三种,都应该具有这样的审查格调与品质。

7. Coughlan 案之后的发展

Coughlan 案为以后案件的判决提供了有关概念的基准性解释("benchmark" explanation)。对于 Coughlan 案的推理,之后的案件鲜有实质突破,多是完善(refined)而非质疑实体性合法预期的理论基础。比如,像 Rashid 案提出的灵活救济方法。当然,也有一些案件欲用更宽泛的统治观念(wider norms of governance)来替代 Coughlan 案中的公正之基础(Coughlan's original foundation of fairness)。② 像 Begbie 案提出的"良好行政"。

7.1 Begbie 案

第一个重要的完善发生在 Coughlan 案之后的一个月。在 R. v. Secretary of State for Education and Employment; Ex parte Begbie 案中,Laws LJ 为实体性合法预期提供了更加清晰的基础。

该案大致情况是,Begbie 夫人要求对一个影响其残废女儿教育辅助金的决定进行司法审查,她的理由是反对党(an opposition party)以前有过承诺,但它执政之后却改变了这个承诺,违反了她的合法预期。当然,这个诉求极易驳回,因为,因反对党之承诺所产生的预期,不是公共机构("public" agency)产生的,不属于合法预期范畴。或者说,因政府更迭而导致的复杂的立法变化,也不宜保护 Begbie 夫人的这种诉求(the complex legislative

---

① Cf. Philip Sales & Karen Steyn, "*Legitimate Expectations in English Public Law: An Analysis*"(2004) *Public Law* 573.

② Cf. Matthew Groves, "*Substantive Legitimate Expectations in Australian Administrative Law*" (2008) *Melbourne University Law Review* 482.

changes made upon the change of government precluded Mrs Begbie's claim)。倒是 Laws LJ 发表的一些重要观点,颇引人注目。[①]

第一,Laws LJ 认为,"滥用职权已经成为,或者正在迅速成为我们公法一般原则的规范与条件之根本性概念"(abuse of power has become, or is fast becoming, the root concept which governs and conditions our general principles of public law)。据此看法,Coughlan 案的争议点就不再是应否接受实体性合法预期的问题,而应该是如何在宽泛的滥用职权名目之中(within the wider rubric of abuse of power)阐释该概念的问题。

第二,Laws LJ 认为,Coughlan 案归纳的三种审查情形,不是一览无遗、绝对封闭的(hermetically sealed)。其中第一种诉诸"不合理"之审查(review for irrationality/unreasonableness),和第三种"等同于滥用职权的不公正"(whether to frustrate the expectation is so unfair that to take a new and different course will amount to an abuse of power),在 Laws LJ 看来,它们之间存在着重合的品质(overlapping qualities)。他说:"公正与合理(以及它们的反义词)都是客观概念,否则,将无公法可言,或者倘若如此,将是棕榈树之正义。但是,它们每个都有一个幅度,而非仅为一点,它们彼此荫掩"(Fairness and reasonableness (and their contraries) are objective concepts; otherwise there would be no public law, or if there were it would be palm tree justice. But each is a spectrum, not a single point, and they shade into one another.)。这种重合的品质使得审查不是基于不同的标准,而只是审查力度的不同(the overlapping qualities of these decisions warranted review not by different grounds but by a differing intensity of review.)。

第三,Laws LJ 还认为,被挑战的决定越是处于所谓的宏观政策领域,法院监督的干预就越弱。而且,在这个领域,很难真正发现滥用职权,因为在政策的变化之中,伴有宽泛的公共利益之概念,相对于那些因对早先政策预期而产生的群体利益,更具有优先性(The more the decision challenged lies in what may inelegantly be called the macro-political field, the less intrusive will be the court's supervision. More than this: in that field, true abuse of power is less likely to be found, since within it changes of policy,

---

[①] Cf. Matthew Groves, "*Substantive Legitimate Expectations in Australian Administrative Law*" (2008) *Melbourne University Law Review* 483~486.

fuelled by broad conceptions of the public interest, may more readily be accepted as taking precedence over the interests of groups which enjoyed expectations generated by an earlier policy.)。

Laws LJ 在后来的一些场合又表示,尊重承诺的法律义务虽是基于公正(grounded in fairness),但却有更深刻的理论根源,那就是良好行政(good administration)的要求。他指出:"良好行政要求行政机关应当遵守承诺。对于不践约或者拒绝践约,必须客观地说明其正当性,证明这是在当时情境下符合比例的措施。如果法律不坚持这一点,那么,将有损于良好行政"(The principle that good administration requires public authorities to be held to their promises would be undermined if the law did not insist that any failure or refusal to comply is objectively justified as a proportionate measure in the circumstances.)。

对于 Laws LJ 上述阐释学上的努力,Matthew Groves 评价道,Coughlan 案受到的批判,主要是它没有对权力的行使在何时、因何而成为滥用职权给出解释。而"良好行政"或"良好政府"(good government)规则的祈求与构建,可以初步回应对 Coughlan 案有关实体性合法预期的批判。管理是好是坏,相对容易解释,尤其是结合合法预期案件中的事实来看,容易解释清楚。如果再引入比例的标准,就可以为法院在何时、因何而介入干预给出某些判断的标准和尺度(gauge)。

但是,在 Matthew Groves 看来,Laws LJ 的上述观点也并非完美无缺,因为在 Laws LJ 观念中的良好行政,包含着一些不成文的法律标准("unwritten" legal standards),这让人不免担忧,这是否会成为法官反复无常(erratic)、过于主观的标准,是否会变成法官将个人意愿、个人观点强加给行政的一个便利借口(convenient cloak),一个烟幕(smokescreen)呢?[1]

7.2 Rashid 案

在 Secretary of State for the Home Department v The Queen (Rashid) 案中,Rashid 是一个伊拉克库尔德人(Iraqi Kurd),他申请庇护(claim for asylum),行政机关因不熟悉有关库尔德人的政策而拒绝了他申请。但其寻求司法救济时,政策已发生改变,他原先申请的签证类型已不复存在。在该案的

---

[1] Cf. Matthew Groves, "*Substantive Legitimate Expectations in Australian Administrative Law*" (2008) *Melbourne University Law Review* 487.

审理中，法院引入了"显著不公正"(conspicuous unfairness)的标准，①来解释"让合法预期落空，何以并怎样便成为了滥用职权"(an explanation of why or how the disappointment of a legitimate expectation may become an abuse of power)。

首先，法院在审查该案时发现，行政机关在此类签证的审批上存在着长期的、不可容忍的不胜任(flagrant and prolonged incompetence)，却又不能给出合理的解释。Pill LJ 指出，这种不胜任意味着，Rashid 诉求的不是一个典型的合法预期，而是某种等同于滥用职权的不公正，合法预期仅为其中的一个诉求理由(Rashid's claim was not a typical one of legitimate expectation but was instead one of unfairness amounting to an abuse of power, of which legitimate expectation is only one application.)之所以视之为滥用职权，是基于这样的预期，即处理庇护申请的一般政策应当得到适用，且应当始终如一地适用之(The abuse is based on an expectation that a general policy for dealing with asylum applications will be applied and will be applied uniformly)。②

其次，在救济方式上，法院也非常务实，敢于直面当时的困境，即政策已然改变，已无法要求行政机关给予 Rashid 难民身份(the grant of refugee status)。但是，法院认为，因丧失机会而导致的不公正，仍然必须得到救济，那就是要求内政大臣(the Home Secretary)应行使其他权力，允许 Rashid 永久地居住在英国(a grant of indefinite leave to remain in England)。这种救济虽与给予难民身份不完全一样，但却具有近似的效果，因此，也算是一种适当的救济。

Rashid 案在 Coughlan 案之上又试探地迈出的一步，就是用"显著不公正"(conspicuous unfairness)来解释法院干预的正当性。正如 Collins J 所

---

① 从表面上看，"显著不公正"标准似乎是对 Coughlan 案的回应，但其实，该标准早在 Coughlan 案发生的几年前就已出现，它最初出现在一起税收案件中，在该案的判决中就指出，违反合法预期的行为，如果行政机关存在"显著不公正"，就是滥用权力(Although this term might seem to echo, it was first used several years earlier in a tax case, where it was suggested that any action contrary to a legitimate expectation might be an abuse of power if the decision-maker acted "with conspicuous unfairness"). Cf. Matthew Groves, "*Substantive Legitimate Expectations in Australian Administrative Law*" (2008) *Melbourne University Law Review* 487.

② Cf. Matthew Groves, "*Substantive Legitimate Expectations in Australian Administrative Law*" (2008) *Melbourne University Law Review* 487.

说:"法院得去判断,不公正是否超出了只应由申诉权来救济的程度。我也承认,不可能界定出一个精确的界限。个案的情景将不可避免地成为判断因素。法院只有在确信不公正达到了一定程度,可以非常妥帖地装入滥用职权这一类之中时,法院才能做出有利于原告的判决"(The court has to decide whether the unfairness is such that it goes beyond that which should attract no relief other than that afforded by a right of appeal. I recognise that it is not possible to define where the line should be drawn with any precision. Inevitably, the circumstances of an individual case will be the deciding factor. It is only if the court is persuaded that the unfairness is so bad that abuse of power is an appropriate label that it will find in a claimant's favour).[①]但是,正像很多学者关注到的那样,"显著不公正"只是在表述不公正的程度,只能给人一种"印象上的指导"(impressionistic guidance)。

7.3 Secretary of State for the Home Department v The Queen (S)案

该案的情形与 Rashid 案差不多,也是行政机关存在严重错误,而先前的政策又不复存在。但是,该案的判决却拒绝了 Rashid 案的阐释思路。

Carnwath LJ 解释道:"问题不再是不公正是否明显或显著,而是看其是否是行政机关应该考虑并有权纠正的那种违法。如果行政机关有权纠正,又没有其他与之抵触的考虑,行政机关就应该考虑纠正。与 Rashid 案一样,法院有权要求行政机关应予以适当考虑"(The issue is not so much whether the unfairness is obvious or conspicuous, but whether it amounts to illegality which on reconsideration the Department has the power to correct. If it has such a power, and there are no countervailing considerations, it should do so. Following Rashid the court has power to order reconsideration on the proper basis).[②]

按照这种观点,过去的错误,以及因此导致的不公正,不能付诸历史,与过时的政策一道逝去。它们仍然与未来的行政决定有关,应该是后者的相关考虑因素。在作出新的行政决定时,必须考虑对过去违法造成的不公正进行现实救济的可能性,重新谋划。

---

① Cf. Matthew Groves, "*Substantive Legitimate Expectations in Australian Administrative Law*" (2008) *Melbourne University Law Review* 488.

② Cf. Matthew Groves, "*Substantive Legitimate Expectations in Australian Administrative Law*" (2008) *Melbourne University Law Review* 489.

8. 影响域外

实体性保护在英国行进的步履跟跄，在其他普通法国家和地区也一样不顺畅。除我国香港地区外，在澳大利亚、加拿大、新西兰似乎都不被看好，这与后者的传统宪政思想、司法审查理论、对法院角色的认同等息息相关。

8.1 我国香港

从某种意义上说，Ng Yuen Shiu 案已让香港对实体性合法预期保护原则（the substantive legitimate expectation doctrine）开门揖客。香港终审法院追随英国理论，认为，假如没有充分的法律或者政策依据，让行政机关有理由不践行承诺，那么，相对人对实质结果或利益（a substantive outcome or benefit）就有着合法预期，在特定情境下，不尊重该预期，将导致不公正，等同于滥用职权，法院有权干预。[1]

8.2 澳大利亚

但这股思潮却在澳大利亚折戟沉沙。在那里，也有一些判决提到了 Coughlan 案，但是，澳大利亚法官还是无法接受这种观念。对于类似现象，他们能够接受的审查标准只是未考虑相关因素或者不合理（grounds such as the failure to take account of a relevant consideration or unreasonableness），也就是说，法院只要求行政机关做出新的决定时，应该将当事人的实体性预期作为相关因素予以考虑。

（1）抵制的缘由

抵制实体性保护的原因大致有三：

第一，英国的实体性合法预期之保护，发源于私法上的禁止反言。但在澳大利亚行政法中，根本不承认禁止反言，而是崇尚不受拘束原则。他们认为，行政机关事先对未来权力行使的意思表示，属于越权（ultra vires），而越权当然就排除了其效力。也谈不上对先前意思表示的遵守问题。这与美国法院早期判决的观点一致。

第二，在英国实体性合法预期理论中，有一个核心思想与技术，就是要对公共利益与个人利益进行司法衡量（judicial balancing）。这在澳大利亚学者和法官看来是绝对不可接受的，这不符合他们所认同的分权观念。正如

---

[1] Cf. Matthew Groves, "*Substantive Legitimate Expectations in Australian Administrative Law*" (2008) *Melbourne University Law Review* 474～475.

Brennan J 所言,"司法的权威不是来自对社会利益和个人利益平衡的超能力"(the authority of the judicature is not derived from a superior capacity to balance the interests of the community against the interests of an individual.),"法院不具备条件去评估那些与行政决定有关的适当的政策考量,抗辩制度也不适于实现行政正义,后者通常要考虑未被充分代表的利益"(The courts are not equipped to evaluate the policy considerations which properly bear on such decisions, nor is the adversary system ideally suited to the doing of administrative justice: interests which are not represented must often be considered).① 因此,在他们看来,在司法审查中对彼此冲突的利益进行衡量(balancing)或权衡(weighing),是一种优劣审查(merits review),至少是游走在优劣问题的边缘,是他们不敢去触碰的底线。

第三,从更深层次的原因看,上述分权观念其实来自澳大利亚对宪法的严格(或"狭隘")理解。正如 Sir Anthony Mason 所言,"澳大利亚宪法更多扮演着划分政府权力的角色,而不是公民权利的宪章"(the Australian Constitution was fashioned to operate "as a delineation of government powers rather than as a charter of citizen's [sic] rights").② 宪法仅对制度投以关怀(institutional focus),为 Sir Owen Dixon 所倡导的"严格而彻底的法条主义"(strict and complete legalism)提供了肥沃的土壤,而后者反过来又给上述 Mason 的观点提供了强有力的支持。顺理成章,他们对司法功能也做十分严格的理解,设定了诸多参数(parameters),采取了与英国人不很一样的分权观念。假如他们接受英国人的实体性合法预期,必然要对上述宪法观念做根本性改造,并将引起在其他方面的连锁反应。解决了此问题的同时,恐怕又会产生一连串的彼问题。所以,这种变化是很难想象的,也很难发生。这便成为阻碍他们接受实体性合法预期的一个重要的宪法障碍。

(2) Attorney-General (NSW) v Quin 案

1990 年的 Attorney-General (NSW) v Quin 是个经典案例,该案尽显程序性保护的疲软与固执。该案大致是,根据有关法律,以前的简易法庭

---

① Cf. Matthew Groves, "*Substantive Legitimate Expectations in Australian Administrative Law*" (2008) *Melbourne University Law Review* 513~514.

② Cf. Matthew Groves, "*Substantive Legitimate Expectations in Australian Administrative Law*" (2008) *Melbourne University Law Review* 516.

(courts of petty sessions)将全部改为地方法院(local court),已在简易法庭任职的治安法官(magistrates)就地免职。他们可以申请转为法院的法官,但必须经过遴选程序(a screening process)。政府后来又发布新的政策,要求遴选必须采取竞争方式,不得优先考虑治安法官。Quin 原先是治安法官,其转任申请未被批准。他认为,新的政策对他不适用,因为他有合法预期,他的申请应该按照旧的政策来处理。

这起案件原本可以激起实体性合法预期问题,但仍被法院巧妙躲过。主审该案的多数法官认为,根据行政机关不得拘束其未来裁量权行使的法律原则,行政机关不必定要遵守其先前的政策。因此,该案不存在旧的政策要适用于 Quin 的合法预期。他们更乐意给予行政机关更大的改变政策的自由,即便产生对受政策影响的相对人的不公正,也在所不惜。

但是,毫无疑问的是,Quin 的申辩尽管只具有纯粹的程序面相,只提及"自然正义要求应根据旧的政策考虑其申请",但其潜台词却是"他应该转任"。对此应做如何解释呢? Mason CJ 也认同其申请之中的实体性成分(substantive quality),却提醒道,"合法预期可以表现为对实体性权利、特权或者利益的预期,也可以是对程序性权利、好处或者机会"(a legitimate expectation may take the form of an expectation of a substantive right, privilege or benefit or of a procedural right, advantage or opportunity),我们要注意区分"预期的内容和由此引发的要求程序公正的权利"(the content of the expectation and the resulting right to procedural fairness),千万不要把这两个概念混淆了。[①]

有意思的是,在该案判决中,与多数法官持不同意见的 Deane 和 Toohey JJ 尽管很激进,甚至认为,"Quin 有权要求其申请按照旧的政策处理"(Mr Quin was entitled to have his application determined according to the old policy),但终究不敢迈向实体性保护,而是说,"政府如果认为他不合适或不适合,也可以不任命他"(the government could decline to appoint him if it thought he was unfit or unsuitable),将个案中彼此冲突的因素之间的权重

[①] Cf. Matthew Groves, "*Substantive Legitimate Expectations in Australian Administrative Law*" (2008) *Melbourne University Law Review* 487~498.

(weigh the competing factors of each case)拱手让给了行政机关。①

(3)Minister for Immigration and Ethnic Affairs v Teoh 案

在 1995 年的 Minister for Immigration and Ethnic Affairs v Teoh 案中，Mason CJ 和 Deane J 对合法预期的功用做了一番解释，他们说："存在着对行政机关以某种方式行事的合法预期本身，并不必然要迫使其按这种方式行事。这就是合法预期与具有拘束力的法律规则之间的差别。如果认为合法预期就是要求行政机关必须按此方式行事，实际上是把合法预期等同于法律规则"(The existence of a legitimate expectation that a decision-maker will act in a particular way does not necessarily compel him or her to act in that way. That is the difference between a legitimate expectation and a binding rule of law. To regard a legitimate expectation as requiring the decision-maker to act in a particular way is tantamount to treating it as a rule of law)。②这么一番努力，将合法预期彻底地、牢固地挤压在程序维度上了。

(4)Lam 案

2003 年的 Lam 案又是一个经典。Lam 不是澳大利亚公民，因被判有罪而在监狱中服刑。他收到移民机构(migration authorities)的一个通知，得知他们正在考虑撤回(revoke)其签证，并允许其辩解。Lam 写了一封长长的信，陈述了其处境，尤其提到其两个孩子由以前的一个关系(a previous relationship)在照顾等情形。移民机构回信索取照顾其子女的那个人的详细联系方法，Lam 提供了有关信息，但移民机构没有与那个人联系，并最终做出撤回签证的决定。Lam 认为，他从移民机构的第二封信中能够产生一种合法预期，就是移民机构在没有与照料其子女的那个人联系之前，不会做出任何决定。该预期只具有程序面相，Lam 的律师也没有引用 Coughlan 案，可是，高等法院的四名法官仍没放过抨击实体性合法预期的机会。

主审法官 McHugh J、Gummow J 和 Callinan J 虽也认可，在近来英国的一些案件对滥用权力所赋予的规范价值，与澳大利亚宪法中有关行政和立法机关滥用权力的一般规定所蕴含的价值之间，存在着某种近似(the normative

---

① Cf. Matthew Groves, "*Substantive Legitimate Expectations in Australian Administrative Law*" (2008) *Melbourne University Law Review* 487~498.

② Cf. Matthew Groves, "*Substantive Legitimate Expectations in Australian Administrative Law*" (2008) *Melbourne University Law Review* 499.

values offered in recent English cases on abuse of power bore some similarity to the "values concerned in general terms with abuse of power by the executive and legislative branches of government" in Australian constitutional law.),但在他们看来,在宪法的适用中,给予这些价值以直接的规范执行,就走得太远了(it would be going much further to give those values an immediate normative operation in applying the Constitution)。①

也就是说,英国法官直接运用良好行政(good administration)或者滥用权力观念,是法官将自己对良好行政的看法强加给行政机关,这种做法不符合澳大利亚的分权观念。Coughlan 案中的利益冲突之权衡(balancing),原本就应该由行政机关来做,法院不许染指。而一旦否定了良好行政等规范价值与权衡方法,无异于抽走实体性合法预期的基本支架,它也就无法站立了。

8.3 加拿大

在加拿大,据 David Wright 观察,也没有出现保护实体性合法预期的显著动向(there was no significant move towards protecting substantive legitimate expectations in Canada)。当然,也出现了个别案例,合法预期被赋予实体性效果(substantive effects),②但这些判决被视为异常(anomalies)。

个别的判例如,Quebec(Sous-Ministre du Revenu) v. Transport Lessard 案(1976),原告公司从财政部(the ministry of revenue)签署的一份内部指示中得到保证,它要购买的另外一个公司拥有的卡车将不征收营业税(sales tax)。但是后来,该部改变了对法律的解释,要征收营业税。魁北克上诉法院(the Quebec Court of Appeal)认为,公正行事的义务不仅会导致程序性保护,也会产生实体性结果(the duty to act fairly could lead to substantive results as well as procedural protections)。在法院看来,基于公正,也可以要求被告按照某种方式行使其裁量权。因为在上述指示中对有关法律的解释是合理的,部长应当遵守先前的承诺(promise)。

但它却没有影响后续的判决。在 Sturdy Truck Body Ltd. v. M.N.R.

---

① Cf. Matthew Groves, *"Substantive Legitimate Expectations in Australian Administrative Law"* (2008) *Melbourne University Law Review* 508~510.
② 比如,Quebec (Sous-Ministre du Revenu) v. Transport Lessard (1976), Limitee, Gingras v. Canada [1990] 2 F.C. 68 (T.D.),以及 Bloomfield v. Saskatchewan (Minister of Health) [1986] S.J. No. 675 (QL) (Q.B.).

(Customs and Excise) (1995), 95 F. T. R. 270 (F. C. T. D.),其案情与上述 Transport Lessard 案相似,当原告引用合法预期要求政府遵守承诺时,却没有得到法院的支持。①

或许,加拿大法官是顺着本土的公正义务思维上去追索,并接纳了英国的合法预期,而公正义务在加拿大仅具有程序意义,所以,他们很自然地对实体性预期不加思索,甚至也不承认实体性预期会导致程序上的保护。

8.4 新西兰

同样,在新西兰,合法预期仅与程序有关,不会作为某种实体内容而产生(not to arise as something inherent in the subject matter)。对它的保护,能够接受的底线就是提供程序性保护,或者把当事人的实体性预期当做相关考虑,进行合理性审查。这是因为,合法预期不能用来挑战行政决定的内容或优劣(Legitimate expectation of itself cannot be invoked as a challenge to the substance or merits of a decision),否则,将打开通往权力行使之优劣的禁区之门(open the gate into "forbidden field of the merits of its exercise"),让法院"漂流在庸俗的实用主义海洋中"(set the Courts adrift on a featureless sea of pragmatism)。②

四、余论:比较的视野

行文至此,原汁原味的梳理已告一段落。但我还想从比较的视野,做一番评价。在我看来,英国在程序性保护,尤其是事前保护方面远比德国、欧共体卓越;在实体性保护上虽不如后者坚决,却救济灵活多样,注重合法性,表现得审慎有度;在赔偿性保护上,保守有余、灵活不足,缺少法国人的"对价交换"观念,也异于德国法上的趣味。英国直接在公法上构建原则的方法,远比美国从私法禁止反言借力来得高明。

1. *程序性保护*

(1)英国合法预期的程序性保护迅速影响了澳大利亚、新西兰、加拿大、

---

① Cf. David Wright, "*Rethinking the Doctrine of Legitimate Expectation in the Canadian Administrative Law*"(1997) 35 *Osgoode Hall Law Journal* 159, and footnote 68.

② Cf. G. D. S. Taylor, *Judicial Review: A New Zealand Perspective*, Butterworths, 1991, pp. 256, 260, 261.

南非等国家,臻于极致。之所以传播上几乎没有障碍,恐怕除了有着同根同源的自然正义(natural justice)、公正义务(duty of fairness)观念之外,还因为这种保护在宪政结构下的低风险。

(2)相较于英国的合法预期,德国法上的信赖保护之中,明显欠缺程序性保护的内容,此为不争之事实。也是我时常批评它的地方。刘飞博士却辩解道,在德国,"对于行政决定作出之前应如何为相对人提供程序性保障的问题,通常是在相关程序设置的层面上作出探讨,而不会出现在信赖保护原则的语境中。因此,所谓德国法上的信赖保护原则不重视程序性保护的看法,不过是出于对该原则适用范围的误读而作出的判断"。①

但在我看来,这个论断没有捕捉到合法预期的核心价值。英国有关"情境说"的争论已然澄清一个认识,行政决定的情境所必然衍生出的正当程序保护,也不能完全替代或荫掩合法预期的意义,让它可有可无。合法预期所衍生出的程序保护,是源自行政机关的意思表示。Ng Yuen Shiu 案就因先前的意思表示而有践行程序保护之必要。这是两个标准,两种进路,有交叉,却不重叠。所以,合法预期的引入,不应该只是重述我们对自然正义的已有认识。相反,它的出现,延伸了传统观念,拓展了正当程序,甚至出现了某种实体性保护的表象。正当程序因它而精彩,并升华到一个新的境界。信赖保护原本也应该迸发出这样的效用,但却没有。

2. 实体性保护

(1)在欧共体的强劲推力下,英国在激辩之中,在步履蹒跚之中,逐渐让实体性保护由"异端到正统"(From heresy to orthodoxy),成为判例法的核心。②但是,实体性保护在澳大利亚、新西兰、加拿大却遭到强烈的抵制,这与后者的传统宪政思想、司法审查理论、对法院角色的认同等息息相关。

的确,与英国相比,澳大利亚、加拿大、新西兰更显保守,但这只是面相。这并不意味着,因为法院的谦让,类似问题在这些国家得不到很好的解决。首先,通过程序性保护以及相关考虑的审查,也可能产生近似实质性保护的反射效果,只不过较为间接、微弱而已。其次,不保护实体性预期,这只是表明法院不愿"蹚这趟浑水",而更乐意交给行政机关自己去处理。在民主机

---

① 刘飞:《信赖保护原则的行政法意义——以授益行为的撤销与废止为基点的考察》,载《法学研究》,2010(6)。

② Cf. Gordon Anthony, op. Cit. , p.180.

制和多维控权的情境下,行政机关多半也会积极回应法院的判决,让当事人多少有所斩获。

(2)德国法上对信赖的保护,散发出来的救济效果其实也是实体性保护。但它与合法预期的趣味却有着很大不同,甚至是原则性差异。

首先,在英国,实体性保护始终是徘徊在合法性范畴之内,通过抑制滥用职权,让行政机关适当行使裁量权,来获得恰当的救济效果。德国的实践却超越了这种认识,让信赖保护原则迸发出英国人不敢想象的效果。对于提供一次性的或持续性的金钱、可分的实物或者其他类似给付的给付决定,虽然违法,却产生了当事人的信赖,如果"对公权力机关而言基本上仅意味着经济负担而非职责范围内应予履行的任务",①基于利益考量,尤其是对生存权的关注,德国法院有时还会维系违法行政行为的存续力,比如寡妇案就是一例。②

所以,英国合法预期观念中更在意合法性,必在符合法定职责要求的前提下,才通过对裁量权的控制与约束来保护相对人的信赖。德国的信赖保护将相对人的信赖利益放到更加重要的地位,经过审慎考量,只要信赖利益值得保护,就可以完全不顾忌引发信赖的行政行为是合法还是违法。③

其次,在英国,这种救济指向明确,又更加灵活、多样,既可以像Coughlan案那样,要求行政机关践行承诺,也可以像Rashid案那样,在执行先前政策不可能时,要求行政机关行使裁量权,让当事人获得差不多的预期结果。这似乎在德国法中找不到。

(3)美国法上的禁止反言,从效果上看,实际上解决的也是实体性保护问题,不涉及程序性保护。法院要平衡的仍然是依法行政原则和法的安定性原则之间发生的冲突,以及公共利益和个人利益之间的冲突。从历史上看,法院的态度有着一个转变过程,从基本否定到有条件的肯定、从刻板的保守到有节制的宽容。

---

① 刘飞:《信赖保护原则的行政法意义——以授益行为的撤销与废止为基点的考察》,载《法学研究》,2010(6)。
② 欧洲人权法院在Stretch v. UK案中也指出,对于一个因违法决定而产生的预期,法治与合法性原则不必然优于个人权利,是否优于,必须放到个案(case-by-case)中去回答,并应符合比例原则。Cf. Gordon Anthony, op. Cit., p.189.
③ 刘飞:《信赖保护原则的行政法意义——以授益行为的撤销与废止为基点的考察》,载《法学研究》,2010(6)。

最初，美国法院之所以抵制禁止反言在行政法上的援用，主要是考虑到政府的特殊性，不能与私人适用同样的规则，公共权力往往要重于个人权利。这种让依法行政原则胜出的立场颇似英国法院，但完全无视救济的观念实不足取。后来逐渐打开了一个口子，方法与英国的合法预期既有近似、也有不同。

一方面，美国法院在判词中尽管没有出现英国法院偏好的"压倒一切的公共利益"（overriding public interest）之术语，却采用了近似的利益权衡方法。这无疑是一个突破。美国法院逐渐认识到，禁止反言应当是对各方权利（力）进行权重（the relative weight to be given to the rights of each party）的结果。私人要想胜出（prevail），其权利应重于公共的权利（a private party will prevail only when its rights outweight those of the public）。[①]因此，只有在充分证据证明，如果行政机关不兑约、不践行会产生"明显不公正"时，才有禁止反言的适用。

另一方面，美国法院是在违法概念中引入了一个新的概念——"不规范"（irregularity），为禁止反言寻求一个基本底线。这是英国法里没有的。在美国法院看来，行政机关有权限，且出于善意（in good faith），却没有遵守法律规定的某些要求，这种行使权力属于"不规范"，可以产生禁止反言。也就是说，这种行为尽管有缺陷，却有拘束力，行政机关不得反悔、撤销。但是，如果是缺少权限（an absence of power），就属于越权（ultra vires）和无效（void）的，不产生禁止反言问题。[②]

一个理论的难点，也是困惑至今的问题就是，"缺少权限"（an absence of power or authority to act）和"仅仅是行使权限不规范"（a merely irregular exercise of the power）之间如何区分？美国法院在判断时，一般会综合考虑是否"明显不公"、对当事人造成的损害到底多大，并会分析违反的有关要求是强制性的（mandatory）还是指导性的（directory）。[③]

---

① Cf. Kenneth D. Dean, "Equitable Estoppel against the Government—the Missouri Experience: Time to Rethink the Concept"(1992—1993)37 Saint Louis University Law Journal 92.

② Cf. Kenneth D. Dean, "Equitable Estoppel against the Government—the Missouri Experience: Time to Rethink the Concept"(1992—1993)37 Saint Louis University Law Journal 80～81.

③ Cf. Kenneth D. Dean, "Equitable Estoppel against the Government—the Missouri Experience: Time to Rethink the Concept"(1992—1993)37 Saint Louis University Law Journal 83.

从有关判例看,不乏彼此冲突、前后矛盾之处,但在操作上显然比英国法院宽松,甚至在某种程度上显现出近似德国法上信赖保护的趣味。比如,在 Rottjakob v. Leachman 案中,购买者对郡税收官出具的不欠税的纳税记录(tax records)信以为真,购买之后,税收官却发现有误,通知该购买者要补交前一年度的税款。上诉法院认为,本案不适用禁止反言,因为"公共福利将受到严重威胁,或者郡之公共职能,亦即税收恐有被削弱之危险"(the public welfare would be "seriously menaced" or the public functions of the county [i. e. tax collection] may be "dangerously crippled")。但是,密苏里州(Missouri)最高法院却认为本案应当适用禁止反言。在后者看来,纳税记录必须提供确定性之尺度(measure of certainty),否则会影响不动产交易,无法增进公共利益。① 这样的例子也不常见,因为"任何人都不能反悔到与法律相对的立场"。②

3. 赔偿(补偿)性保护

从有关合法预期的文献看,英国人一般不专门讨论赔偿或者补偿性保护,但也并非绝口不谈。这种实践却因简约而不占主流,且观念更趋保守,逊于德法,是我们在引进合法预期时必须详加鉴别和扬弃的。

(1)在英国,对于行政机关越权作出的意思表示,出于"立法至上"(legislative supremacy)的正统观念(orthodox ideas),必因"越权无效"(ultra virus),可随时撤销,不顾忌当事人的预期。因为在他们看来,假定维持了越权决定,则是默许了行政机关可以自设权力,这是对英国宪政的反动。当然,如果无辜当事人产生了预期,法院无法完全置之不理,法院会建议行政机关"仁慈地"(benevolently)行使权力,对其遭受的损失予以赔偿(an award of compensation),或者允许当事人提起过失虚假陈述(an action for negligent misstatement)之诉,寻求救济。③

如果用比较的视野看,对"越权无效"的尊崇程度,以及处理依法行政与法的安定(持续)性之间的紧张关系上,从合法预期、禁止反言到信赖保护,呈现出逐渐宽松,并向法的安全性倾斜的趋势。当然,如果行政决定因违法

---

① Cf. Kenneth D. Dean, "*Equitable Estoppel against the Government—the Missouri Experience: Time to Rethink the Concept*"(1992—1993)37 Saint Louis University Law Journal 99.

② [美]伯纳德·视瓦茨:《行政法》,徐炳译,127页,北京,群众出版社,1986。

③ Cf. Gordon Anthony, op. Cit. , p.189.

而被撤销,无论依据哪种理论,都会给予善意当事人赔偿的。

(2)在英国,对于行政机关有权限,却是由其无权限的官员作出的意思表示,法院处理起来稍稍有点复杂。在历史上,法院曾经援用禁止反言(the estoppel doctrine)来处理。但后来又觉得,禁止反言的私法根源,使其无法很好地处理涉及公共利益的争议。因此,转向运用合法预期原理。假如当事人能够证明其当时的确认为该官员有权限,让法院感到其有着合法预期,那么,法院将全盘考虑整个案件情况,通过利益考量,进行处理。①

英国只在这一领域,与德国、欧共体上述实践似曾相识,但却有着一个重要差别。它更加顾及依法行政原则。因为对于下属的无权限官员做出的意思表示,如果符合行政机关的职责与意愿,完全有可能由行政机关行使裁量权,通过事后追认,获得合法性。

(3)在英国,对于一个已生效的合法行政行为能否撤销,依据的唯一标准就是,法律是否明确授予了行政机关有撤销的权力。有则可,无则否。Iain Steele 指出,影响权利或者形成权利的正式决定不能被撤销(formal decisions which "affect rights" or "establish the existence of a legal right" cannot be revoked),甚至给予裁量利益的正式决定,如果没有明确的撤销授权,也不能撤销(even formal decisions to confer discretionary benefits cannot be revoked absent an express statutory power to revoke)。②

这显然有别于德国法、法国法。通晓德国法的学者都知道,在德国,政府信赖保护存身于对行政行为撤销之中。对于一个合法的行政行为,原则上应依据依法行政原理继续其存续力;如果事实或法律状态发生变更,允许撤销,但应依据依法行政原则和信赖保护原则,给予赔偿性保护。③在英国,似乎不存在基于公共利益需要,以赔偿(补偿)为对价,允许行政机关裁量撤销已生效的合法决定。当然,如果有压倒一切的公共利益的理由,就另当别论了。

---

① Cf. Gordon Anthony, op. Cit. , pp. 189~190.
② Cf. Iain Steele, "*Substantive Legitimate Expectations: Striking the Right Balance*"(2005) 121 *Law Quarterly Review* 301.
③ 刘飞:《信赖保护原则的行政法意义——以授益行为的撤销与废止为基点的考察》,载《法学研究》,2010(6)。

荷兰行政法上的合法预期[*]

目　次

一、引言　/ 244

二、与私法无涉？　/ 245

三、进一步追问与梳理　/ 248

四、三个彼此竞争的原则　/ 253

五、理论根源　/ 258

六、规范建构　/ 261

七、几种情形　/ 265

八、结束语　/275

---

[*] 本文是我主持的国家社科基金项目（一般项目，批准号 07BFX023）"行政法上的合法预期制度"的阶段性成果，也获得了 2007 年教育部"新世纪优秀人才支持计划"资助。荷兰 Utrecht University 的 Tom Zwart 教授帮助我收集了有关资料，洪延青和陈无风两位同学也提供了一些帮助，在此致谢。同时也感谢王贵松和李洪雷两位博士及时提供信赖保护的论文。本文的主要内容发表在《清华法学》2011 年第 1 期。

一、引 言

翻阅为数不多的荷兰行政法英文文献,我发觉荷兰对合法预期(legitimate expectation)的认识与实践,就像一朵瑰丽的奇葩,很有特色,有些甚至和我以往熟知的英国和欧共体的合法预期不很一样。这激发了我专门撰写本文的热情。

但是,面对着汗牛充栋的荷兰语文献,不懂荷兰文的我只能望文兴叹。在英文文献稀少、稍显陈旧的情况下,似乎最好的处理方法是编译。然而,这会拘束我的思想,无法夹叙夹议,更无法深入地探讨我所关心的问题。所以,我还是坚持写成了这么一篇研究性的学术论文。

为了弥补文献的欠缺,我采取了与荷兰教授 Tom Zwart、G. H. Addink 和 Nico Verheij 交流的形式,以进一步了解与跟踪有关理论和实践的发展。Tom Zwart 和 G. H. Addink 是乌特列兹大学(Utrecht University,人们也习惯称之为"UU")法学院为数不多的公法教授之一。"UU"是荷兰著名大学,是公法研究的重镇,实力不容小觑。Nico Verheij 教授目前担任荷兰司法部高级法律顾问,是一位在起草《一般行政法》(the General Administrative Law)中起着相当重要作用的关键人物。因此,从与他们的交谈之中获得的信息应该能够反映全貌,也应该是比较前沿的。让我略微松一口气(但对荷兰未必)的是,在拜访 Nico Verheij 教授时,他非常肯定地告诉我,近十年来,荷兰在合法预期问题上没有实质性的发展。[1]

在本文中,我将着重梳理、介绍与分析荷兰行政法上对合法预期比较独特的认识与实践,其中不少是我非常感兴趣的。但是,我不想仅仅停留在梳理介绍的层面,我还想做一些比较的研究与评价,并适度地加入我对有关问题的分析和看法。我的整个研究工作将围绕着以下问题展开:

(1)在荷兰学者 J. B. J. M. ten Berge 和 R. J. G. M. Widdershoven 的文章中,我首次发现了公法上合法预期与私法的理论渊源关系,尽管语焉不详,却让我很惊诧,也激起了我继续追问的兴趣。那么,荷兰学者会有怎样

---

[1] 非常感谢 Tom Zwart 教授,他帮助安排了我与 Nico Verheij 教授的面谈,并亲自陪同。记得那天在蒙蒙细雨中,我们来到了海牙——一座美丽的城市。与 Nico Verheij 教授的交谈,使我收获颇丰。

的回答呢？经过访谈和查阅文献之后，合法预期、信赖保护与私法之间的关涉依然像一团谜，无法彻底参透。然而，荷兰学者的实用主义态度，以及在行政法上另辟蹊径的做法却启发了我。那么，他们是怎么把复杂的问题简单化的？

（2）和我国目前学术研究状况一样，在荷兰也同样存在着三个功能近似的原则——诚实信用、信赖保护与合法预期，彼此之间似乎纠缠不清，让立法与理论研究困惑茫然。那么，荷兰学者是怎么看待这个问题的？他们的认识或许能够给我们一点启发。

（3）对于行政法上保护合法预期的理由的阐述，荷兰学者是从历史的视角出发的，这也与我以往阅读到的英文文献不同。他们的论述（证）的确是富有启发性的，但又殊途同归。

（4）荷兰也在努力推进着行政法的法典化（codification of administrative law）。然而在规范建构上，合法预期原则却是走在法典化与判例法之间，甚至更加偏向判例法，这是为什么呢？这也是很吸引我的一个问题。

（5）荷兰认为能够产生合法预期的政府行为形态是丰富多样的，甚至超出了英国和欧共体的认同范围。尤其他们认为在立法、法院裁决、契约等方面也会有合法预期原则适用的余地，这是很独特的。那么，我们需要什么样式的合法预期呢？

二、与私法无涉？

1. 惊诧的发现

在我阅读的很多英文文献中，都没有发现公法上的合法预期与私法有什么理论关联。或者说，我没有发现任何英文文献证实，行政法上的合法预期原本是私法的产物，只不过被援用到行政法上来。即便是在普通法的发源地，深受戴雪（A. V. Dicey）鼓吹的法律平等学说熏陶之下的英国，我也没有找到类似的文献。尤其是，英国法官丹宁（Lord Denning）在给剑桥大学法学院教授福赛（C. F. Forsyth）的一封信中，信誓旦旦地表白道："（合法预期这个概念）是从我自己的头脑中蹦出来的，而不是来自任何大陆或其他什么地方"(it came out of my own head and not from any continental or other source)。①所有这些迹象让我得出一个初步结论:公法上的合法预期是独自生成的,与私法无涉,彼此之间不存在什么瓜葛。

然而,荷兰学者 J. B. J. M. ten Berge 和 R. J. G. M. Widdershoven 却认为,宪法与行政法上的合法预期原则(the principle of legitimate expectations)很可能最早起源自私法(private law)。例如,在私法上,长期以来,人们都认为,实施一个法律行为、并确定其内容的决定性因素(decisive factor),不仅是当事人的意愿,而且是由该行为产生的合法预期。同样,在宪法与行政法上,我们也常常用私法的这套理论来解释合法预期原则(Indeed, the principle of legitimate expectations in the Netherlands can probably be traced back the furthest in private law: for example the decisive factor in the conclusion of a legal act in private law and the determination of the content of such an act has long been not only the will of the parties but also the legitimate expectations created by this act. It follows that the literature on the principle of legitimate expectations in constitutional and administrative law often refers to private law accounts of this principle)。②

这段文字尽管语焉不详,但对我还是有震撼力的,它让我似乎不得不修正我原先的观点。或许,上述我的判断仅适用于英国和受其影响的英联邦国家,而在一海之隔的欧洲大陆,情况就复杂得多。Lord Denning 也承认在欧洲大陆曾独自生成了类似的原则,这种原生态发生的时间甚至早于英国。特别是德国,传统上法院就有着将诚实信用原则援用到公法上来的现象,还有一个更偏向公法属性的政府信赖保护原则,其与私法连接的纽带也很明显。那么,紧邻德国的荷兰是否也受到了德国的影响?

2. 进一步求证

我带着上述猜想向 Tom Zwart、Nico Verheij 求证时,他们很明确地告

---

① Cf. C. F. Forsyth, "*The Provenance and Protection of Legitimate Expectations*" (1988) *Cambridge Law Journal* 241.

② Cf. J. B. J. M. ten Berge & R. J. G. M. Widdershoven, *The principle of legitimate expectations in Dutch constitutional and administrative law*, in Netherlands reports to the fifteenth international congress of comparative law (E. H. Hondius ed., 1998), p. 425.

诉我,荷兰的原则是土生土长的,不存在受德国影响或者继受问题。合法预期就是一个公法原则,与私法无涉,只是在某些解释上吸收了私法的元素。

这实在是很有意思的现象。或许,上述略显矛盾的两种观点之中隐藏了些什么。或许,公法上的合法预期与私法的确有着某种历史关联,我们还不能断然排除这种可能性,尽管我们还不能很清晰地将这种沿革梳理出来。我不是法制史学者,这个话题当然也无法引起我更多的好奇去做艰苦的考证。

相形之下,Tom Zwart、Nico Verheij 的实用态度对我更有吸引力。我们可以把合法预期原则直接定位为一种公法原则,这就避免了大量的考证工作,也不必受私法的羁绊,而是有选择地汲取私法的元素,这更有利于公法原则的自身成长。

3. 公法的不同表现

退一步讲,即使我们承认合法预期与私法有着某种理论元素或历史沿革的牵连,但我们更加关心的问题也应该是,它在公法上会有怎样的不同表现。

或许出于同样的心理,荷兰学者 J. B. J. M. ten Berge 和 R. J. G. M. Widdershoven 也没有简单地停留在上述推测上,而是迅速地转移到这个话题上,他们敏锐地发现了合法预期原则在公法与私法领域的运用有着不同。他们指出,在私法关系上,个人原则上有作出承诺和签订合同的自由。但是,在公法上,行政机关则并不自动地(automatically)就享有类似的自由。毕竟,行政机关必须为了公共利益,遵循公法规则来行使权力。这意味着行政机关不总是能够对权力的行使作出承诺,此外,或许其他的利益远比因承诺而产生的合法预期要重要(overrule)。[①]

这种认识是耐人寻味的。在我解读起来,其中似乎包含两层意思:第一,行政机关不能像私人那样随便许诺,它必须要有权限依据与法律根据;第二,行政机关在未来行使行政权力时,实际上是超脱以往的承诺的,它还必须根据其职责与授权,独立地、公正地行使裁量权,来重新思考与权衡是否要履行原先的承诺。在这里,也并不总是公共利益优先,而是要通过利益

---

① Cf. J. B. J. M. ten Berge & R. J. G. M. Widdershoven, op. Cit., p. 425. 我还发觉,合法预期原则在公法与私法领域的适用效果可能是不相同的。余凌云:《行政契约论》(第二版),174~176页,北京,中国人民大学出版社,2006。

衡量,看到底应该如何行使行政权力才更加符合法律授权的目的。

第一点是没有问题的,也比较好理解,符合依法行政的基本理念与要求。但是,第二点似乎会让人产生一种印象,与行政机关签约,或者听从行政机关的指导与承诺是有风险的,是不安全的。其实,在我看来,这在团体主义盛行的社会中是不足为奇的。当然,我们需要降低风险的机制,这也正是为什么我们需要合法预期的地方,它可以增加相对人的安全感、寻求制度平衡。

采取这样的制度设计,背后实际上是团体主义(集体主义)而非个人主义优先的思想,是团体主义(集体主义)而非个人主义为本位的立场。我们从荷兰行政法上可以很明显地嗅出这种味道。比如,在决定立法是否可以具有溯及效果时,他们认为,如果赋予溯及效果而获得的公共利益要大于个人利益,那么就可以。我觉得,我们的观念与取向与荷兰相同。

我在与 Nico Verheij 教授的交谈中,他也很简单地列举了公法与私法在这方面的区别。比如,在私法上比较常见的是,公司里职位较低的职员作出的承诺,一般会被视为对公司产生直接的约束。但是,这在公法上却不适用,只有法律认可(recognised by law)的官员才能作出有拘束力的承诺。

三、进一步追问与梳理

行文至此,本来可以做个小结。但是,我还想借此机会,初步梳理一下我国学者感兴趣的另外两个具有类似功能的原则——诚实信用原则和信赖保护原则,它们与私法有着怎样的历史渊源与理论承袭关系?特别是,进一步追问,它们是否看到并阐释清楚在公法与私法领域适用上的差别?

这一点很重要。我的理论设想是,即便上述原则与私法有着某种继承或牵连关系,公法的特殊性也必然会影响到,并决定理论的基本结构与走向。在公法与私法运用上的差别是无法根本消除的,我们就必须清晰地逐一指出来。如果对此都语焉不详,无法清晰界定,将很难想象该理论是精致的,在公法上有被推崇的价值。

1. 诚实信用与私法的关联

毫无疑问,诚实信用原则(Bona fides)是私法上的"帝王条款"。只要有在行政法上被援用的事实,它在公法与私法之间的连接点就是十分清晰的。

换句话说,在公法上适用诚实信用,一定是继承了私法的理论基因,这一点是毋庸置疑的。那么,它是如何一步一步地走入行政法领域的呢?

荷兰学者对这个话题不感兴趣,也几乎没有讨论过。他们的看法十分简单,就是在判决的阐释上难免会借用诚实信用的要求,作为说理的一个内容。仅此而已。

但是,我从阅读其他一些文献,尤其是我国台湾地区学者的著作中获知,在德国、日本和我国台湾地区,这个历史沿革还有另外一个更为复杂的过程,经历了一个从全盘否定到逐步接受、从类推适用到直接适用的过程。① 其中,"直接适用"意味着其最终获得公法领域的认可,成为一条跨越公法与私法领域的"超级调整规范"。②

接下来,我们必然要去解答一个更加重要的问题:公法与私法的差异是客观的,这种差异在诚信原则上会有怎样的特殊显现呢?即便我们承认诚实信用原则是一条早已潜藏在法学之中的基本原则,但毕竟其已然在私法上形成了固定格式,无论理论结构和运用技巧都与私法原理磨合得十分妥帖。这是一个不争的事实。因此,在行政法上操作这个原则,我们就必须重点阐释并论证清楚以下问题:(1)在适用过程中会有哪些不同?(2)为什么会有这些差异?并以此为基点,重新整合、改造其理论结构与运用技术,以适应公法的要求。

阎尔宝博士也认识到"行政法在适用诚信原则时存在自己的特殊性",并归纳为三个方面:第一,规范重点不同。在民事法律关系上,诚信原则同等适用于双方当事人,无厚薄之分。在行政法上,"诚信原则以对掌握国家行政权力的行政机关为规范重点,对相对人的要求则处于补充地位"。第

---

① 在如何引入的问题上,德国学者 Hamburger、日本学者美浓部达吉认为是"类推适用",而德国学者 Gowa、Kuchenhoff、Jellinak、Praun、Fleiner 等认为是"直接适用于行政法"。当然,"直接适用"比"类推适用"对诚实信用的认同高,因为"直接适用"把诚实信用看作是法的一般原则,并非私法专有,所以,不存在移植、嫁接问题。阎尔宝:《行政法诚实信用原则研究》(中国政法大学博士学位论文,2005)。但是,在阎尔宝博士的论述中,似乎存在诚实信用、信赖保护和合法预期之间的混同与跳跃。所以,我在阅读中,有时不太容易清晰地梳理出一个脉络——民法上的诚实信用原则是如何一步一步地走入行政法之中的。也就是说,在纯粹意义上的沿革路径其实是不清晰的。

② 比如,王泽鉴教授指出:"……无论判例及学说均认为德国民法第 242 条涵蕴一项法律基本原则,非仅得适用于民法,即公法及诉讼法均应受其规律,故学者特称之为帝王条款,君临法域。"王泽鉴:《民法学说与判例研究》(一),302~303 页,北京,中国政法大学出版社,1998。我国台湾地区实务上也认为诚信原则乃公法私法共通之一般法律原则,尽管理论上仍然存在着"一般的法律思想"与"法之本质"两种不同的解说,但这只限于学理上有意义,其适用于具体案例上效果大致是相同的。城仲模主编:《行政法之一般法律原则》(二),211 页,台北,三民书局,1997。

二,适用主体不同。"在民法中,诚信原则的适用主体主要是国家司法机关",在行政法上,除司法机关之外,行政机关是诚信原则的第一适用主体。第三,适用对象不同。"在民事法律领域,诚信原则主要适用对象是民事契约。而在行政法领域,诚信原则的规范对象则多为行政机关的单方法律行为。"①

但是,所有这些差别,在我看来,都是形式上的,而非实质意义的。或许,我们更要去思考并阐释清楚的是,建立在当事人意思自治基础上的诚实信用与现代行政法的基本原理究竟有哪些本质不同?如何解决诚实信用与依法行政之间可能发生的冲突与矛盾?判断违背诚实信用的标准在公法与私法上是否有些不同?司法救济的条件是什么?民法上对诚实信用的救济手段援用到行政法上来,是否要有一些保留与变通?等等诸如此类的问题。

我国台湾地区学者谢孟瑶梳理了德国法院与学说对待诚信原则在行政法上界限的看法,大概有以下几点:(1)诚信原则不适用于权力关系,"其理由并不明确,大体上言,诚信原则原来是规范对等关系的原理,一般在任意法上有这种理论,从而,未被认为对等关系或在法律上有必然的强行法性质的权力关系,原则上诚信原则之适用必须被排除。"(2)公益性也排斥诚信原则的适用。这是因为,"诚信原则乃作为要求当事人利益考量的原理,并以之作为理由,在当事人间利益考量与公共利益不相容的情形,该原则必须在公益的要求下退让。"②

我觉得上述(1)说服力不大,行政法上多为权力关系,假若在这个领域均排除诚信原则,我们将很难想象诚信原则如何能够成为行政法的基本原则之一。事实上,德国在"二战"之后已经完全放弃了这种观点。③上述(2)的缺陷也是明显的,正如谢孟瑶指出的,公益和私益并不是绝对的对立,"以抽象的公益性为理由而排除诚信原则之具体适用,则言之过早"。④而且,其中也缺少比例原则的运用。即便是公益大过私益,也不见得不能保护相对人的信赖。只要合法预期成立,至少可以提供补偿性保护。

总体来讲,在我阅读的有关文献中,对于上述两个至关重要的问题都比

---

① 阎尔宝:《行政法诚实信用原则研究》(中国政法大学博士学位论文,2005)。阎尔宝:《行政法诚实信用原则研究》,82~85页,北京,人民法院出版社,2008。
② 城仲模主编:《行政法之一般法律原则》(二),212~216页,台北,三民书局,1997。
③ 城仲模主编:《行政法之一般法律原则》(二),219页,台北,三民书局,1997。
④ 城仲模主编:《行政法之一般法律原则》(二),215页,台北,三民书局,1997。

较忽略,或者语焉不详。在我看来,这是该理论最致命的弱点与缺陷。

2. 信赖保护与私法的瓜葛

那么,对于信赖保护,其情况又是怎样的呢？它与私法有关系吗？在其发源地德国,对此说法不一。① 我走访的几个荷兰学者都直接断言它是一个公法原则,其潜台词就是与私法无关。我在阅读其他一些文献中也发现,有的学者对"信赖保护原则之理论依据为诚信原则"表示质疑,② 也不乏学者很肯定地指出,信赖保护原则来源于民法的诚信原则,或者说,受到了后者的很大影响。③

但是,假如仔细品味,持肯定观点的学者其实也有一些分歧,一种观点认为是信赖保护与诚实信用是同一关系,是民法的诚信进入行政法上就变成了信赖。另一种观点认为信赖保护只是受到诚信原则的极大影响。④

近期,刘飞教授对德国法上的诚实信用与信赖保护之间的理论渊源关系做了一番考察,力图正本清源、拨乱反正。在他看来,20 世纪 60 年代是个分界岭。之前,经德国法院之口,曾断定"信赖保护系从诚信原则中推导出来的"。之后,主流观点转向否定论调。阿赫特贝格教授指出,"信赖保护原则无论如何也不可能是从诚信原则(《民法典》第 242 条)中推论出来的。"⑤

---

① 在德国,有学者认为信赖保护是民法中的诚实信用原则在公法中的适用;还有学者认为信赖保护是源于德国的社会国家原则;更有学者将信赖保护原则的依据诉诸基本权利的保障。也有学者认为信赖保护的理论依据是法的安定性原则。赵宏:《法治国下的行政行为存续力》,130~131 页,北京,法律出版社,2007。

② 城仲模主编:《行政法之一般法律原则》(二),244 页,台北,三民书局,1997。

③ 比如,日本学者盐野宏就认为:"信义诚实的原则乃至信赖保护的原则,是将在私人间适用的法原理适用于行政法关系的情况。"[日]盐野宏:《行政法》,杨建顺译,59 页,北京,法律出版社,1999。张春生、汪洋在《信赖保护原则和相关制度》(载《法制日报》,2004-03-25)一文篇首便指出"信赖保护原则来源于民法的诚信原则"。王贵松博士也说,信赖保护确实受到诚信原则的极大影响。王贵松:《行政信赖保护论》,19 页,济南,山东人民出版社,2007。

④ 单就德国的实践,我们不禁会产生疑问,诚实信用与信赖保护,到底谁先谁后？阎尔宝博士在论述中似乎很矛盾,一方面,他指出"诚信原则是信赖保护原则的理论依据",他把信赖保护描述成是"与国家职能的变迁有关","是"进入二十世纪之后,福利国家观念的出现导致政府的角色改变"的产物。显然,在他看来,诚信原则先于信赖保护原则。另一方面,在回答法的原则的位阶时,他又认为诚信原则是晚近出现的,所以,没有像信赖保护原则那样成为宪法原则。阎尔宝:《行政法诚实信用原则研究》(中国政法大学博士学位论文,2005)。

⑤ 穆克尔教授说得似乎更加激进,在他看来,诚信原则非但不能构成信赖保护原则的法理基础,甚至连作为"额外的支撑"都是没有必要的。转自刘飞:《信赖保护原则的行政法意义——以授益行为的撤销与废止为基点的考察》,载《法学研究》,2010(6)。我是不认同的。

这与上述荷兰学者的观点趋同。在德国,信赖保护被解释成"是从法治国家原则和/或基本权利中推论出来的"。这种论证路径与荷兰学者也近似(见下述)。

何以如此?刘飞教授给出了两点理由:首先,由于信赖保护原则在特定范围内对居于宪法位阶的依法行政原则构成了限制,它必然应以至少居于宪法位阶的原则为基础,而民法上的诚信原则并不能满足此要求。其次,诚信原则仅是对法律主体的一种内心状态的要求,从其意义内涵而言不过是一种"伦理性规范",并不具备明确的规范性内涵。相对于个案中的利益权衡需求,诚信原则并不能提供可予适用的标准。①

但在我读来,仍觉困惑。就是按照此种说法,民法上的诚信原则不在宪法位阶,也很难想象其如何就不能对依法行政原则构成限制呢?此其一。其二,民法上的诚信原则怎么就不过是一种"伦理性规范"呢?长期的法院判案与实践磨砺,早已将它锻造成内涵丰富、精致复杂的规范体系。但对刘飞教授的上述结论,我发自内心地认同。

在我看来,假如信赖保护只是汲取了私法的思想精华,那么,问题就会变得简单一些。因为是公法产物,只是在成长过程中有选择地汲取私法营养,又不受其束缚,所以,无需过多的渲染其与私法的渊源。但是,如果认为信赖保护脱胎于私法,同样,我们也必须解释清楚,在公法上的表现与私法会有什么样的不同呢?为什么?更为重要的是,要说明为什么进入公法之后要更换一个术语?很有意思的是,在我国学者专门研究信赖保护的作品中,我却没有发现这方面的详细论述。

3. 反思

上述追问是为了试探认识深度,而这种认识的深刻程度又在某种程度上代表着理论的完备程度。在我看来,这是衡量一个理论或原则是否成熟与精密的重要指标。理论的精细程度是立法者抉择的一个重要参考因素。我们很难想象,一个不精确的理论最后能够在立法与实践上胜出。

这样的思考路径、论证方法和思维方式,或许是很多中国学者所熟悉、擅长的。但是,当我循着同样的路径询问荷兰学者时,让我颇感意外的是,

---

① 刘飞:《信赖保护原则的行政法意义——以授益行为的撤销与废止为基点的考察》,载《法学研究》,2010(6)。

他们对这样的路径、对这些原则是公法抑或私法产物并不感兴趣,也不愿在这些问题上纠缠。

四、三个彼此竞争的原则

在英国、澳大利亚、新西兰,行政法上就只讨论合法预期,比较单纯。而在欧洲大陆上情况就复杂得多,尤其是德国。从有关的文献看,诚实信用被援用到行政法领域,以及信赖保护原则的产生,似乎都缘起于德国的实践。而作为欧共体的成员国,德国法也必然要触及合法预期这个术语。其结果是,三个原则叠床架屋、交织纠缠。

有意思的是,在荷兰亦如此。同是介绍一个行政法现象,J. B. J. M. ten Berge 和 R. J. G. M. Widdershoven 在其论文中译成"合法预期"(legitimate expectation),而 J. G. Brouwer 和 A. E. Schilder 却译成了"信赖保护原则"(the principle of confidence),René Seerden 和 Frits Stroink 译成了"诚信原则"(the principle of good faith)。这个现象至少告诉我们,在荷兰存在着三个功能相近、有竞争关系的原则,即合法预期原则、信赖保护原则和诚信原则。[1]

这引起了我的强烈兴趣。因为,在我国,对诚信政府的研究也一直交织着三条主线,也就是学者根据各自的偏好而鼓吹的三条路径:一是把私法上的诚实信用原则(the principle of good faith)适用到公法上来;[2]二是主要从我国台湾地区学者的著述中了解、研究与引进德国的信赖保护原则(the principle of confidence),目前这个术语与理论略占上风;[3]三是援引流行于

---

[1] 需要说明的是,在本文引用不同荷兰学者的观点时,为了忠实其原文,不可避免地会出现上述三个术语交替出现的现象。

[2] 阎尔宝:《行政法诚实信用原则研究》(中国政法大学博士学位论文,2005);王静:《诚实信用原则在行政法上的具体适用——以公务员职业操守、法不溯及既往、非强制行政行为等为例》(中国政法大学硕士学位论文,2003);刘丹:《论行政法上的诚实信用原则》,载《中国法学》,2004(1);等等。

[3] 王贵松:《行政信赖保护论》,济南,山东人民出版社,2007;刘莘主编:《诚信政府研究》,北京,北京大学出版社,2007;莫于川、林鸿超:《论当代行政法上的信赖保护原则》,载《法商研究》,2004(5);黄学贤:《行政法中的信赖保护原则研究》,载《法学》,2002(5);等等。

普通法国家和欧共体的合法预期原则。①由于它们在功能目标上相近,在法典化与实践援用上,它们无疑是竞争关系——同时摆在立法者、法院和行政机关面前,供后者挑选。所以,我借助访谈方式,征询荷兰学者对这个问题的看法。

那么,这三者之间是什么关系?或许是,在欧洲大陆上,人们把相同的东西译成了不同的英文术语?它们其实是一回事,彼此可以互换使用?还是说,它们之间还是有更微妙的关系?是不同的东西?那么,差异在哪儿呢?或许,因为文献的匮乏,我们还无法把这些问题都考证清楚。但是,有一个问题是我们无法绕过去的,我们应做怎样的抉择呢?

1. 摒弃私法路径

在荷兰,我接触到的几位行政法学者都非常肯定地指出,诚信原则是一项私法原则,而合法预期原则是一项公法原则。那么,已被打上私法烙印的诚信原则在公法上又可能有着怎样的意义呢?在走访 Nico Verheij 教授时,他说,据他所知,荷兰几乎没有讨论过是否要将私法上的诚信原则(the good faith principle)援用到公法上来,在公法上,诚信原则也不起什么作用。当然,他也承认,法院在审判中可能会用诚实信用作为阐释判决的理由。

我也持近似的观点。在我看来,从私法上去直接援用诚信原则到公法上来,或者公法与私法共享该原则,这种研究方法与进路本身就成问题。我更倾向于认为,公法上的合法预期只是汲取了私法上的某些元素,而不是援用,它有自己的运行轨迹。我的理由如下:

第一,不管我们怎么界定"诚实信用"这个概念,仅从字面上就透出一种道德意味。一旦我们涉及这个层面,不仅不利于维护公众对行政过程的善意之信心(maintaining public confidence in the bona fides of the administrative process),而且可能增加了救济的难度。要行政机关工作人员承认其在道德层面存在着问题,肯定需要有充分确凿的证据。

第二,公权力运行的特质决定了公法上需要有特殊的规则,不能轻易地、无鉴别地引入私法的原理和原则。Lord Hoffman 在 R. (Reprotech Ltd.) v.

---

① 余凌云:《行政法上合法预期之保护》,载《中国社会科学》,2003(3);张兴祥:《行政法合法预期保护原则研究》,北京,北京大学出版社,2006;陈海萍:《论对行政相对人合法预期利益损害的救济》,载《政治与法律》,2009(6);等等。

East Sussex County Council 一案的审判意见中早就提醒我们,不能把私法上的禁止反言原理(the private law doctrine of estoppel)援用到行政机关身上,公法应该适用自己的规则,有针对性地考虑如何调整行政机关这类行为。他说:"当然,私法的禁止反言和公法上由行政机关导致的合法预期观念之间有着某种类似,否认这些都同样会导致滥用权力(利)。……在我看来,在这个领域,公法已经从支撑私法禁止反言观念的道德价值中汲取了有益的成分,该是其自立的时候了"(There is of course an analogy between a private law estoppel and the public law concept of legitimate expectation created by a public authority, the denial of which may amount to an abuse of power… It seems to me that in this area, public law has already absorbed whatever is useful from the moral values which underlie the private law concept of estoppel and the time has come for it to stand upon its two feet).① 我从内心里也很赞同 Lord Hoffman 的观点。这是因为,出于规范与控制行政权的考虑,我们需要更加明确的规则,即便是法的原则也应结构清晰透彻。甚至我们还可以不夸张地说,对行政机关的公法要求也应该比私法对私人的要求要高。诚如 Simon Brown L. J. 所言:"通常要求行政机关行为处事应节操高尚,有时还得遵守比私人还要严格的公正义务"(Public authorities in general … are required to act in a high-principled way, on occasions being subject to a stricter duty of fairness than would apply as between private citizens)。②

第三,退一步说,即使可以打通私法与公法之间界限,这种努力也会把很多问题复杂化。因为,诚实信用原则在长期的私法实践上已经形成了复杂精巧的理论结构,与民法原理对接得天衣无缝。一旦要将其运行到基本原理不甚相同的行政法界面上,就必须思考应该如何剔除、剪裁与修正。这将把适用问题变得异常复杂。相形之下,倒不如另外建立一个公法原则,然后有选择地汲取私法诚信的元素。这后一条路径显得更加灵活、简洁、明快、清晰。公法并不总是重复私法"昨天的故事"。我们需要直面行政法上的问题,直截了当地去解决它。

---

① Cf. Daphne Barak-Erez, "*The Doctrine of Legitimate Expectations and the Distinction between the Reliance and Expectation Interests*" (2005) 11 *European Public Law* 585.

② Cf. Christopher Forsyth, "*Wednesbury Protection of Substantive Legitimate Expectations*" (1997) *Public Law* 384.

第四,来自对信赖保护与诚实信用之间关系的诘问。既然有了诚实信用的公法援用,为什么还要另外造出一个"信赖保护"的术语呢?反之,亦然。阎尔宝博士认为,"诚信原则的抽象特征更需要由各种具体原则或规范加以补充,信赖保护原则由此成为诚信原则在公法领域具体适用时阐释的一个下位原则。"① 王贵松博士也给出了一个类似的解释,就是"诚信原则概括性太强,充满道德色彩,而在法治行政中比较讲究法律的明确性与可操作性"。② 所以,公法上又研发出一个新的术语与理论。言下之意,信赖保护原则似乎已然替代、承接了诚实信用原则在公法上的角色与功用。③ 他们都不得不承认,信赖保护与诚实信用常混合适用。其实,在我看来,私法上的诚实信用指向双方或多方当事人,而行政法上的信赖保护仅规范行政机关,一个是双向或多向的,一个是单向的。诚实信用被援用到行政法上来,其指向行政机关的一面,与信赖保护重叠,显得多余。而且,行政法的核心任务是规范行政权,视角多呈现单向性。所以,就行政法而言,诚信原则的价值几近消弭。

所以,如果让我在合法预期、信赖保护和诚信原则三者中选择,我将毫不犹豫地首先抛弃援用私法上诚信原则的路径。当然,我只是反对诚实信用作为行政法的一个基本原则,我也并不全然否认诚实信用在公法上的价值。首先,在法院的判决中可以有选择地汲取其中的若干价值与因素。其

---

① 阎尔宝:《行政法诚实信用原则研究》,177、179~181 页,北京,人民法院出版社,2008。
② 王贵松:《行政信赖保护论》,19~20 页,济南,山东人民出版社,2007。
③ 但有意思的是,他们仍然肯定了诚实信用与信赖保护之间的差异。阎尔宝博士为了给诚信原则寻求在行政法上的正当性与必要性,还竭力论证了诚实信用比信赖保护适用的范围要广。它们之间是包含与被包含关系,而非等同关系。阎尔宝:《行政法诚实信用原则研究》,179~181 页,北京,人民法院出版社,2008。然而,在我看来,阎尔宝上述论证的说服力几近贫乏,至少不能说服我。比如,他认为,诚信原则所承载的"善意真诚、恪守信用、公平合理"等多种规范要求,为信赖保护所缺乏,但在我看来,这些规范要求实际上也都蕴含在信赖保护之中或者实施的效果之中。但是,有两点不得不让我认真对待,一个是阎尔宝博士提出的"相对一方的公法行为、行政机关相互之间的内部法律关系等也属于诚信原则的规范对象"。阎尔宝:《行政法诚实信用原则研究》,177 页,北京,人民法院出版社,2008。另一个是王贵松博士提出的"诚信是作为正常行政过程中的方法要求出现的,而信赖保护则是在行政过程发生变更时提出的"。王贵松:《行政信赖保护论》,39 页,济南,山东人民出版社,2007。我承认,这两个理由有点力度,对我的观点形成一定冲击力,但仅凭上述两点还不足以确立诚实信用作为行政法基本原则的地位,还不足以颠覆我的观点。仔细琢磨起来,信赖保护尽管主要突显在行政过程变更之时,但其所产生的制度性效应却可以发生在行政过程之中,迫使行政机关不得不认真对待。至于在行政过程中应当诚实采用行为方式,不得采取虚假方法,已由依法行政所要求。对相对人的诚信要求,以及对行政机关之间的诚信要求,我们也可以在宽泛的意义上谈。总之,我们可以把诚实信用作为一个注解,或者阐释的理由,而没有必要作为一个行政法基本原则。

次,在规范相对人的协作与配合行为时,我们可以要求相对人必须诚信,必须像参与民事活动那样做到诚实信用。比如,在申请许可时,不得提供虚假信息。因为,无论合法预期还是信赖保护都是指向或者主要指向行政机关,以行政机关为规范核心与拘束对象,这是行政法基本使命——控制行政权使然。而我们知道,一个行政法活动要得以完成,同时也必须有相对人的参与和协作。相对人的诚信就显得十分重要,而诚实信用原则在私法上原本就是指向两方,因此,可以在这个层面适当借用。

2. 信赖保护与合法预期

接下来,我们就必须解决信赖保护和合法预期之间的关系了。在荷兰,一般都不否认这两项原则都属于公法原则。但是,让我非常纳闷的是,为什么在荷兰、德国会在行政法上同时挤着两个功能大致一样的原则呢?

张兴祥博士曾就信赖保护和合法预期的术语问题做过一番解释,他说:"合法预期保护是一个源自德国法的概念,在德国法上称为Vertrauensschutz;译成法语时叫'protection de la confinace legitime';这一词语在被介绍到英国时一开始被直译成'protection of legitimate reliance(合法信赖的保护)',以贴近德语原义。但是,由于在英语国家,对信赖利益的保护另有所指,为防止望文生义,protection of legitimate expectation(合法预期的保护)取代了'protection of legitimate reliance'而用得更为普遍。"[①]也就是,在他看来,在德国,信赖保护与合法预期其实是一回事,只是翻译成英文时出现了不同的术语,从而容易导致我们理解上的混乱。

那么,这种解释是否适用于荷兰呢?我觉得恐怕有问题。首先,从具体的制度上看,德国的信赖保护与行政行为的撤销理论有着密切的关系,而荷兰的却不完全是。从其合法预期产生的领域看,荷兰倒是与英国很相像。其次,我曾询问 Tom Zwart 教授,荷兰的合法预期制度是否仿效德国模式,或者受到德国的影响?他很肯定地回答,荷兰的合法预期制度是本土生成的。那么,荷兰为什么会出现术语的混乱呢?这多少又让我有点迷茫、踌躇。

在我看来,如果仅仅归结为翻译的误会,似乎掩盖了什么。或许,是因为两个原则分别从德国、英国发源,最后却又交融在一起。那么,德国法上

---

① 张兴祥:《行政法合法预期保护原则研究》,8页,北京,北京大学出版社,2007。

的信赖保护是怎么起源,又如何发展?是否与英国的合法预期之间发生了交融,出现了怎样的交融呢?它又与欧共体的合法预期是怎样的关系呢?面对着这一连串的追问,我也曾试图从有关信赖保护的著述中去梳理出一点头绪,特别是从德国法上的信赖保护发展沿革之中理出一个脉络。但有意思的是,就是在我国学者论述信赖保护原则发展中,德国法多半是个底色,上面也交相混杂地使用着流行于英国和欧共体的合法预期的文献,这样的跳跃让我们实在无法看清它的面目。

既然琢磨不透,就暂且放下,只去关心它们之间的区别。有意思的是,在荷兰,有些学者认为信赖保护原则与合法预期原则之间有点区别,但 Tom Zwart 教授却认为它们是一样的,是一回事,只是提法的角度不同,信赖是相对人针对政府的,而合法预期是政府相对当事人而言的。他认为在这个问题上纠缠是没有意思的,而应该更加注重怎么妥善解决实践问题,是否能够为相对人提供完备的救济。在他看来,只要问题得到了妥善解决,那么,其中究竟是采用了信赖保护还是合法预期来解释,都不过是变换了一个实质内容一致的不同术语而已。

或许,争论这些原则孰是孰非,没有实际意义。我们更应该搁置辨析,直奔主题,去研究中国情境下出现的具体问题以及相应的救济策略与方式,从中体察彼此优劣。

五、理论根源

那么,我们为什么要保护合法预期呢?对于这样一个问题,荷兰学者 J. B. J. M. ten Berge 和 R. J. G. M. Widdershoven 没有从纯粹价值、社会诉求等角度去阐述,[①]而是回归到历史,发掘历史的根源(roots),并归结到两个重要的、具有悠久历史传统的理论原则:一是保护即得权利原则(the principle of the protection of acquired rights),二是连续性原则(the principle of consistency)。这种视角颇为新颖。

1. 保护即得权利原则

在荷兰行政法上,保护即得权利原则(the principle of the protection of

---

① 这方面的论述,参见,余凌云:《行政法上合法预期之保护》,载《中国社会科学》,2003(3)。

acquired rights)最早被法院确认是在1935年10月31日的一个判决中,该案涉及公务员工资,包括乌特列兹城市职员(the town clerk of the municipality of Utrecht)的工资。某法律规定1935年3月锐减公务员工资,而且该规定溯及至1934年4月。这意味着公务员要把前一年已经领取的工资退回来。这引起了公务员的不满与诉讼。中央上诉法院(the Central Appeals Court)认为,公务员是依据有效的法律规定获得年度工资的,不能溯及既往地改变以往的状态(a retrospective change),使公务员不利(affect him adversely),保护即得权利原则不允许政府如此行使权力。由于这样的规定损害了公务员的即得权利,违反了法的确定性原则,所以,法院裁决撤销。①

后来,其他行政法院也援用了这项原则,并将其打造得更加精致,层次更加分明。比如,在补助金(subsidies)问题上,国务院的司法机构(the Judicial Division of the State Council)在St. Bavo案中就明确了以下两点:第一,一旦给予了补助金,原则上就不得撤销。第二,如果补助金已经领取了若干年,那么,只有在极其例外的情况下可以撤销,但也必须要有一个过渡期,而且要给予赔偿。这个判决的原则后来被吸收规定到《一般行政法》第4:50节之中(section 4:50 of the *Algemene wet bestuursrecht, the General Administrative Law Act*)。②

2. 连续性原则

连续性原则源自美国和英国的法律传统。最早是在食品供应仲裁所(the Food Supply Arbitration Tribunal (Scheidsgerecht voor de Voedselvoorziening))的一些裁决中援用。这类案件都涉及大量的行政裁量,行政机关为使裁量具有某种程度的连续性、可预见性(predictability),制定了很多规范裁量的政策规则(policy rules)。仲裁所认为,政策规则的制定不是儿戏,行政机关不可以不守诺言,对于相对人因为这些政策规则而产生的预期,行政机关原则上应当满足,否则,行政决定就会被撤销。③

该项原则在诸多行政法院的推动下,通过判例法得到了极大的发展,其内涵不单是行政机关原则上有义务满足相对人的合法预期,而且进一步拓宽到行政机关有法定义务去制定政策规则来规范行政自由裁量权的行使。

---

① Cf. J. B. J. M. ten Berge & R. J. G. M. Widdershoven, op. Cit., pp. 425~426.
② Cf. J. B. J. M. ten Berge & R. J. G. M. Widdershoven, op. Cit., pp. 440~441.
③ Cf. J. B. J. M. ten Berge & R. J. G. M. Widdershoven, op. Cit., pp. 426~427.

之所以会发生这样的变迁,主要是因为相当宽泛的自由裁量权从某种程度上损害了合法性原则(the principle of legality),而政策规则能够促进裁量权行使的一致性,进而实现法的确定性(legal certainty)。所以,连续性原则很自然地成为合法性原则的必要伴生物(a necessary concomitant),起到补足作用。①

可以说,上述两个原则支撑起了合法预期原则,奠定了在行政法上保护合法预期的正当性。我们也可以这么认为,在荷兰,合法预期原则是上述两个古老的法律原则在行政法上的生命延续,其生命力注入行政法之后,重新融合,锻造成了一个崭新的学术术语与理论格局,使合法预期具有更加充分坚实的正当性基础。

实际上,在上述两个理论根源中,流动着的是一个更加重要的法的基本原则,那就是法的确定性原则。不但 J. G. Brouwer 和 A. E. Schilder,而且 René Seerden 和 Frits Stroink 也都承认,法的确定性原则与信赖原则(the principle of confidence)有密切关系。②所以,毫无疑问,从根本上讲,合法预期原则根源于法的确定性原则(the principle of legal certainty),至少有着密切关系。这是上述架构赖以屹立的坚实土地。

在这方面,荷兰学者 Nicolaï 做了更加有针对性的解构。他认为,在宪法与行政法上,法的确定性原则可以解构为三个子原则:(1)实质性之法的确定性原则(the principle of substantive legal certainty)。该原则要求行政机关尊重相对人已获得的权利(acquired rights),并对规章的溯及力(retroactive effect of regulations)和行政决定的撤销产生某些限制。(2)程序性之法的确定性原则(the principle of procedural legal certainty)。要求行政决定必须清晰、明确。(3)合法预期原则。要求行政机关尽可能满足合法预期,特别是因行政机关承诺和政策规则而产生的合法预期。③这种层次

---

① Cf. J. B. J. M. ten Berge & R. J. G. M. Widdershoven, op. Cit., p. 427. 这种理论见解与实践,引起了我的无限感慨。我曾在很多场合表达过这样的观点,就是当前我国行政裁量治理策略应走向"规则之治"。荷兰的上述理论与实践正可以作为我的观点的一个脚注。余凌云:《游走在规范与僵化之间——对金华行政裁量基准实践的思考》,载《清华法学》,2008(3);以及余凌云:《行政自由裁量论》(第二版),287～292、330～331页,北京,中国人民公安大学出版社,2009。

② Cf. J. G. Brouwer & A. E. Schilder, *A survey of Dutch administrative law*, Ars Aequi Libri, Nijmegen, 1998, p. 45. and Cf. René Seerden (ed.), *Administrative Law of the European Union, its Member States and the United States*, Oxford. Intersentia Antwerpen, 2007, p. 180.

③ Cf. J. B. J. M. ten Berge & R. J. G. M. Widdershoven, op. Cit., p. 424.

性解构让法的确定性原则与保护既得权利原则、连续性原则和合法预期之间的连接点更加清晰。

我在走访 Nico Verheij 教授时,他也对这两个原则之间的相互关系做了一番解释。他认为,这两个原则还是有点区别,合法预期原则源自个人行为(比如承诺)(personal acts),而法的确定性原则生成于书面渊源(written sources),当然,两者之间的界限是不清晰的。法院经常交替地使用这两个概念,学者也似乎不很在意它们之间的差别。

一旦论证过程又回归到这一点,立刻就生动起来,又与流行于英国和欧共体的说法对接了起来。法的确定性原则无疑是合法预期原则的一个十分重要的社会诉求,也使得合法预期保护最终融入了法治的潮流。

六、规范建构

在德国的影响下,荷兰也尝试着行政法法典化——制定《一般行政法》(*Algemene wet bestuursrecht*, the General Administrative Law Act),并历时多年,锲而不舍地构建着这个宏伟的立法工程。① 由于行政法领域与问题过于庞大、错综复杂,所以,荷兰采取了逐步构建的策略,1994 年 1 月 1 日完成了该法典的第一、二部分,1998 年 1 月 1 日完成了第三部分。学者估计要花费 20 多年时间才能完成这个任务。② 那么,让我们感兴趣的问题是,合法预期保护原则是否纳入了法典化的计划?推进到什么地步?

在这场轰轰烈烈的法典化运动中,合法预期原则也不可能完全置身事外,不受影响。1997 年 1 月 1 日之后,该原则的某些方面也被陆续吸纳到立法当中,主要有两点:第一,《一般行政法》对撤销补助金决定(subsidy decisions)这种特定类型的行政决定作出了规定。第二,《一般行政法》还对政策规则能够在多大程度上约束行政机关作出了规定。

但是,我们也仅仅说,涉及合法预期的部分内容已经法典化了。至于法

---

① 在未去荷兰之前,我从一些中文文献中阅读到,荷兰是第一个尝试行政法法典化的国家。我也人云亦云。但是到了荷兰一打听,才知道,荷兰的法典化是追随德国的步伐。实际上,荷兰的《一般行政法》主要是、也不完全是一个行政程序法。

② Cf. J. B. J. M. ten Berge & A. J. Bok, *Codification of administrative law in the Netherlands*, Utrecht, 1998, p.1.

的确定性原则(the principle pf legal certainty),或者说,诚信原则(the principle of good faith),《一般行政法》当中没有规定。①换句话说,合法预期原则绝大部分仍然停留在法院的判例之中。为什么会这样呢?

1. 准官方的解释

在与 Nico Verheij 教授的交谈中,他认为,这是因为,第一,在起草一般行政法中并没有特别考虑这项原则;第二,关于该原则的具体内涵还存在着诸多争议;第三,难以定义。Nico Verheij 教授的回答尽管很简略,却言简意赅。由于他在荷兰一般行政法的制定中起着举足轻重的作用,所以,他的看法实际上也反映了荷兰官方的基本态度,是一种准官方的解释。

2. 不确定的妙处

荷兰还有一个很有意思的观点,甚至还占主流,就是认为,合法预期一旦被法典化了,那么,对于违反这部分规定的情形,就不需要援用合法预期原则,而可以直接认定其违法。也就是说,在他们的观念中,合法预期主要还是一个不成文的法律原则,是一种判例法,只起填补、弥补成文法不足的作用。假如有成文法规定了,就无需再援用之。②换句话说,合法预期被法典化之后,就价值打折,充其量只是扮演着判决理由的阐释性、附带性理由而已,不是判决的直接依据或主要依据。③

之所以对判例法为载体的合法预期眷念不舍,不惜让合法预期与法典化彼此相克,此生彼死,实际上还透露出荷兰学者们另外一种有趣认识,就是认为,只有蕴藏在判例法当中,合法预期才能保持其不确定性,而不确定性自有妙处,不宜用法典化来禁锢。他们从未完全法典化之中玩味着不确定的妙处。何以如此?

在荷兰,人们深刻地认识到,在合法预期的保护上,一直交织着两种相互矛盾的情趣,一个是维护法的确定性与持续性(certainty and constancy),另一个是适应飞速变化的社会。在荷兰学者当中,也一直有着两种不同的,甚至针锋相对的声音,一种是"法的重要功能就是尽可能地通过产生合法预

---

① Cf. J. B. J. M. ten Berge & A. J. Bok, op. Cit., p. 22.
② Cf. René Seerden (ed.), op. Cit., p. 180.
③ Walter Jellinek 也说过类似的话。他认为,如果对方所负义务乃为法律所明订时,则无适用诚实信用的余地。城仲模主编:《行政法之一般法律原则》(二),201页,台北,三民书局,1997。

期来维护确定性"(An important function of the law is to provide certainty by making possible legitimate expectations)。另一种是"法不能建立在信赖与预期上,不管这种预期多么合理与公正"(The law cannot be based on trust and expectations, however reasonable and fair they may be)。①它们实际上是对上述现实矛盾的回音与应合。

在这种矛盾运动中,就有着要不要保护,以及怎样保护合法预期的问题。那么,怎么解决这个问题呢?荷兰行政法在这一点上演绎得畅快淋漓,向我们充分展示了合法预期原则的不确定性,以及由不确定而产生的精妙之处。

首先,在荷兰,有一个很有趣的观念,他们把合法预期的产生和保护割裂开来,分别思考。在案件中承认合法预期的存在,并不意味着它一定会得到法律的保护。是否需要保护以及怎样保护,需要法官进行具体的利益权衡(Weighing of interests)。这种现象在英国也同样存在。割裂的目的,就是为解决上述矛盾腾挪出足够的空间。

其次,在方法论上,他们把解决上述矛盾的希望主要寄托在具体案件的利益衡量之中。在利益考量的过程当中尽可能地缓解、消除上述矛盾。荷兰行政法院所倚重的也是"见招拆招"式的个案考量,就是在具体个案中对彼此冲突的各种利益进行平衡。既要考虑当事人的利益,也要考虑公共利益,还要考虑第三人的利益。其间,很自然地揉入了比例的思想,要求行政机关追求的目标与相对人因此受到的利益影响之间必须成比例,而绝对不能不成比例。这个判断首先交付给行政机关,但是,法官具有最后的话语权(the court having the final say),起决定性作用。

这种思路是与荷兰行政法的整体方法论一脉相承。荷兰立法与判例法认为,管理主要就是去平衡各种利益。这种义务甚至与"禁止不合理"(prohibition of unreasonableness)同构化。后来,这种观念被吸收到《一般行政法》中,成就了一项重要的原则——利益衡量原则(balance of interests)。这个原则也是良好行政原则(the principle of proper administration, the principle of fair administration)之下的一个基本内涵。②

如此一来,对那些存在着合法预期的案件,似乎让我们很难预测法院的

---

① Cf. J. B. J. M. ten Berge & R. J. G. M. Widdershoven, op. Cit., p. 421.
② Cf. J. B. J. M. ten Berge & A. J. Bok, op. Cit., pp. 20~21.

最终审判结果。因为,你无法料定法官到底会在多大程度上考虑合法预期,法官会如何权重。利益的权衡是没有精确的数理公式的。所以,荷兰学者J. B. J. M. ten Berge & R. J. G. M. Widdershoven 甚至略带调侃地说:"或许有点夸张,建立在合法预期原则和法的确定性原则之上的请求能否得到满足,是很不确定的,几乎没有比它更不确定的了。"(It could be said, perhaps somewhat exaggeratedly, that there is nothing as uncertain as whether a claim based on the principle of legitimate expectations and the principle of legal certainty will be honoured.)①

个案的利益考量似乎意味着合法预期保护是缥缈不定的。但其实不然。经过多年的法院判例,实际上已经形成了一些标准(criteria)。这些标准尽管不能让考量过程完全标准化(standardise),但已经能够比较好地控制和规范这个过程了。所以,在荷兰,流动在判例法之中的合法预期保护原则在实际运用上也并不怎么离谱,不会让人完全捉摸不定。

更为重要的是,在荷兰宪法与行政法上,却乐意接受这种不确定,他们认为,上述利益权衡的精细过程(subtle process)必须、最好放在个案之中来完成,这可以得到"量体裁衣"(tailor made)式的判决,从而实现个案正义。这个过程不适合放到僵硬的法律规定之中去规范化、固定化。②

所以,荷兰在法典化运动中,拒绝合法预期原则的完全法典化,更青睐合法预期的非法典化。这是迄今仍占主流的观点。当然,这个观点也受到了一些学者的批判,因为这无法解释为什么同样也涉及利益衡量的比例原则却已经法典化,甚至利益衡量本身也被法典化为一项基本原则?③

3. 小结

总体上,在荷兰,上述"法官造法"(judge-made law)的格局依然没有根本改变。合法预期原则主要蕴含在判例法(case law)中。作为一个基本原则,它没有被规定到《一般行政法》(Algemene wet bestuursrecht, the General Administrative Law Act 1994)之中。合法预期原则,在很大程度上,仍然是一个不成文的法律原则(an unwritten principle of law)。

---

① Cf. J. B. J. M. ten Berge & R. J. G. M. Widdershoven, op. Cit., p.452.
② Cf. J. B. J. M. ten Berge & R. J. G. M. Widdershoven, op. Cit., pp.422,452.
③ 我在与 Utrecht University 法学院 Tom 教授夫妇两人的交谈中,他们对上述主流观点就持批评态度。其夫人 Nicole 是一名政府官员,她认为没有法典化的主要原因是政治。

可以说,上述荷兰学者不倾向法典化的、充满着自相矛盾的理由,在我们的观念中没有根基,一个明显的例证就是,我们对于行政自由裁量的控制也是游走在规范与僵化之间,其中也并不排斥法的规范,不否认成文化、法典化的趋势。我们早已接受这一事实,就是,由法的规范建立起来的权力行使边际可以是十分清晰的,也可以是影影绰绰的。那么,其间的伸缩当然可以为个案正义、自由裁量与利益考量留出足够的空间,同时又保证了上述活动基本上是符合法治主义的要求。

七、几种情形

在荷兰,立法的变迁、行政决定的撤销、政策规则(policy rules)的更迭,指导纲要(guidelines)的遵守,还有行政机关作出的承诺(promises)、提供的信息(information)、签订的契约以及法院的裁决(court judgments)等,都可能引起合法预期问题,合法预期保护原则在上述诸多情形中都有适用的可能。

这种视野显然非常宏观,也与英国、欧共体有着相当的不同。有些问题是我以往研究所不曾涉及的,比如,立法、契约和法院裁决上的合法预期,所以,我在介绍时会稍微侧重一下。

1. 立法

其实,迄今,在荷兰,合法预期所关注的立法领域并不是很广泛,主要集中在有关财税方面的行政法,包括税法(tax law)、社会保障法(social security law)以及与公务员法律地位有关的法(law relating to legal status of civil servants)。对其他方面的行政立法的关注,主要是一些存在溯及效果或者即刻生效的情形,比如,教育法中限制学生注册时间的规定,社会经济法律当中像捕鱼产业里实行捕捞限额(catch quotas)这样的规定。

(1)为何关注?

荷兰之所以会关注立法上的合法预期问题,是因为他们认为,法律就是关于相对人法律地位属性的清晰信息,相对人能够依此行事,相对人会因为信赖这种信息而产生合法预期。立法的陡然改变,或者具有溯及力的改变都会产生合法预期保护问题(The law is intended to give individuals clear information about the nature of their legal position so that they can act accordingly. Owing to this function, individuals can place a certain confidence in the constancy of the law. The principle of legitimate expectations affords individuals a certain protection in this connection against unduly abrupt changes of the rules and changes having retroactive effect)。①

(2)产生情形

在立法上谈合法预期,往往与法律的溯及效力有关。在荷兰,他们把法律生效分为三种情形:一是有溯及力效果的(retroactive effect),即法律对颁布之前发生的事实也适用,也称"即刻效力"(immediate effect);二是半即刻生效(semi-immediate effect),只对生效之后的法律关系产生拘束效果,称为"respecting effect";三是延迟生效,在立法生效之后的某个时间产生效果,称为"delayed effect"。②

合法预期可能存在以下两种情形之中:(1)引用合法预期原则作为抗辩理由,反对作出有溯及力效果的法律的决定(the principle is often invoked as a defence against decisions to make legislation retroactive);(2)相对人以保护合法预期为由,要求立法采取后两种生效方式,也就是"半即刻生效"或者"延迟生效"(situations occur in which the principle of legitimate expectations is used to support an argument that semi-immediate effect or delayed effect should have been chosen instead of the principal rule of immediate effect)。③

(3)挑战路径

在荷兰,以合法预期原则来挑战立法,会因立法类型的不同而有所不同。这是它非常有特色的地方。

在荷兰,立法可以分成两类:一类是议会立法(Acts of Parliament),这是由政府和议会共同制定的(Acts of Parliament are established by the government and parliament (the States General) together),是极具荷兰特色的一种立法形态。另一类是其他具有拘束力的规章(generally binding regulations),也称"从属立法"(subordinate legislation),包括市或省政府制定的条例(bye-laws of municipal or provincial authorities),政府或部长发布

---

① Cf. J. B. J. M. ten Berge & R. J. G. M. Widdershoven, op. Cit., p.428.
② Cf. J. B. J. M. ten Berge & R. J. G. M. Widdershoven, op. Cit., p.431.
③ Cf. J. B. J. M. ten Berge & R. J. G. M. Widdershoven, op. Cit., p.432.

的规章(regulations issued by the government or a minister)。

议会立法本身具有特殊的民主合法性(a special democratic legitimacy)。从宪政角色看,也只有议会自己才最适合去评价其作品的合宪性。所以,荷兰宪法第120条规定:"法院无权审查议会立法的合宪性"("the constitutionality of Acts of Parliament shall not be reviewed by the courts"),也就是说,对于议会立法的内容以及形成的方式,法院原则上都不能指手画脚。荷兰最高法院从对第120条的历史分析中推断,该条规定也几乎排除了法院依据法的基本原则,包括合法预期保护原则进行审查的可能性。因此,对议会立法是否符合合法预期保护原则的审查与评价,主要由政治权力而非法院染指。关于议会立法是否可以有溯及力的争论,基本上是在议会内部、在立法过程中完成。① 比如,"和谐法"案件(Harmonisation Act case)就是一例。②

对于从属立法,法院有权审查。在荷兰,这种审查不是抽象性的,相对人不能直接要求法院判决撤销一个从属立法。这种审查是附带提起的,也就是说,相对人可以采取以下两种方式之一:

一种方式是,针对一个特定的具体行政行为提起诉讼,同时要求行政法院(administrative courts)附带对该具体行政行为(an individual decision)的依据、也就是从属立法进行合法性评价。但是,法院的审查只是间接审查(indirect review),法院宣布有关从属立法不具有拘束力,该宣判效果只适用于诉讼当事人(inter partes)。当然,事实上,法院的宣判可以产生更进一步的效应,因为其他法院将来也会对类似案件作出同样的判决。

另一种方式是,向民事法院(civil courts)提出侵权损害赔偿要求,要求法院审查从属立法的合法性。法院或许会作出如下一些判决:(1)对从属立法是否有拘束力作出判断,并阐述意见;(2)暂停执行有关立法;(3)禁止行政机关继续执行违法的从属立法;(4)在赔偿上采取严格责任(strict liability),只要行政机关的决定所依据的规定是违法的,那么,原则上就证明

---

① Cf. J. B. J. M. ten Berge & R. J. G. M. Widdershoven, op. Cit., pp. 428~429.
② 在该案中,颁布的一个法律,即和谐法(Harmonisation Act),规定大学学生注册有期限限制,且该规定对某类学生具有溯及效力,最高法院尽管认为这违反了合法预期原则,但也无权判决不适用该法。Cf. J. B. J. M. ten Berge & R. J. G. M. Widdershoven, op. Cit., p.429.

其是有责任的(proof of its culpability)。①

(4)保护规则

在荷兰,对立法变迁中的合法预期如何保护呢?现有的一些判例比较零碎,在理论上也尚未形成完整成熟的体系,但是,我们还是可以从零散的判例中研读到以下内容:②

首先,有关刑罚、行政处罚的法律规定绝对禁止有对当事人不利的溯及力,否则,将违反合法预期原则。"法不溯及既往原则"在这里落实得彻底坚决,相对人的合法预期也保障得坚实有力。

其次,课赋法律义务的立法,原则上不具有溯及力(onerous legislation does not have retroactive effect save in exceptional circumstances),只有在极其例外的情形下,相对人能够预见到立法变化,才可以规定有溯及力的规范。从判例看,这些例外比较零散,比如,旧的税法在通过时就明确这只是暂行的(of a provisional nature),新法因此可以溯及既往。如果不能预见溯及效果(the retroactive effect is not foreseeable),原则上就存在着合法预期。

最后,在社会保障法领域,相对人依据旧法已经获得了某种利益,如果立法机关修改有关法律而让相对人不利,这是否违反相对人的合法预期?可否引用合法预期作为抗辩理由呢?目前,尽管尚无法构建出固定的、普遍适用的标准(firm and generally applicable criteria),但从为数不多的判例看,以下几点颇为关键:第一,相对人预期的现实内容(reality content)有多大。也就是说,一方面,当事人对社会保障权益有合法预期;另一方面,社会经济情境又在不断变迁,需要不断立法、修法,那么,当事人的权利是否可以不受立法变迁影响呢?一般而言,这种预期所关涉的时间越长,也就越不可能具有现实可能性,也就越脆弱(In general, it can be said that the longer the period to which expectations relate, the less realistic and hence weaker they will be)。如果预期只是关涉一个短期内的支付问题,那么,不采取"半即刻生

---

① Cf. J. B. J. M. ten Berge & R. J. G. M. Widdershoven, op. Cit., pp. 429~431,345~346.
② 林三钦教授以德国法知识为背景,把法令变迁中的信赖保护措施归纳为以下几种:(1)存续保障。也就是在修订法令时适用"不溯及适用条款",排除新法适用于"目前已经发生的案件之上"。(2)损失补偿。(3)过渡条款。具体又包括:① 在时间上或案件类型上限制"得继续适用旧法的范围";② 严苛排除条款;③ 减轻新法的冲击;④ 新旧法分段适用;⑤ 延后新法生效;⑥ 渐进落实新制度。林三钦:《法令变迁、信赖保护与法令溯及适用》,15~21页,台北,新学林出版股份有限公司,2008。

效"的决定就越有可能因违反合法预期而违法(If the expectations relate to a short period of payment, there is more reason for regarding a decision not to grant semiimmediate effect as being unlawful on the grounds that it constitutes a breach of the principle of legitimate expectations)。第二,是否有充足的理由修改立法。这就要考虑必要性和符合比例,要有足够的公共利益需求。第三,是否有其他的方式来缓解新的立法的影响,比如,采取过渡性计划(transitional scheme),或者新的规定过一段时间再执行。①

2. 行政决定

行政决定当然可以因为很多的原因而被撤销(withdrawal)或者改变(modification),其中的情形非常复杂。《一般行政法》没有对此作出普遍性规定,仅针对补助金(subsidy)的撤销问题作出了规定。

在撤销或者改变行政决定时,也有可能出现对当事人合法预期的保护问题。所以,必须非常仔细地梳理、小心地分析撤销(改变)的理由与依据。有些撤销(改变)是不会产生合法预期保护的,比如,依据建筑法(the Housing Act)发放建筑许可之后一段时间内,被许可人没有实施建筑行为,或者中途停工很长时间,行政机关就可以撤销许可。但是,有些却会。比如,如果补助金决定分成"给予"(grant)与"确定"(fix)两个阶段实施,在给予(grant)阶段撤销或者变更决定,就比在确定(fix)阶段要容易些,因为,行政决定的进程越是确定(definitive),法的确定性原则就越反对在行政决定上有所反复。②

对于一个错误的决定(errors made),似乎当然有理由撤销之。但是,荷兰的判例法却做了更为细致的考究。是否可以撤销(改变)一个有错误的行政决定,以下因素十分重要:③

(1)是否合比例。行政决定中的错误必须严重到撤销行政决定的程度,

---

① Cf. J. B. J. M. ten Berge & R. J. G. M. Widdershoven, op. Cit., pp. 432~434.
② Cf. J. B. J. M. ten Berge & A. J. Bok, op. Cit., p. 25. 在 St. Bavo 案中,国务院司法局(the Judicial Division of the State Council)作出裁决,认为,如果补助金要发放若干年,只有在极其个别例外的情况下才可以撤销,而且必须有一个过渡期,并给予赔偿(If a subsidy is to be paid over a number of years, it may be withdrawn only in very serious and exceptional circumstances and even then only subject to a transitional period and payment of compensation)。该裁决的规则后来为《一般行政法》所确认。Cf. J.B.J.M. ten Berge & R.J.G.M. Widdershoven, op. Cit., pp. 440~441.
③ Cf. J. B. J. M. ten Berge & R. J. G. M. Widdershoven, op. Cit., pp. 439~440.

或者说,假若行政机关当初知悉这个错误,就根本不可能作出这个决定。

(2)谁的错误。行政决定的错误是行政机关导致的,还是当事人造成的。假如是行政机关导致的,法院在权衡是否撤销时会更为慎重。

(3)利害关系人是否知道这种错误。比如,公务员突然收到一大笔工资(a sudden, excessively large payment of salary),他理应知道工资发错了,行政机关也当然可以主张收回错误多发的工资。

(4)许可是否期满。比如,对建筑或游行示威作出许可之后,且当事人已经开始实施这类活动,原则上不得撤销许可。

(5)撤销的时间。撤销的时间至为关键,一般而言,经过很长时间之后,行政机关才发现行政决定当中存在着错误(error),这时行政机关就有可能会丧失其撤销的权力(forfeits its right of withdrawal)。

3. 政策规则

在荷兰,政策规则(policy rules)是行政机关为了保持行政权力行使的稳定性与一致性,针对行政权力应该如何行使,制定的内部规范。近30年来,它在判例法与行政文化中变得越来越重要。①

尽管政策规则不是具有拘束力的规章(binding regulations),但它却可以拘束行政机关本身、行政机关的工作人员、接受委托行使特定权力的行政机关以及法律规定的可以受到拘束的其他人,间接影响相对人的言行举止,从而有助于实现法的确定性。荷兰最高法院在审理一起涉及行政罚款指南(the Administrative Fines Guidelines)的案件中指出,虽然政策规则不是具有一般拘束力的规章,但是,如果行政机关采取了该规则,并公之于众,那么,它就构成了"法"的一部分(Although policy rules were not generally binding regulations, they did constitute part of the "law" if they had been adopted and made public by the administrative authority)。②

当然,这种拘束力是相对的,不是绝对的。根据《一般行政法》(Article 4:84)规定,"行政机关应当根据政策规则行事,除非在特殊情形下,政策规则对一个或者多个利害关系人(interested parties)产生的结果,与政策目标(the purposes of the policy rule)相比,不成比例。"也就是说,在特殊情形下,

---

① Cf. J. B. J. M. ten Berge & A. J. Bok, op. Cit., p.23.
② Cf. J. B. J. M. ten Berge & R. J. G. M. Widdershoven, op. Cit., p.443.

行政机关也有偏离政策(depart from policy)的义务。

相对人会因为政策规则而产生强烈的预期,这种预期也应该受到保护。当这种合法预期受到法院保护时,政策规则的拘束力也会产生于不成文的合法预期原则或平等原则(the unwritten principle of legitimate expectations or the principle of equality)。具体而言:

(1)一般来说,行政机关应当满足上述预期,除非其他利害关系人的利益会因为政策规则的执行而受到严重的歧视。

(2)原则上讲,与法律抵触的政策规则是无效的。但是,在特定情形下,如果仅涉及行政机关与当事人之间的法律关系,不存在第三人的利益问题,即便政策规则违反法律,但合法预期原则或平等原则也可以要求行政机关遵守政策规则(However, in cases that merely involve a legal relationship between an administrative authority and an interested party (and where the interests of third parties cannot therefore play any role), the principle of legitimate expectations or the principle of equality may oblige the administrative authority to observe the policy rule even if it is contrary to the law)。①

(3)当行政机关受某一政策指导时,它不能出人意料地(unexpectedly)改变方向(shift direction),而让相对人因此遭受明显的损害(demonstrable damage)。而要采取过渡性政策、事先沟通来减少损害。②

(4)长期稳定的实践(an established administrative practice),也会形成一种政策。尽管它不表现为上述形式意义的政策规则,不以条文的方式向外发布,但也具有拘束力。这种固定实践是建立在一系列的案件基础上的,也能够产生应当保护的合法预期。

4. 指导纲要

指导纲要(Guidelines)既不是法律规章,也不是政策规则。荷兰学者Bröring把它界定为"不基于权力的,用于使行政行为标准化的一般规则"(general rules that cannot be traced back to any power and are intended to standardise administrative action)。③它多出自专家机构(expert

---

① Cf. J. B. J. M. ten Berge & R. J. G. M. Widdershoven, op. Cit., pp. 443-444.
② Cf. J. G. Brouwer & A. E. Schilder, op. Cit., p. 45. also Cf. J. B. J. M. ten Berge & R. J. G. M. Widdershoven, op. Cit., p. 444.
③ Cf. J. B. J. M. ten Berge & R. J. G. M. Widdershoven, op. Cit., p. 444.

organisations),比如,公共健康与环境保护国家研究所(the National Institute of Public Health and Environmental Protection)会在大量的手册(brochures)中推荐环境标准,供行政机关采用。①

从法律上讲,指导纲要对行政机关没有拘束力。但是,由于这些纲要常常公之于众,也会让相对人产生一种预期。如果行政机关没有遵守某一指导纲要,法院会要求其说明理由。所以,指导纲要也就具有了某种比较微弱的、事实上的拘束力(binding force)。②

5. 承诺与信息

行政机关的承诺(promise),或者对外发布的信息(information),都可能产生合法预期。当然,在程度上有差别。荷兰最高法院在1979年9月26日的一个判决中指出,承诺(promise)比信息(information)更加容易产生合法预期。该案争议的焦点是,一个税务官员在电话中向当事人传递的到底算是一个错误的承诺(promise),还是一个错误的信息(information)?最高法院认为,如果只是信息(information),即使后来被证实是错误的,那么风险原则上由纳税人承担。否则,不利于政府履行提供信息的职责。当然,在特定情形下,如果不明显违法,而且纳税人也因该信息而从事了一些活动,不满足其预期将使其遭受损害,那么,税务机关就得受到拘束。但是,如果是承诺(promise)的话,税务机关原则上就得受到拘束,除非纳税人提供的信息不正确,或者存在着明显违背法律之处。③

在实践中,承诺多是行政机关的成员或者公务员作出的,那么能产生合法预期吗?荷兰法院认为,首先,应当区分承诺是以公务资格(an official capacity)还是私人资格(a private capacity)作出的,比如,在外出购物时作出的承诺,显然不如在办公室里作出的承诺有价值。其次,要看承诺是否超出其委托权限(mandate)范围,如果是在其权限范围内作出的承诺,行政机关要受拘束。在权限之外作出的承诺,是否对行政机关有拘束力,还要视具体情形而定。比如,某人依据某官员提供的信息,做了投资,并预期会获得许可,但却落空,因此要求行政机关赔偿。后查明该官员未经授权。法院判决

---

① Cf. J. B. J. M. ten Berge & R. J. G. M. Widdershoven, op. Cit., p. 445.
② Cf. J. B. J. M. ten Berge & R. J. G. M. Widdershoven, op. Cit., p. 445.
③ Cf. J. B. J. M. ten Berge & R. J. G. M. Widdershoven, op. Cit., p. 446.

被告行政机关败诉。①

6. 契约

在荷兰,行政机关签订的契约分为传统契约(patrimonial contract)和公权力契约(public power contract)两种。②当然,也存在着一种混合契约(mixed contracts),是传统契约和公权力契约的结合体。③我们关注的主要是公权力契约。

公权力契约签订之后,会在彼此之间形成权利义务关系。按照荷兰的认识,这是会产生合法预期的。那么,这种预期是否能够约束行政机关,迫使其必须履行契约义务呢? 答案是并不必然。荷兰的理论认为,行政机关在履行公权力契约中,在考虑是否需要行使公权力时,必须重新审慎地考虑各方利益,并作出行政决定,不能以要履行先前签订的公权力契约为理由不进行这样的利益考量。

荷兰学者 J. B. J. M. ten Berge & R. J. G. M. Widdershoven 在论述上述理论时说了一句看似莫名其妙、其实很耐人寻味的话,他们说:"不是契约一方当事人的人不受契约拘束"(A person cannot be bound by a contract to which he is not a party)。④在我理解起来,这实际上是说,行政机关尽管是在履行公权力契约,但却是不受契约责任约束地思考与行使行政权力。身处契约之中,却要置身于契约之外。当然,如果考虑的结果是不履行,(当然是合法的不履行),就应赔偿当事人的损失。

7. 法院裁决

由于在荷兰法中没有遵循先例原则(doctrine of stare decisis),所以,当事人不可能从先前的判决中获得合法预期。所以,相对于行政,合法预期原则在司法上的意义不大。但是,荷兰行政法上却有一个很独特的司法指导纲要(judicial guidelines),当事人有可能从这里获得一种预期。

---

① Cf. J. B. J. M. ten Berge & R. J. G. M. Widdershoven, op. Cit., p. 446.
② 传统契约(patrimonial contract),就是行政机关像私人那样签订的纯粹私法关系的契约。这类契约由私法规范。公权力契约(public power contract),是关于公法权力行使的安排(arrangements about the exercise of public law powers)的契约。Cf. J. B. J. M. ten Berge & R. J. G. M. Widdershoven, op. Cit., p. 448.
③ 比如,行政机关同意改变当地城市规划,前提是当事人与市政府签订一个契约,承诺支付一笔钱。Cf. J. B. J. M. ten Berge & R. J. G. M. Widdershoven, op. Cit., p. 448.
④ Cf. J. B. J. M. ten Berge & R. J. G. M. Widdershoven, op. Cit., p. 450.

出现司法指导纲要的背景是，荷兰行政法院的诉讼法（the procedural law of the administrative courts）是相当不正式（fairly informal）的，法官享有很大的自由裁量权。所以，近年来，法院开始通过司法指导纲要（judicial guidelines）来规范，以推进法的统一性（legal uniformity）和法的确定性（legal certainty）。①

司法指导纲要引起了法律界的注意，后者要求法院公布这些纲要。这些纲要也渐渐地具有了与行政机关的政策规则（policy rules）差不多的意义。最高法院在一个判决中指出，这些规定了诉讼事由政策的纲要（the guidelines concerning the policy on the cause list），可以属于《司法法》（the Judiciary Act）第99节（section 99）规定的"法"的范畴。②因此，当事人可以从已公开的司法指导纲要中获得合法预期。当然，在一些例外情形下，法院也有可能不按司法指导纲要裁决，但是，法院必须有充分的理由，不得专横武断。

8. 扼要的评价

首先，尽管 J. B. J. M. ten Berge & R. J. G. M. Widdershoven 在其文章中没有按照保护方式进行梳理与介绍，但是，我们仍然能够很容易地发现，荷兰与英国一样，对合法预期也给予了程序性、实体性和赔偿性的保护，其中，实体性保护是通过对行政权力行使的大量的、很细腻的约束性规定来体现的。很多情形下是混合并用了上述方式。

其次，我不否认、也不反对在上述情境之下的确会产生合法预期问题，但是，如同我以往所坚持的立场，③我觉得，在诸如立法、行政决定、契约和法院裁决等情境下发生的问题，已经通过已有的制度得到了很好的解决，无需再引入合法预期的保护。所以，在这些情境下谈论合法预期，其价值只不过是为已有的保护增加一个理由而已。但是，在增加了说理成本的同时，却又不会相应增添救济的内容。救济效果依然保持原状。这使得这类案件中是否需要提及合法预期变得似乎可有可无。

---

① Cf. J. B. J. M. ten Berge & R. J. G. M. Widdershoven, op. Cit., pp. 450－451.
② Cf. J. B. J. M. ten Berge & R. J. G. M. Widdershoven, op. Cit., pp. 450－451.
③ 余凌云：《行政法上合法预期之保护》，载《中国社会科学》，2003(3)。

八、结束语

对荷兰行政法上的合法预期制度做了一番分析之后,感到它有些特色,但仍然没有偏离那条流淌在欧洲大陆的合法预期主流。它为我们提供了一些新的视角、一些新的观点和一些新的依据。尤其让我感兴趣的是以下两点:

第一,它把合法预期放到法的确定性与社会发展的变动性之中去观察和把握,通过利益衡量的技术,将合法预期保护的相对性演绎得淋漓尽致。当然,这样的运作需要对司法的高度信任,需要法官高超的技巧。而荷兰人不但不反感,没有感觉不安,反而是热烈欢迎,并坦然接受了由此带来的不确定性。这一点非常鲜见,也值得我们深思。

第二,对保护合法预期的正当性做现代诉求解说的同时,或许,我们还可以从传统上的一些古老原理与实践中去寻找其正当性基础。比如,荷兰传统上的保护既得权利原则和连续性原则,英国、美国等普通法国家历史上的禁止反言(estoppel)原则。

每当结束一项研究,总是意味着又开启了另外一个新的研究。在本文中,我留下了一个很重要的没有思考清楚的问题——荷兰学者直白地承认合法预期和信赖保护同为公法原则,那么,在欧洲大陆上,这两个原则究竟是什么关系?难道仅仅只是翻译上选择术语的习惯与偏好?还是有功能的差异?这个问题留待我对欧共体合法预期实践的考察时再继续思考吧。

主要参考文献

一

1. 甘文:《行政诉讼法司法解释之评论——理由、观点与问题》,北京,中国法制出版社,2000。
2. 胡建淼:《论公法原则》,杭州,浙江大学出版社,2005。
3. 湖南省人民政府法制办公室:《湖南省行政程序规定释义》,北京,法律出版社,2008。
4. 莫于川:《行政指导论纲——非权力行政方式及其法治问题研究》,重庆,重庆大学出版社,1999。
5. 王贵松:《行政信赖保护论》,济南,山东人民出版社,2007。
6. 王泽鉴:《民法学说与判例研究(一)》,北京,中国政法大学出版社,1998。
7. 闫尔宝:《行政法诚实信用原则研究》,北京,人民出版社,2008。
8. 盐野宏:《行政法》,杨建顺译,北京,法律出版社,1999。
9. 阎尔宝:《行政法诚实信用原则研究》,北京,人民法院出版社,2008。
10. 杨登峰:《行政法基本原则及其适用研究》,北京,北京大学出版社,2022。
11. 杨登峰:《行政法基本原则及其适用研究》,北京,北京大学出版社,2022。
12. 杨解君、肖泽晟:《行政法学》,北京,法律出版社,2000。
13. 杨解君:《行政法学》,北京,中国方正出版社,2002。
14. 余凌云:《行政法讲义》(第三版),北京,清华大学出版社,2020。
15. 余凌云:《行政契约论》(第三版),北京,中国人民大学出版社,2021。
16. 余凌云:《行政自由裁量论》(第二版),北京,中国人民公安大学出版社,2009。
17. 余凌云:《警察行政权力的规范与救济——警察行政法若干前沿性问题研究》,北京,中国人民公安大学出版社,2002。
18. 张春生、李飞:《中华人民共和国行政许可法释义》,北京,法律出版社,2003。
19. 张兴祥:《行政法合法预期保护原则研究》,北京,北京大学出版社,2006。
20. 张越:《英国行政法》,北京,中国政法大学出版社,2004。
21. 章剑生:《现代行政法基本理论》,北京,法律出版社,2008。
22. 赵宏:《法治国下的行政行为存续力》,北京,法律出版社,2007。
23. 周佑勇:《行政法基本原则研究》,武汉,武汉大学出版社,2005。
24. 国家法官学院、中国人民大学法学院编:《中国审判案例要览》(2003年行政审判案例卷),北京,中国人民大学出版社、人民法院出版社,2004。
25. 姜明安主编:《行政法与行政诉讼法》,北京,法律出版社,2002。
26. 刘莘主编:《诚信政府研究》,北京,北京大学出版社,2007。
27. 马怀德主编:《行政法与行政诉讼法》,北京,中国法制出版社,2000。
28. 马怀德主编:《中国行政法》,北京,中国政法大学出版社,1999。
29. 皮纯协、张成福主编:《行政法学》,北京,中国人民大学出版社,2002。
30. 全国人大法工委国家行政法室编:《中华人民共和国行政许可法释义与实施指南》,北京,中国物价出版社,2003。

31. 泉州市工商行政管理局编:《行政指导:行政管理创新的共赢之路——泉州工商行政指导实践》(2007年7月);《泉州工商行政指导实践》(四册)(2006年5月、2007年7月);《推行行政指导服务海峡西岸经济区建设高峰论坛》(上、中、下册)(2007年7月)。

32. 应松年主编:《当代中国行政法》,北京,中国方正出版社,2005。

33. 最高人民法院行政审判庭编:《中国行政审判指导案例》(第4卷),北京,中国法制出版社,2012。

34. 城仲模主编:《行政法之一般法律原则(二)》,台北,三民书局,1997。

35. 李惠宗:《行政法要义》,台北,元照出版社,2007。

36. 林三钦:《法令变迁、信赖保护与法令溯及适用》,台北,新学林出版股份有限公司,2008。

37. 吴坤城:《公法上的信赖保护原则初探》,载城仲模主编:《行政法之一般法律原则(二)》,台北,三民书局,1997。

38. [德]汉斯·J.沃尔夫、奥托·巴霍夫和罗尔夫·施托贝尔:《行政法》,高家伟译,北京,商务印书馆,2002。

39. [德]毛雷尔:《行政法学总论》,高家伟译,北京,法律出版社,2000。

40. [美]理查德·B.斯图尔特:《美国行政法的重构》,沈岿译,北京,商务印书馆,2002。

41. [日]盐野宏:《行政法》,杨建顺译,北京,法律出版社,1999。

二

42. 陈海萍:《对合法预期保护原则之艰辛探索——以法律文本为对象的初步考察》,载《华东政法大学学报》,2008(5)。

43. 陈海萍:《论对行政相对人合法预期利益损害的救济》,载《政治与法律》,2009(6)。

44. 陈海萍:《英国行政法上合法预期原则的最新发展》,载《环球法律评论》,2014(5)。

45. 陈军:《行政法信赖保护与诚实信用两原则比较研究》,载《韶关学院学报》(社会科学版),2005(2)。

46. 丁南:《民法上的信赖保护与诚实信用关系辩》,载《法学杂志》,2013(7)。

47. 高丙中:《社会团体的合法性问题》,载《中国社会科学》,2000(2)。

48. 何海波:《英国行政法上的听证》,载《中国法学》,2006(4)。

49. 胡若溟:《合法预期在中国法中的命途与反思——以最高人民法院公布的典型案件为例的检讨》,载《上海交通大学学报》(哲学社会科学版),2021(2)。

50. 黄学贤:《行政法中的信赖保护原则》,载《法学》,2002(5)。

51. 姜明安:《行政法基本原则新探》,载《湖南社会科学》,2005(2)。

52. 李春燕:《行政信赖保护原则研究》,载《行政法学研究》,2001(3)。

53. 李沫:《激励型监管信赖保护的立法思考》,载《法学》,2013(8)。

54. 梁慧星:《诚实信用原则与漏洞补充》,载《法学研究》,1994(2)。

55. 梁小婷:《论行政法诚实守信原则的适用》,载《法制与社会》,2017(6)。
56. 刘丹:《论行政法上的诚实信用原则》,载《中国法学》,2004(1)。
57. 刘飞:《信赖保护原则的行政法意义——以授益行为的撤销与废止为基点的考察》,载《法学研究》,2010(6)。
58. 刘莘、邓毅:《行政法上之诚信原则刍议》,载《行政法学研究》,2002(4)。
59. 刘松山:《论政府诚信》,载《中国法学》,2003(3)。
60. 刘毅:《合法性与正当性译词辨》,载《博览群书》,2007(3)。
61. 罗豪才:《现代行政法制的发展趋势》,载《国家行政学院学报》,2001(5)。
62. 骆梅英:《英国法上实体正当期待的司法审查——立足于考夫兰案的考察》,载《环球法律评论》,2007(2)。
63. 马怀德:《论听证程序的适用范围》,载《中外法学》,1998(2)。
64. 莫于川、林鸿超:《论当代行政法上的信赖保护原则》,载《法商研究》,2004(5)。
65. 莫于川:《论行政指导的立法约束》,载《中国法学》,2004(2)。
66. 潘荣伟:《政府诚信——行政法中的诚信原则》,载《法商研究》,2003(3)。
67. 戚渊:《试论我国行政法援引诚信原则之意义》,载《法学》,1993(4)。
68. 山东省邓小平理论研究中心、中共山东省委党校课题组:《诚实守信:道德建设的重点》,载《求是》,2003(21)。
69. 沈岿:《论行政法上的效能原则》,载《清华法学》,2019(4)。
70. 石佑启、王贵松:《行政信赖保护之立法思考》,载《当代法学》,2004(3)。
71. 王太高:《行政许可撤回、撤销与信赖保护》,载《江苏行政学院学报》,2009(2)。
72. 王锡锌:《行政法上的正当期待保护原则述论》,载《东方法学》,2009(1)。
73. 王子晨:《论行政语境下的信赖保护原则》,载《江西社会科学》,2021(11)。
74. 徐国栋:《诚实信用原则二题》,载《法学研究》,2002(4)。
75. 闫尔宝:《行政法诚信原则的内涵分析——以民法诚信原则为参照》,载《行政法学研究》,2007(1)。
76. 杨登峰:《行政法诚信原则的基本要求与适用》,载《江海学刊》,2017(1)。
77. 杨解君:《当代中国行政法的品质塑造——诚信理念之确立》,载《中国法学》,2004(4)。
78. 杨解君:《行政法诚信理念的展开及其意义》,载《江苏社会科学》,2004(5)。
79. 余凌云:《对〈行政许可法〉第8条的批判性思考——以九江市丽景湾项目纠纷案为素材》,载《清华法学》,2007(4)。
80. 余凌云:《行政法上的假契约现象——以警察法上各类责任书为考察对象》,载《法学研究》,2001(5)。
81. 余凌云:《行政法上合法预期之保护》,载《中国社会科学》,2003(3)。
82. 余凌云:《荷兰行政法上的合法预期》,载《清华法学》,2011(1)。
83. 余凌云:《论对行政裁量相关考虑的审查》,载《中外法学》,2003(6)。
84. 余凌云:《论行政法上的比例原则》,载《法学家》,2002(2)。
85. 余凌云:《论行政诉讼上的合理性审查》,载《比较法研究》,2022(1)。
86. 余凌云:《论行政协议无效》,载《政治与法律》,2020(11)。

87. 余凌云:《游走在规范与僵化之间——对金华行政裁量基准实践的思考》,载《清华法学》,2008(3)。
88. 余凌云:《蕴育在法院判决之中的合法预期》,载《中国法学》,2011(6)。
89. 展鹏贺:《德国公法上信赖保护规范基础的变迁——基于法教义学的视角》,载《法学评论》,2018(3)。
90. 周继峰:《论行政法信赖保护原则》,载《政法论丛》,2003(2)。
91. 周佑勇:《行政裁量的均衡原则》,载《法学研究》,2004(4)。
92. 周佑勇:《行政许可法中的信赖保护原则》,载《江海学刊》,2005(1)。
93. 周佑勇:《论政务诚信的法治化构建》,载《江海学刊》,2014(1)。
94. 朱广新:《信赖保护理论及其研究述评》,载《法商研究》,2007(6)。
95. 朱丽琴:《试论行政程序法中的信赖保护原则》,载《法学杂志》,2003(2)。
96. [英]克雷格:《正当期望:概念性的分析》,马怀德、李洪雷译,载《环球法律评论》,2003(2)。
97. 纪振清:《日本行政指导之机能与判例趋向》,载(台湾)《法律评论》第60卷第11、12期合刊。
98. 刘宗德:《试论日本之行政指导》,载(台湾)《政大法学评论》,1989(40)。
99. 李洪雷:《论行政法上的信赖保护原则》,中国政法大学硕士学位论文,2000。
100. 刘晓华:《私法上的信赖保护原则研究》,山东大学博士学位论文,2013。
101. 王静:《诚实信用原则在行政法上的具体适用——以公务员职业操守、法不溯及既往、非强制行政行为等为例》,中国政法大学硕士学位论文,2003。
102. 阎尔宝:《行政法诚实信用原则研究》,中国政法大学博士学位论文,2005。
103. 张兴祥:《论行政法上的合法预期保护原则》,中国政法大学博士学位论文,2006。
104. 《转变职能、创新管理——福建省泉州市工商系统推行行政指导工作纪实》,载《法制日报》,2007-07-12。
105. 顾春:《调查:"民告官异地审"管用吗?》,载《人民日报》,2007-05-14。
106. 蒋安杰、张学锋、张亮、李磊、刘显刚、王进文:《一石激起千层浪——"信访责任倒查"机制的法理评析》,载《法制日报》,2007-08-26。
107. 张春生、汪洋:《信赖保护原则和相关制度》,载《法制日报》,2004-03-25。
108. [美]L.哈罗德·利维森:《正当期待——公共官员行事一贯》,骆梅英译,《公法研究》2005年第3卷。
109. 陈震:《合理期待原则的内涵——对该原则在英国法和欧盟法中的异同的比较分析》,载《公法研究》2007年第5卷。
110. 李洪雷:《论行政法上的信赖保护原则》,载《公法研究》2005年第4卷。
111. 彭錞:《小岛与大潮——英国与欧洲行政法的相互影响、趋势及其启示》,载《厦门大学法律评论》,2011年第19卷。
112. 孙成:《合法预期原则在香港的起源与发展》,载《行政法论丛》2015年第18卷。
113. 余凌云:《警察调查权之法律控制》,载《南京大学法律评论》2002年春季刊。
114. 余凌云:《政府信赖保护、正当期望和合法预期》,载《厦门大学法律评论》2006年第12辑。

115. 耿宝建:《信赖保护原则的发展及在司法实践中的运用——以负担行政行为和程序行政行为的信赖保护为视角》,载最高人民法院行政审判庭编:《行政执法与行政审判》,北京,法律出版社,2006。
116. 朱芒:《行政处罚听证程序制度的功能——以上海行政处罚听证制度的实施现状为分析对象》,载朱芒:《功能视角中的行政法》,北京,北京大学出版社,2004。

三

117. B. A. Misztal, *Trust in Modern Societies: The Search for the Bases of Social Order*, Cambridge: Polity Press, 1996.
118. Carl Emery, *Administrative Law: Legal Challenges to Official Action*, London: Sweet & Maxwell, 1999.
119. D. J. Galligan, *Due Process and Fair Procedures: A Study of Administrative Procedures*, Oxford: Clarendon Press, 1996.
120. De Smith, Woolf & Jowell, *Judicial Review of Administrative Action*, London: Sweet & Maxwell, 1995.
121. Gordon Anthony, *Judicial Review in Northern Ireland*, Oxford, Portland, Oregon: Hart Publishing, 2008.
122. H. W. R. Wade & C. F. Forsyth, *Administrative Law*, Oxford: Oxford University Press, 2004.
123. J. B. J. M. ten Berge & A. J. Bok, *Codification of Administrative Law in the Netherlands*, Utrecht, 1998.
124. J. G. Brouwer & A. E. Schilder, *A Survey of Dutch Administrative Law*, Nijmegen: Ars Aequi Libri, Nijmegen, 1998.
125. J. B. J. M. ten Berge & R. J. G. M. Widdershoven, *The Principle of Legitimate Expectations in Dutch Constitutional and Administrative Law*, in Netherlands reports to the fifteenth international congress of comparative law (E. H. Hondius ed., 1998).
126. JurgenSchwarze, *European Administrative Law*, London: Sweet & Maxwell, 2010.
127. L. Neville Brown & John S. Bell, *French Administrative Law*, Oxford: Clarendon Press, 1998.
128. Mark Aronson & Bruce Dyer, *Judicial Review of Administrative Action*, Sydney: LBC Information Services, 1996.
129. Martina Künnecke, *Tradition and Change in Administrative Law in Anglo-German Comparison*, Springer, 2007.
130. P. P. Craig, *Administrative Law*, London: Sweet & Maxwell, 2003.
131. Paul Craig & Grainne DeBurca, *EU Law*, Oxford: Oxford University Press, 2003.
132. René Seerden (ed.), *Administrative Law of the European Union, its Member*

States and the United States, Oxford: Intersentia Antwerpen, 2007.
133. Robert Thomas, *Legitimate Expectations and Proportionality in Administrative Law*, Oxford: Portland Oregon, 2000.
134. Soren J. Schonberg, *Legitimate Expectations in Administrative Law*, Oxford: Oxford University Press, 2000.

四

135. Ashley Underwood QC, "*Legitimate Expectation: Current Issues*" (2006) 11 *Judicial Review* 294~297.
136. C. F. Forsyth, "*The Provenance and Protection of Legitimate Expectations*" (1988) 47 *Cambridge Law Journal* 238~260.
137. Christopher Forsyth & Rebecca Williams, "*Closing Chapter in the Immigrant Children Saga: Substantive Legitimate Expectations and Administrative Justice in Hong Kong*" (unpublished paper).
138. Christopher Forsyth, "*Wednesbury Protection of Substantive Legitimate Expectations*" (1997) Autumn *Public Law* 375~384.
139. Daphne Barak-Erez, "*The Doctrine of Legitimate Expectations and the Distinction between the Reliance and Expectation Interests*" (2005) 11 *European Public Law* 583~602.
140. David Wright, "*Rethinking the Doctrine of Legitimate Expectation in the Canadian Administrative Law*" (1997) 35 *Osgoode Hall Law Journal* 139~194.
141. Dawn Oliver, "*A Negative Aspect to Legitimate Expectations*" (1998) Winter *Public Law* 558~562.
142. Elias, "*Legitimate Expectation and Judicial Review*", in *New Directions in Judicial Review* (ed. Jowell and Oliver, 1988).
143. Georg Nolte, "*General Principles of German and European Administrative Law-A Comparison in Historical Perspective*" (1994) 57 *Modern Law Review* 191~212.
144. H. W. R. Wade, "*Unlawful Administrative Action: Void or Voidable?*" (Part II) (1968) 84 *The Law Quarterly Review* 399~526.
145. Iain Steele, "*Substantive Legitimate Expectations: Striking the Right Balance*" (2005) 121 *Law Quarterly Review* 300~328.
146. Jayanta Chakraborty, "*Doctrine of Legitimate Expectation-A Comparative Study of UK, USA & India*" (2018) 5 *Indian Journal of Law & Public Policy* 21~44.
147. Mark Elliott, "*Coughlan: Substantive Protection of Legitimate Expectations Revisited*" (2000) 5 *Judicial Review*.
148. Matthew Groves, "*Substantive Legitimate Expectations in Australian Administrative Law*" (2008) 32 *Melbourne University Law Review* 470~523.

149. Michael K. Young, "*Judicial Review of Administrative Guidance: Governmentally Encouraged Consensual Dispute Resolution in Japan*" (1984) 84 Columbia Law Review 923~983.
150. P. P. Craig, "*Legitimate Expectations: A Conceptual Analysis*" (1992) 108 Law Quarterly Review 79~98.
151. P. P. Craig, "*Substantive Legitimate Expectations in Domestic and Community Law*" (1996) 55 Cambridge Law Journal 298~312.
152. Patrick Elias, "*Legitimate Expectation and Judicial Review*", Collected in J. L. Jowell (ed.), *New Directions in Judicial Review: Current Legal Problems*, London: Stevens & Son, 1988.
153. Philip Sales & Karen Steyn, "*Legitimate Expectations in English Public Law: An Analysis*" (2004) Autumn Public Law 564~593.
154. Rabinder Singh, "*Making Legitimate Use of Legitimate Expectation*" (1994) 144 New Law Journal 1215~1216.
155. Robert E. Riggs, "*Legitimate Expectation and Procedural Fairness in English Law*" (1988) 36 The American Journal of Comparative Law 395~436.
156. SarahHannett & Lisa Busch, "*Ultra Vires Representations and Legitimate Expectations*" (2005) Winter Public Law.
157. *Shivaji Felix*, "The Concept of Legitimate Expectation in Commonwealth Administrative Law" (1996) 8 Sri Lanka Journal of International Law 73~94.
158. *Simon France*, "Legitimate Expectations in New Zealand" (1990) 14 New Zealand Universities Law Review 123~143.
159. *Soren Schonberg & Paul Craig*, "Substantive Legitimate Expectations after Coughlan" (2000) Winter Public Law 684~701.
160. *YoavDotan*, "Why Administrators Should be Bound by their Policies" (1997) 17 Oxford Journal of Legal Studies 23~42.